幕末三舟伝

頭山満

国書刊行会

海舟勝安芳

泥舟高橋精一

鉄舟山岡鉄太郎

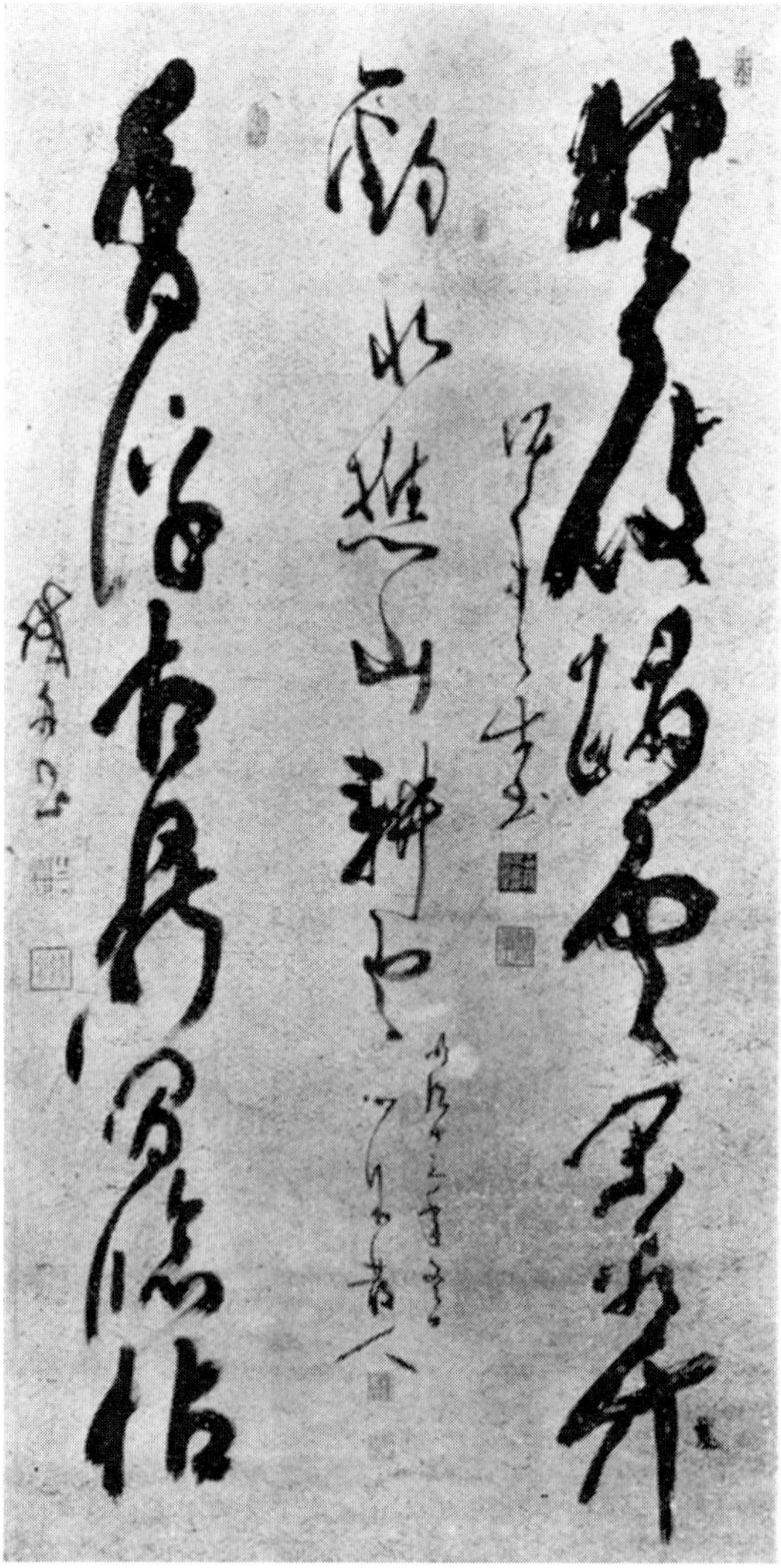

三舟の寄せ書き

序

一

今日《こんにち》は、あたかも復興祭だ。家々戸々《かかここ》、旗をたて、提灯をつるして、お祭り気分でうかれたっている。しかしだ、六か年前、東京が大震火災に襲わるるそれ以前において、すなわち明治元年春、八百八町は、すんでのことに焼野原となるところじゃった。幕軍の防衛も、官軍の攻撃も、火を放って、江戸を焼きはらう戦略じゃった。幸いにして火難を免れえたのは、ひとり東京市民の慶福のみではない。日本国民全体の喜悦である。しかしてこの功労者が三舟《さんしゅう》である。

突然、三舟という。今の人々には解《げ》しかねるかもしれない。勝海舟《かつかいしゅう》、高橋泥舟《たかはしでいしゅう》、および山岡鉄舟《やまおかてっしゅう》、この三人は期せずして、号に『舟』の一字を用いている。よって、一般に三人を併称する場合には、『三舟』というている。わしは、歴史家でもなく、考証家でもなく、また文章家でもない。そういうことは、はなはだ得意ではないのだ。

ただ、三舟の人物には、傾倒しているので、おりおり、来客に対して、座談のうちに、かれこれ当時のようすを噂する場合がある。あるいはまた、その詩句、その語録などを探って、これを揮毫して与えることもある。いずれも、断片語なのであるが、これを秩序正しくまとめたのは、武劉生《ぶりゅうせい》の努力である。述話ももとより粗笨《そほん》で、疎略で、ほんの根軸となるべきものを授けたにすぎぬが、この骨骼《こっかく》を中心として、肉を盛り血を注いで、精彩あるものに仕上げたのは、同じく彼の苦心である。

印行に付するに際し、今あらためて、これを閲読するに、三舟の人物の真面目を伝えんとして、わしが口授《くじゅ》した急所急所は、巧みに描写されているので、窃《ひそ》かに満足としている。同時に武劉生の労を多とする。

二

西郷南洲《さいごうなんしゅう》翁《おう》は、その遺訓のうちにおいて、こういうことをいうておる。

『変事が俄に出来《しゅったい》したときに、少しも動揺せずして、その変に応ずるものは、事の起こらぬ前に、しかと心に決するところがなくてはならぬ。しかして一朝変起こらば、ただそれに応ずるだけのことにいたさねばならぬ。古人曰く、「大丈夫《だいじょうふ》の胸中は、灑々落々《しゃしゃらくらく》、光風霽月《ふうこうせいげつ》の如く、その自然に任す。何ぞ一毫の心を動かすものあらんや」と、こういう覚悟さえあるならば、変に逢うて、動揺するはずはない』

これは、翁が薩人岸良《きしら》真二郎に教えたところである。

付焼刃は、すぐに剝がれる。

三舟の人物を剖検するに、彼らは禍乱のうちに、突如として現出したる風雲児である。さりながら、南洲翁がいうが如く、事の起こる以前において、大丈夫の心田《しんでん》を培うことを忘れなかった。もしこれあらざりせば、いかんぞ、一大難局を収拾することができたであろうぞ。海舟の神、泥舟の気、鉄舟の力。これみな平生無事の際において養成したるところ、しかして一朝有事の際において発揚したるところ、這間《しゃかん》の消息は、わしがとくに強調しておいた。というのは、ほかでもない。目前の世相が、いかにも不愉快千万だからである。日本丸は、無事に航海をつづけているのじゃない。いつ嵐に出会うかわからぬ不安が募ってきている。

このとき、船長となり、機関長となるものは、何人であるかは知らぬが、三舟の行蔵趨舎《こうぞうすうしゃ》にならって、この危局に善処し、船を転覆させてはなるまいぞ。それには、なによりも次代において枢要の地位に坐する若い人々に、三舟の風神を伝えることは、断じて徒爾《とじ》ではない。ことに、彼らが平生いかなる用意のもとに、人物をつくりあげたか、その一点を明らかにすることが緊要だと考えたわけである。

三

明治元年三月十三日。
大正十二年九月一日。

この両日は、東京市民の心奥に刻みつけておかねばならぬ。すなわち前者は、西郷南洲翁、勝海舟翁両人の会見した当日であって、江戸攻撃中止の命令が下ったのだ。後者はいうまでもなく、大震火災当日だ。一は戦火を防ぐことをえ、他は天火を防ぎえなかった思い出の日であるのだ。復興祭を行なって、市民に新鋭の力を注入することも必要ではあるが、さらにまたその以前において、わが東京を火の海から救い出した三巨人の遺霊に対しても、感謝せねばなるまい。
この小書の刊行も、いささかその目的に副《そ》うところがあるならば、これもまたご奉公の一端である、――わしは、そう信じている。

昭和五年庚午三月二十六日

頭山満

編者の言葉

時、難にして、英雄を懐《おも》うは、人の至情である。海舟、泥舟、鉄舟は、幕臣でありながら、着眼を高処において、旧日本が、印度《インド》の如く白人に略取さるるを避け、江戸が香港《ホンコン》の如く、外人に占領さるるを防いだ。

あにただに、一徳川の家門を救うのみが、真目的なるなからんや。実は旧日本も、西欧人の毒牙によって、危うく火事場泥棒の難に際会するところであった。今にして、当時を追想するならば、封建時代の主従関係より見て、幕臣が一死、君家の難に殉ぜんとして、剣を懐《いだ》いて起《た》った心胸《しんきょう》も、これを察せざるべからざる理由があるとはいえ、もと井底の痴蛙《ちあ》、大海を知らざるの類。憐れむべきかぎりである。ただその大多数が、みなこれであったため、時局をいっそう紛糾に導いた。三舟の如き、この大勢に順応せずして、敢然自己の信念に向かって邁進したるは、すなわちこれ退之謂《たいしい》うところの力行不惑《りっこうふわく》の英雄にあらずしてなんぞ。

今日といえども、多数の意を迎え、大衆の心をとらえ、彼らに順応し、彼らに合流し、ひいては彼らに狐媚《こび》するものは、たくさんあるが、一家これを非とし、一国これを非とし、一州これを非とし、天下これを非としているあいだに立って、力行して惑わざるものは、もとより少ない。

見よ、三舟の如きは、外に対して敵を有していたのみでなく、内にあっても、敵陣中にあるが如く、絶えず白刃頭上に閃《ひらめ》き、砲丸身辺を掠《かす》めた。かかる時、かかる際、冷頭冷眼、大衆の向かうところを指し、国是の存するところを明らかにし、しかして当面の時難を救うとともに、新しき日本の生まれいずる産婆役をつとめたのは、けっして花やかな事業ではない。かえって隠忍自重《いんにんじちょう》、他の容易に窺知するあたわざる苦辛が存在している。したがって彼らは、自己の真意のあるところを直感する知己は、これを後世に求むるよりほかに途《みち》はなかった。

そうだ。三舟がもし身後に知己を求めるとすれば、そういう人物が、即今、われらの眼前にいるだろうか。いるぞ。たった一人。——一代の国士頭山立雲翁《とうやまりゅううんおう》である。

翁にして、三舟の心胸を洞破されたならば、必ずやここに特殊の三舟伝がうまれるに相違ない。私は、そう考えて、翁にお願いに出た。

『先生が荒筋をおっしゃっていただけば、年代とか、事実とか、煩わしいことは、私が調べてまいります。先生の眼に映じた三舟は、どうでございますか。それだけ伺えば、もう立派に三舟という人格を彫塑のように作りあげることができると思います』

『諾《うん》』

先生の一諾を得た。

そして、『現代』誌上に発表した。当時私は、済南《さいなん》出兵に際し、軍に従うて、北京《ペキン》に出張する前後だったので、忙局のうちに、数篇を取りまとめ、先生の手にまわし、帰来さらに加筆訂正を加えて、ついに、ここに一書をなすにいたった。
ゆえに、本書は、立雲門下の私が、翁の談話を根幹として記述したにとどまり、筆端、誤って翁の尊厳を冒瀆するが如き箇所があったならば、そはことごとく不肖のいたすところ、荊《けい》を負うて、罪を待つ。ただ、三舟の風格が翁の舌端をかりて、躍如として現出しきたったことは、私の秘《ひそ》かに愉快とするところである。

昭和五年三月

武劉生

目次

幕末三舟伝

頭山満 述
武劉生 筆

勝海舟と来島恒喜

難局打開の三舟

維新の際、朝幕のあいだに介して、双方のもつれを解きほどき、国家未曾有の難局を打開したのみならず、江戸百万の生霊を兵火の中から救い出したのは、勝海舟、高橋泥舟、山岡鉄舟の三人である。

海舟は、明治三十二年に館《かん》を捐《す》て、泥舟は、明治三十六年に簀《さく》を易《か》え、鉄舟は、明治二十六年に大往生をとげた。年からいうと、海舟が最も長じ、泥舟これにつぎ、鉄舟は最年少だ。だが、年も少ないし、気力も旺盛な鉄舟が、一番先に倒れ、泥舟が一番永生きをしている。俺《わし》は、三舟に会ったことはない。会おうと思えば、会えもしたが、ついその機会がなかった。

海舟と俺

ことに、鉄舟および海舟とは、妙な関係がある。それはほかでもない。玄洋社の来島恒喜《くるしまつねき》が、鉄舟のところに出入りしよった。その関係で、来島は一時、谷中全生庵《やなかぜんしょうあん》へこもっていたこともある。

海舟のところへも、来島は行きおって、なにかと意見の交換をしておった。海舟が、明治二十一年枢密顧問官となった際には、来島は郷里から痛烈なる書面を贈って、彼の意見をのべたてている。すなわちこの年四月、伊藤博文が枢密院議長となり、黒田清隆が代わって内閣を組織し、井上馨が農商務大臣となった。来島はこれを憤っている。

『井上とは、何者か。条約改正に対する責任を負うて、いったん職を辞したのである。しかるに、ものの一年とたたぬうちに、再び大臣となるのは、どうしたのか。先の責任は、一年間で帳消しとなったのであるか。咄々《とつとつ》天下の怪事ではないか』

こういう調子で、海舟に苦言を呈している。

このとき、海舟から来島に贈った歌がのこっている。

世の中も我もかくこそ老い果てぬ　言《い》はで心に嘆きこそすれ

そんな関係があるので、一日、来島が俺《わし》のとこに来ての話に……。

『あなたのことを勝さんに話したら、ぜひ一度会いたいというて、すぐに手帳へ名をかきとめた。こういうことは、今までにないといっている。……一度会うてみたらどうですか』

そういいおった。

『ム』

俺は、行くとも行かんとも、なんとも約束はせなんだが、そのうちにな、来島はああいうことになって、外務省の門前に屍を横たえた。俺も、とばッちりを喰って、ゴタゴタしておるうちに海舟のほうで一足先に死んでしまった。

しかし、三舟の人物は好きだ。俺の友人のうちには、来島のほかに三舟の生前、しばしば、往来していたものもあるので、逸話も耳にしている。三舟の如き偉材が、時を同じゅうして、幕末騒乱の際にうまれいで、志をあわせて、君国のために尽くしたことは、今日から考えると、まことに一代の壮観である。

三舟の修養

幕臣中に、三舟あり。官軍中に南洲の如き大器あり。相俟《あいま》って初めて時局を収拾し、外侮《がいぶ》をふせぐことができたので、もし凡人庸才が、この活舞台に登場したとすれば、維新の終局は、あれほど円満な解決をつげずして、いっそう混乱したかもしれない。三舟の立場にしても、まったく容易でなかった。主家の安全を期し庶民の困苦を救い、すすんで尊王の至誠を披瀝しようとしても、周囲の守旧派がこれを遮っている。この際、一死を賭して、白刃の間を往来した態度は、尋常人の企て及ぶべきところでない。

刀なら、百錬千磨の業物《わざもの》だ。鈍刀《なやくら》では、この盤根錯節《ばんこんさくせつ》にぶつかったらひとたまりもなく、へし折れる。時代が英雄をつくるというが、活躍すべき時に出会っても十分に腕をふるいうるだけの修養ができておらなかったら、これに善処することはむつかしい。だから平生の修養が、まずもって大切である。

いま、三舟について考えると、三人とも、武道の練磨と仏理の悟入とをもって、心身を鍛えているところは、まったく一致している。

どりゃ、この三口の大ダンビラに拭《ふり》いをかけようか。

剣禅一致の猛修行

名剣客島田虎之助

海舟は、海軍創始者として聞こえているので、あまりこの方面が、人の注意を引いておらぬが、彼自ら語るところによってみても、身を入れて本当に修行したのは、剣術だ。詩文、国文などにも達しているようだが、あれは独学でやっつけたといっている。

元来、勝の家は、剣道の家筋だったので、早くから剣客島田虎之助の塾に入って、一心不乱に勉強した。

この島田は峴山《けんざん》と号し、豊前中津《ぶぜんなかつ》の人で、天保六、七年江戸へ出てきた。もとより田舎からぽッと出の剣客だが、剣の筋が非常によかった。で、講武所師範になったが、その道場は浅草新堀にあって、なかなか繁昌した。島田は、しッかりした人物で、修行中は酒も飲まぬ、煙草も喫わぬというように厳格じゃった。

たしかに、時代の動きというものを見ておったらしく、海舟に蘭学の勉強をすすめた。

海舟は、島田の道場において烈しい修行をした。二十歳のときは、島田の名代《みょうだい》で、大名屋敷や旗

勝海舟の青年時代

本屋敷に出入りして、稽古に廻り、二十一歳のときには免許皆伝となったといっている。

島田の代稽古ができる腕前とあれば、海舟は剣客としても、相当の伎倆をもっていたとみなくてはならぬ。

入門のはじめ、師の島田はいうた。

『今時《いまどき》、皆がやっているのは、あれは型剣術だ。おまえが剣術の修行をするつもりなら、ほんとうの剣術の修行をするがよい』

『どうすれば、ほんとうの剣術が稽古できますか』

『心胆を練ることが第一、それには、道場の稽古がすんだら、夜中、王子権現へ参詣して、寒稽古をしてこい』

海舟は、同門の弟子とつれ立って、王子権現へ出かけた。むろん、足袋《たび》は穿《は》かず、寒中でも袷《あわせ》一枚きたなりだが、それでも寒くも何ともない。拝殿の石段に腰を下ろして、沈思瞑目していると、おりからの筑波颪《つくばおろし》、老杉《ろうさん》ものすごく唸りを立てて、ごうごうと吹きまくる。ぶるッと身ぶるいが出てくると、木刀をふるって、ええいやッと、身中《からだ》汗ばんでくるまで、稽古をつづける。そしてまた、黙想に耽る。寒くはなる。眠くはなる。しまいには、同門のものも、堪えきれなくなって、民家を叩き起こし、眠りを貪るようになったが、海舟だけは、馬鹿正直に、師の言いつけどおりに修行した。これを繰り返しているうちに、夜があけてくる。道場へもどると、すぐに朝稽古が始まる。夕方になると、また、権現へ出かける。こうなると、暑さも、寒さも、身《からだ》に感じなくなるもので、身《しん》幹《かん》鉄の如く、頑丈となった。二十歳前後からは、牛島の弘福寺で参禅したが、これも虎之助の勧めだといっている。

俺も、若いころは、禅をやったが、初めはなかなかうまくゆかぬ。煩悩というやつ、雑念《ぞうねん》というやつが、どうしても頭の隅にこびりついていて離れない。雨点《うてん》の棒、雷奔《らいほん》の喝《かつ》、われに来たるとも、措置転倒、進退度を失するようでは、いかぬ。ところが、久参底《きゅうさんてい》の客なら知らず、かけ出しだというと、そうはいかぬ。海舟もずいぶん、工夫精進したらしい。しかし、剣禅四か年にわたる猛修行は、たしかに、彼の人物をつくりあげる土台となっている。

白井亨の剣法

ところが、そのころ、一刀流中西忠兵衛子正《たねまさ》の門人で、白井亨《しらいとおる》という、名代《なだい》の剣客があった。さすがの海舟も、この白井に立ち向かってゆくと、どうしても手が出せない。

『実に妙じゃ。せめて一本でもとりたい』

焦れば焦るほどいけない。

やァと、呼吸をはかって立ち上がったら最後、白井の剣の先から、炎の輪がいでて、海舟の剣を封じてしまうように見える。

『拙者もかなり修行しておるが、先生の前へ出ると、猫の前へ現われた鼠同然。居すくまって、手も足も出ぬ。こりゃいったいどういうものでしょうか』

白井にたずねると、名剣客は、呵々《かか》として笑いよった。

『そりゃそのはずだよ』

『どうしてでございますか』

『なぜというのに、尊公は少しばかり剣術をやりおる。拙者の剣術がえらいということがわかるもので、拙者をこわがる。こわがるもので、手が出ない。……そこじゃ。わかったかな』

『フフム、……では、先生に勝とうとするには？』

『そ、それはな、尊公が拙者に立ち向こうたならば、拙者に対して、この男は剣術遣いでもなんでもない、素人だと思いなさい。こやつ、なんでもない、瓜《うり》か南瓜《かぼちゃ》だと思いなさい。そうすると、無我無心になりきる。無我無心になりきると、尊公の竹刀《しない》が自由自在思うとおりにうごく。……極意はそこにあるのだ』

さすがに達人は、見るところが違っている。

『ハハン、さようでござったか』

海舟は、その場で悟入した。なまじいに眼が見えると、怖気《おじけ》がつく。剣法にはこの怖気がこびりついていては、勝つどころかすでに負け色だ。そこで、名人に対しても、瓜や南瓜と思って、斬りこんでゆこうという。腕が上達するのは、これあるがためである。

だから、自分でも告白している。

『剣道の力と、坐禅の功とは、後年、大いにためになった。幕府瓦解の時分、万死《ばんし》の境《きょう》を出入《しゅつにゅう》して、ついに一生を全うしたのは、この修養のお蔭であった。あの時分、たくさんの刺客に脅かされたが、いつも手取りにした。おこがましいが、この勇気と胆力《たんりょく》は、畢竟《ひっきょう》、これによって養われている』

なるほど、それに相違ない。しからずんば、あのきわどい働きはなしうるものではない。

覆面の銃手

海舟は、京都でも、よく刺客《せきかく》にねらわれた。一日、四条通を通過の際、覆面の奴が物蔭から銃口《つつぐち》を擬している。彼は、素早く見て取ったが、敵は、今まさに弾金《ひきがね》を引こうとしている間一髪のところだ。

すると、海舟は、そやつの前にぬっと立って、

『それでは、オレの身《からだ》は射てんぞ。まるで照準がはずれておるが……』

冷やかに、こう浴びせかけた。

この一言に、度胆をぬかれて、刺客は逃げうせた。なんでもないことのようであるが、この芸当は、胆がすわっておらぬとできるものでない。

幕府瓦解の際、いつ白刃のもとに、倒れるかわからなかったような場合にも、彼は護衛をつけなかった。どこへでも単独で出かけて行った。彼の家には、乱暴者が押しかけたが、壮士は一人もお

らず、女子供がいるばかり。いざという時になっては、護衛がおろうと、壮士がおろうと、恃《たの》むに足らない。虚心坦懐、事にあたってさわがず、焦らず、死中、活を求めたところは、禅機の妙用《みょうよう》を体得している。

夢幻裏の槍術試合

槍の名人山岡静山

泥舟にいたっては槍の名人である。

泥舟の兄さんが、号は静山、名は紀一郎といって、非常な達人であったばかりでなく、立派な人格者であった。平生、二尺足らずの木刀を帯びていたが、その木刀の片方には『人の短を道《い》う無《なか》れ、己の長を説く無れ』と記し、裏の片方には、『人に施して慎んで念とする勿《なか》れ。施を受けて慎んで忘る勿れ』と刻んであったという、それぐらいだから、親に接して至孝、門人に向かって懇切、一世の儀表として恥ずかしくなかった。静山は父とは早く別れたが、母だけ生存していた。もっとも多病であったので、いつも静山自ら按摩をした。

書斎の日程表には、七の日墓参、三八聴講、一六按摩とかかげておいたくらい。鉄舟は、剣を学んだので、山岡静山に弟子入りしたわけではない。その心事の明鏡止水の如く、厚徳の山の如きに服して、しばしば出入りして教えをうけていた。ところが、二十七歳で、この静山がぽっくりと死んだ。

平生、父子兄弟《ふしけいてい》のようにしていたので、鉄舟も、我を忘れて、馳けつけた。しかして空しく遺骸を拝して、茫然自失の体《てい》であった。埋骨も終わり、わが家に引きかえしてきたが、どうしても静山のことが忘れられない。毎日、静山の墓参りをしては、夕方帰ってきて、一室に引きこもって、黙坐をつづけた。

と、一日、鉄舟の実弟兼五郎というのが、ひょっこりともどってきた。

『兄上』

顔色をかえている。

『どうしたか』

『いや、私は今日、高橋先生から妙なことをいわれたので、気にかかります』

高橋先生というのは、もちろん泥舟をさす。

『なにをいわれたのか』

『ほかでもないが、ご承知のように、山岡家も静山先生がおなくなりになってから、今日まで相続人が決まっておりません。ご親戚の方がたが思案に暮れているが、なにせ、山岡家は槍術をもって鳴る天下一の家筋ですから、どうかして家名を維持したいとの趣、ところが高橋先生は、本来山岡家のご次男ですから、先生がご自分で生家へもどってこられて、その跡目をつげば、一番けっこうなのですが、今のところ山岡家へ復帰することはできぬそうでございます』

『それは、そうかもしれないな』

『で、今日先生が、私にふと申されますには、亡兄静山は、日ごろ人に語っていうには、世間に青年は少なくないが、技芸に長ずると真勇に乏しく、気象に長ずると技芸に乏しく、困り者が多い。しかるに、小野鉄太郎は、まことに鬼鉄の綽名に恥じず、精神の寛厚なることは菩薩《ぼさつ》の再来かと思わるるほどだが、彼の行く末は必ず天下に名声を轟かすものと見ている。たのもしい奴だと評判をしておった。事実また、自分どもの眼から見るも、鉄太郎君は、至極見どころのある男である。ぜひ山岡家の相続者として望ましく思うが、これはただ拙者の望みだけであって、現在、家の格式から見て、小野家は高禄である。山岡家は小禄である。ゆえに釣り合いもわるいので、そうはまいりますまいが……と、こう申しました。兄上、いかがでございます』

『そうか、俺《わし》にも四人兄があったが、ゆえありて家を去るものやら、夭死《わかじ》にするものがあって、それで今日《こんにち》、俺が長男株だ。小野家を相続せねばならぬが、山岡先生が、それほどに思うていてくださったとは知らなんだ。たいへん賞めてくださって、なんとも赤面のいたりだが、一ツ考えてみよう』

青年時代の山岡鉄舟

　鉄舟は、師父であり、知己であり、かつまた先輩として指導をうけていた静山の知遇に感激して、自ら山岡家の養子になろうと決心した。

そこで、突然、泥舟をたずねた。

『今日はお話があってまいりましたが、先生から舎弟へのお話は逐一伺いました。……仰せの如く、山岡家がこのまま絶家となるのはいかにも残念至極、不肖鉄太郎でよろしくば、亡き静山先生の跡目相続をいたしましょう。ただ先生が予想してござる十分の一にもいたらざるかと、これのみが心配でござる』

こうやると、泥舟は、もとより双手をあげて喜び迎えた。

話は、まとまって、鉄舟の剣師井上清虎が月下氷人となり、静山の妹英子《ふさこ》を娶《めあ》わして、山岡家をたてたのだ。

鉄舟の生家小野は、六百石の家柄で、飛騨の高山で郡代をつとめたのだから、山岡の家とは、話にならぬほど格式が違っている。それを進んで、養子になりさがったところは、純真な、誠直な鉄舟の心意気が現われている。

人生、意気に感ずれば、功名誰かまた論ぜん。——そこだ、ここが鉄舟のいいところじゃな。

淋瑞律師の槍物語

山岡静山はいうてる。

『人、戒むべきは、驕傲《きょうごう》である。一驕心に入れば、百芸皆廃す』

これは、武道家ばかりじゃない。いかなる職業の者も、同じだ。ところが、芸が未熟なうちは、少しばかり名が出ると、俺《わし》は天下一だと自惚《うぬぼ》れくさる。この自惚れが出るときは、もうおしまいだ。

静山の弟として、高橋泥舟も、槍をとっては天下無敵といわれたが、この名人でさえも、そういう時代があった。それはほかでもない。兄の静山が死んで、鉄舟を跡目相続にして、さア、これからというときに、この驕《おご》りが心頭にきざした。

しかし、当人の泥舟は気がつかない。彼のためには、恩人ともいうべき第三者が出現して、この驕りの心をピタと抑えつけた。ちょうど元治元年二月のことである。

泥舟の道場へ、小石川伝通院内、処静院《しょせいいん》の住僧淋瑞律師《りんずいりっし》が、ひょっこりと現われた。律師は、学あり、識あり。宗門においては、持律厳正、思想においては、尊王愛国。近代の傑僧だ。

『先生は、槍法の大家とうけたまわって、今日はお手並を拝見に伺った』

律師は、こういった。ところが、泥舟は坊主嫌い、仏教嫌いだ。はなはだ不快に思ったが、さりとて、無下に断わりかねたとみえ、ともかくも道場へ通した。この坊主、驚かしてくれようとあって、高弟と槍の手合わせをしたのち、さて、改まった調子になる。

『お望みにまかせて、拙者の槍法を貴僧にごらんにいれたが、どうであるか』

『されば、本日は篤《とく》と拝見いたしまして、まことにかたじけない』

『なんぞ、ご意見があったなら、伺いたい』

『いや、先生の腕前は、噂に聞いたよりも、ご巧者でござります。たとえて申さば、仏如来《ぶつにょらい》がこの世に出現して、天魔を降し、最正覚《さいしょうがく》を成就して一切衆生を抜済《ばっさい》したまうの境に達しているように思います。ただ、今少しでござる。今少々一歩をすすめて、大機《たいき》大用《たいよう》を得るの妙処に達せられたなら、もはやこの上はござらぬかと存じます』

遠慮もなく、泥舟の槍法を批判した。

彼も内心むかむかとした。いやしくも、槍をとっては、天下無敵と自ら許しているにもかかわらず、この糞坊主め、今少しだとはなんだ。口幅ったい申し分だと、心頭、怒りを発したが、ここで事をあらだてると、居合わせた門人が、黙ってはいない。よって集《たか》って坊主を打擲《ちょうちゃく》するかもしれない。と、強いて怒りを抑え、言葉をやわらげていった。

『ご高見いちいち、ごもっともでござる。未熟な技《わざ》に対し、過分のお褒《ほ》めにあずかって、かえって恐れ入ります。どうぞ、こちらへ』

さりげなく律師を茶室に案内した。そこで、両人対坐のうえ、屹然《きつぜん》として反問した。

『貴僧は、ただ今一歩を進めて大機大用を習得せよといわれたが、あれは、どういうことか』

『よろしい。だがその前に、ひとつ先生にお伺いいたさねばならぬ。先生の技は、まことに至妙であるが、始終、一貫しておらぬように思われる。と申すのはほかでもござらぬ。先生の槍先が、繰り出されまた繰り込まれる際に、これは稽古じゃと思う心がある。もしこれが真槍《しんそう》であったならば、大いに趣が違ってまいりましょうが、それはそれとして、試合がだんだんと終わりに近づいてくるころになると、先生の心中が、忽焉《こつえん》として変わってくる。それが槍先に現われる。愚衲《ぐのう》が、終始一貫しておらぬと申すのは、ここでござる。これはどういう次第でござるか』

逆捻《さかねじ》をくわせた。泥舟は、坊主め、下手なことを申したなら、こらしめのため、一拳を加えてやろうとくらいに思っていたが、意外にも、こちらの心中を洞見《どうけん》しているのでハッとした。

『恐れ入りました。貴僧の霊眼は、敬服のほかはないが、どうしてそれがおわかりか』

『無念無住《むねんむじゅう》、無修無証《むしゅむしょう》。前面に闍梨《じゃり》なく、この間に老僧なく、有《う》にして無《む》、無《む》にして有《う》、両頭撒開《りょうとうさんかい》して中間放下《ちゅうかんほうげ》し、一念不生《いちねんふしょう》にして、始めて自由自在の分あらんと、こういうことが申されている。ただそれだけのもので……』

話をすすめてゆくと、淋瑞が凡僧でないことが、わかってきた。

ここにいたって、泥舟も、兜《かぶと》をぬいでしまった。

『どうか、将来とも、仏教の真理をもって、拙者の槍法をご指導願いとうござる』

かえって、教えを求めるようなことになった。

青年時代の高橋泥舟

えらい権幕で、喰ってかかった泥舟のようすが、がらりかわったので、律師すかさず真っ向から一《いっ》撃《ぽん》。

『先生は鬼仏自在の御仁《ごじん》だ』

初めは、鬼だったが、のちは仏になった。鬼となるのも、仏となるのも、自由無碍《むげ》でござるなとひやかされて、泥舟も言句につまった。彼が、淋瑞律師の門に学ぶようになったのは、これが機縁である。

兄弟必死の猛試合

泥舟も、大いに発明するところがあって、翻然として、必死の練磨をつづけた。伝通院において、律師の指導をうくるかたわら、道場において、槍法を練ること、三年余。安政四年二月のある夜、夢に実兄の山岡静山が現われた。

『どうだ。いくらか腕が上達いたしたか、試してやろう。立ち合え』

『おう』

声に応じて、泥舟が槍を合わせた。

『まだ、おまえは、技を蔵《かく》している。明日の晩、またまいる』

泥舟は、不思議に思っていると、はたして次の夜、再び枕元に現われた。

『約束だ。立ち合え』

勝負を十本ときめて、槍を把る。前夜は、勝負なしで終わったが、今夜こそはと、泥舟も必死の態。兄の静山も同じく奮迅の勢い。稽古槍とはいえ、尖端からは、一道の殺気がほとばしる。泥舟の技、神に入り、ついに九本まで、勝ちを占めた。残る一本は、兄に勝ちを譲って、試合を終わった。

『うまい。もはや、われらの及ぶ腕ではない。よくもそれだけ、鍛錬したな』

そういったかと思うと、静山の姿は、消え失せたが、泥舟が眼をさますと、ぐっしょりと汗をかいておった。

この夢中の試合において、泥舟は、豁然《かつぜん》として妙諦《みょうたい》を悟了した。今まで、心中一抹の曇りがあったが、ことごとく一掃されて、明鏡止水の如くハッキリとしてきた。ここだなと、味得して、翌朝はただちに伝通院を訪《と》い、律師を訪れた。

彼の心奥には、なんら、こだわりがない。敵の突き出す槍先の動きも、よくわかる。自分の繰り出す槍先も、堅くならずして、自由自在、変化の妙用を尽くすことができるような心がまえとなった。

律師と対坐すると、すぐに問答がはじまった。

『いかに先生、このごろは、少し槍法の道がおわかりでござるかな』

律師が問うた。

『いかにも、ずんとわかりました。失礼ながら、貴僧がたの道と申さるるのは、いたって窮屈だ。あたかも障子一重《ひとえ》に小野小町や衣通姫《そとおりひめ》が、ホホホハハハと笑ってござるのを聴きながら、いやいや彼らのために煩悩を犯してはならぬ。戒律に背いてはならぬ。それでは仏になれぬとご修行なされている。拙者の槍法より見るときは、まるで違っている。拙者どもは、小野小町や衣通姫の雪の肌にも遠慮なく触れる。腰巻やら肌着やら、中着《なかぎ》上着《うわぎ》とりそろえて仕立てをしてつかわして、いっそう立派に仕上げてやるのが、拙者どもの道でござる』

こうやった。いや、驚いたのは、律師である。

『これは、どうも、先生、急に眼が開きましたな。……今までは愚衲《ぐのう》が師であったが、これからは、先生が愚衲の師でござる。恐れ入りました』

ひどく感心をしたと伝えらるるが、泥舟が、ここまで達するには、並大抵の苦心ではなかったであろうな。

傑僧淋瑞の最期

泥舟は、この淋瑞和尚によほど心服していたと見える。

『私が、彼と交わったのは、たんに仏教を学ぶの師ではない。実のところをいうと、彼は坊主とは申しながら、非常な気概をもち、非常な憂国家でありましたで、当時、私はとくに彼に謀るの必要を感じ、彼はまた私に談ずるの適当なるを知って、水魚の交わりをしておった』

そういうている。

ところが、慶応三年十月十八日、和尚は泥舟の家をたずね、あいかわらず国事上の談論をまじえ、寺へ帰って行った。

『時節がら、途中間違いでも起こってはならぬ』

そういって、泥舟は門弟の斎藤貢《さいとうみつぐ》に護衛させた。泥舟のほうはいうまでもなく攘夷論者であるが、開国論者のほうでどういう策動をしているかわかったものでない。何事も武力が最後の解決をした暗黒時代である。僧衣をまとうていても、乱暴者が躍りかかってこないものでもない。

斎藤貢は、このとき、とって十七歳の美少年。

『先生、大きな刀を貸してください』

と、とくに泥舟の愛刀を帯び、定紋《じょうもん》のついた提灯を下げて、律師の後方《うしろ》に従った。律師は、いつも死を覚悟していたものだ。というのは、ほかでもない。幼少のみぎり、人相見から剣難の相があるといわれて以来、自分もそのつもりでいたらしい。

夜は更けて、月は雲にかくれている。今し、三百坂までさしかかった途端、覆面した二人の曲者《くせもの》が、突然あらわれた。

『待て！』

と、一人は白刃《はくじん》をひっさげて、律師の前に立つ。一人は従者の斎藤の提灯をたたき落とした。伝通院は、すぐそこだ。逃げようという気があれば逃げられたのであろうが、死を覚悟していた律師は、白刃を前にしても、微動だにしない。仏者として、無抵抗主義に出たのだ。すなわち、路上にピタと趺坐《ふざ》して、声厳《おごそ》かに念仏を唱えたが、その声の終わらぬうちに毒刃は、律師を刺してしまった。

一方、提灯をたたき落とされた斎藤少年は、心得たりと大刀を抜き放ち、躍りこんで刺客《せきかく》の右手首をバサリと切り落とした。

『あ……』

仲間が悲鳴をあげたのをきいて、いま一人の奴が斎藤に立ち向かってきた。斎藤は、こやつの頭を梨割りにしたうえ、両肩を袈裟に斬りつけた。こやつ、よほどの豪の者で、三か所の重傷にもめげず、手首を斬られた同志を肩にかけ、血刀《ちがたな》をついて逃れ去った。斎藤は、長追いせずして、ただちに泥舟の家にとって返した。

『先生、和尚がやられました』

と、返り血をあびて真赤になっていた。泥舟は、槍をとって立ち上がった。もしこの斎藤が、生《い》命《のち》の惜しいばっかりに、律師の危急を救わずして逃げ返ったものならば、一刺しに刺し殺してくれようとしたのだ。だが、事実はそれどころじゃない。非常な奮闘ぶりだったので、長男道太郎の寝床へ休ませて、傷の手当てをさせたくらいだった。

刺客《せきかく》は、すぐにわかった。一を松岡権九郎《ごんくろう》といい、他を広井求馬《きゅうま》といい、佐幕開国派から酒食の饗応をうけて、その埋め合わせに、ちょっと律師に傷でもつけてやろうとしたのだったが、律師が、抵抗せずして一命をさし出したため、意外な結果になりおった。重傷を負うて、牛込五軒町の実兄の家にのがれた広井の如きは、心から悔い改めて、すまぬことをしたといって、その日の夕刻に息を引きとった。その兄が、わざわざ泥舟のところへ詫びに来たそうな。

つぎの朝、行って見ると、路上の血は土を掘り返して埋めてあった。斎藤は垣根を後ろ楯にして戦ったとみえ、大分破損していた。そこらには、まだ肉片や血の塊が飛んでいた。

『亀の甲だ。亀の甲だよ』

子供が、毛髪のついている肉片を拾ってきて、おもちゃにして遊んでいたという。いかに殺伐な時代であったとはいえ、ムザムザと律師を犠牲にしてしまったのは、いかにも残念である。律師はこのときまだ三十八歳であった。

泥舟と、驚いてすぐさまかけつけた鉄舟と、二人して三百坂にかけつけたときは、すでに時遅し、律師は地に倒れていた。

すぐさま、処静院に担ぎ入れて、両舟兄弟が厚く葬った。

泥舟が、この淋瑞の横死は、親に別るるよりもなおつらかったと、のちになってそういうておるところから推しても、心から許し合った仲らしい。

清川八郎の墓なども、泥舟が一言頼むと、和尚は、即座に引きうけた。

『よろしい。衲《わし》にお任せなさい』

すすんで、自分の寺の墓地に、内々に埋めてしまって、平然としていた。こういうことは、容易にできるものでない。まったく義僧であった。

春風館の立切試合

忠孝とは何か

鉄舟は、すでに述べたように、泥舟の家よりも格式はよかったが、彼自身は少年時代より不幸つづきであったらしい。

初め、どうして剣道に志したのか、その動機は彼自ら認《したた》めている。なんでも七、八歳の時分、手習いをしているうちに、『忠孝』の二字が現われた。

『これは、なんのことか』

母親磯子《いそこ》に、訊ねた。母氏というのは、常陸《ひたち》鹿島神社の社家の娘で、塚原というた。ところが、鉄舟の父親朝右衛門が篤実一方なのに比べて、この母親は、勝気な、男まさりな、しっかりした女《にょ》性《しょう》だった。鉄舟の剛胆は、大分母氏の血統を引いている。

『忠という字は、使いどころによって、いろいろな解釈があるが、とにかくここでは、主君につかえる正しき心もちをさしている。また孝というのは、お父さまお母さまに、まめまめしくつかえることである。ではこの忠と孝とは別々のものかというと、決してそうではない。本来同根のもので、忠を励めば孝になり、孝を尽くせば忠にもなる。人間と生まれてきたうえは、この二つは、ぜひ弁えておらねばならぬぞよ』

『わかりました』

鉄舟が、ひょいと母氏の顔を見ると、なんとなく沈みきっておる。

『お母さま、どうかなされましたか』

『いや、なんともない』

『それならいいけれど。ところで、お母さまは、忠孝をはげんでおりますか』

鉄舟少年が、こうたずぬると、なにかぐいと一本釘でも刺されたように、母親はギックリとしたかに見える。そしてハラハラと涙を流した。

『鉄や、実はね、わたしも常日ごろ、どうぞして、忠孝を尽くしたいと心がけているが、つまらぬ女の身ゆえ、いまだにさしたることもない。わたしはそれを考えると、まことに残念。どうかおまえは、男とうまれたので、これから先一生懸命になって、忠孝の道を励んでください。……じゃア忠孝というのは、どうすればいいかというとね、それはたいへんやかましいことになるが、おまえはまだ幼少なので、今話してもわかりません。大きくなると、おいおいと眼が開けてきますから……でも、今日のお母さまの教えは忘れずに心の底に刻みつけておきなさい』

『そうですか』

彼は、それっきり、忠孝の解釈を母親に求めようとはしなかったが、おいおい成長して十三歳の際に、今度は、父朝右衛門から、いやしくも武門にうまれたものは、忠孝の志ゆめゆめ忘るべからずという教訓をうけた。

『そらまた忠孝』

久しぶりで、忠孝を耳にした。朝右衛門はいうた。

『男児いやしくも、君につかえて忠、親につかえて孝、この両道を全うしようとするのは、形において武芸を修め、心において禅理を攻《きわ》めることが、一番都合がよい』

こういわれて、しからばと、剣道に精を出すようになったのだと聞いている。

しかしてついに無刀流の一派を開いたほどの剣豪だが、彼とても最初からそういう名剣士に生まれついたわけじゃない。

非常な猛修行ののちに、あれだけの人物となりおった。

鉄舟の剣風

鉄舟の一生は、『誠《まこと》』で押し通した。剣風もまたそれで、至純至誠の彼の人格が現われている。

飛騨高山に宗猷寺《そうゆうじ》という寺があって、鉄太郎は、子供のときよく遊びにゆきおった。

鐘楼の前に立って、彼は大きな鐘を飽かず見入っている。和尚は、鉄舟の父と別懇なので、ツカツカと傍へよった。

『鉄どんかい』

『ウン』

『なにを見ている』

『あの鐘』

『欲しいか』

『ウン、欲しい』

『欲しけりゃ上げる。持って行きな』

と、和尚は冗談をいうた。すると、鉄太郎少年、有頂天になって、足を宙にうかせて、父君のもとに飛んで行った。

『お父さま、宗猷寺の和尚さまが、釣鐘をくださるというた』

『そうか、では運んできなさい』

と、父君《ふくん》も笑っとる。鉄太郎にいたっては、笑うどころじゃない。釣鐘をくれるというので、出入りの職人をかり集め、早速寺へ乗りつけて、釣鐘ちょうだいと出かけた。いや和尚驚くまいことか。

『鉄どんには、うっかり冗談もいえぬ』

と、平謝《ひらあやま》りに謝ったと、『全生庵記録抜萃』に出ている。

おもしろいな。三ツ子の魂百までも。鉄舟という男は、一生を通じて、そういう性格じゃった。

十七歳で母に別れ、十八歳で父に別れ、鉄舟は、五人の弟をつれて、江戸へ上ってきたが、それから忍苦の生活がはじまった。最初は、異母弟小野古風《おのこふう》の家に世話になりおったが、そのときは末弟務《つとむ》はまだ二歳の嬰児《みどりご》だ。乳がないので、鉄舟は、務をふところに抱き、近所合壁《がっぺき》を乳貰いに歩いた。夜は夜で、稀粥《おもゆ》に蜜をまぜて、枕辺に用意をして、添い寝をしたものだった。あの豪傑が、そうういう苦労をしたのかと思うと、まるで嘘のようじゃが、そこが俺《わし》は味のふかいところだと信じている。


だから、彼の撃剣修行時代は、稽古が真剣であった。厠《かわや》の中でも、褥《しとね》の中でも、不断に試合の心がまえでいたが、道を歩いていても、竹刀《しない》の音をきくと、もういてもたってもおられん。すぐ飛び込んで、

『いざ、一本』

試合を申し込んだ。自分の家でも同然、客がありさえすれば、面小手《めんこて》をつけて、

『さア、さア』

挑んでかかる。それも、相手が剣の心得があるかどうか、それを見極めない。そんなことは、彼にはどうでもよい。ただ立って戦えばよかったらしい。はなはだしいのは、御用聞きの酒屋の若者ござれ、八百屋の小僧ござれ。みな捕まえる。

『どこからでもよい。俺《わし》の身《からだ》に打ってかかれ。さア』

竹刀をわたし、自分は庭の真ん中に褌《ふんどし》一ツになって仁王立ちとなる。

『どうも、山岡さんの家《うち》ではこまりものだ。先生に見つかったら最後、それ打てやれつけと、おいでなさる。こちとらの迷惑になることがわからねえのかしら?』

出入りの御用聞きが、不平たらたらでいた。かくと耳にした実弟極《きわむ》。

『兄上、素人を相手にして、竹刀で打ち込ませたところ、なんの益がございます。ことに裸で立ち合うなどはあまりに無法でございます。お控えなされてはいかがでございます』

それとなく注意したが、鉄舟は聞き入れなかった。彼にいわせると、こうだ。

『ばかなことを申す。木剣試合などいうものは、いくらやっても、なんの役にもたたぬ。俺《わし》はいつでも戦場の真っ只中で役にたつ真剣試合をしようと思うておる。それには、寝ても起きても、敵が身辺にねらっていると思わなくてはいかん。敵には、剣士もおる。これ恐るべし。さりながら素人もおる。これまた恐るべし。で、誰にでも相手をさせ、そして褌一ツの裸でやると、真剣の味が出てくる……』

『よくわかりました。兄上のおっしゃることはいちいちごもっともですが、ただ、そうすると、御用聞きが屋敷へ来なくなります。姉上がお困りのごようすであります……』

『ハハン、兵糧攻めか』

鉄舟は、呵々大笑して、以後は御用聞きを相手にして、試合をすることだけはやめたといわるる。

浅利又七郎義明が、鉄舟のこの真剣ぶりを試した話がある。

竹刀を抱いて

浅利又七郎義明は、伊藤一刀斎の伝流をついだ当代の名人、中西忠兵衛子正《たねまさ》の次男である。山岡が修行のようすを見ると、寝るときも、竹刀を抱いている。

『この男、よほど一生懸命だが、どれくらい心の修行ができているか』

浅利は、そういうので、秘かに鉄舟の寝息をうかがった。

『ええいッ』

裂帛《れっぱく》の一声。脳天も砕けよとばかり、不意に竹刀を打ち下ろした。

と、鉄舟、がばとはね起きた。次の瞬間には、もう立ち上がって、十分の構えができていた。浅利も、舌をまいて、至誠胆勇の士であると、折紙をつけた。彼もまた、剣禅の一致を眼目として、修行をかさねたが、ゆきづまったのは、『無』の心胸《しんきょう》だ。いったい、彼は剣技の修練を先にして、心理の攻究は後まわしにした。腕ができれば、心もおのずから磨かれる。そういうふうに考えたので、途中でつまずいたとみえる。沢庵禅師《たくあんぜんじ》が、おもしろいことをいっている。

『心というものは、ころころと転がるものじゃ。自由のものじゃ。行きたいところにゆき、停まりたいところに止まる。そこでこの心を引きしめてかからねばならない。一心不乱というのが、それを、剣でいえば、剣を学ぶこと以外に、心をちらさぬ。心を乱さぬ。寝ても起きても、それッばかりに夢中になる。これがぜひとも必要なことじゃが、さりとて、これをひっくくっておいては至極不自由なものとなる。たとえて申すと、雀の子を捕らえて困るというので、猫を縄で縛《くく》っておくようなものじゃ。それは誰でもすることじゃ。だがこの猫にしつけさえすれば、縄でくくっておかずとも、雀の子は捕らえない。いや雀の子と一緒に遊ぶようになる。そうなると、しめたもので、このとき、猫なく、雀の子なく、一切が空《くう》じゃ。したがって心が自由な働きをすることになる。俗人の心というものは、たいていは雀の子を捕らえる心配がある猫のようなもので、これをひっくくっておかねばならない。禅の修行を志したなら、雀の子と一緒に遊んでも間違いの起こらぬ猫のような心とせねばならない。縛られていたものが自由になるので、はじめて心が心の働きをする。そこが無の世界じゃ。剣法についていえば、敵を打とうと思うのは、猫が縄を引き切って、雀の子を捕ろうと焦るのと同然。さりとてまた打つまいと思うのもいけない。これは雀の子と遊んでやるぞとわざとらしく構えるのと同然。そのわざとらしさがよろしくない。打とうとも思わず、打たじとも思わず、心海持平《しんかいじへい》なるとき、前に敵なく後ろに物なし。ここが無の境地じゃ』

聞けば、そうかなと合点されるが、さて実際になると、そうゆくものでない。禅は、書を読んだからというて、師の指導をうけたからというて、それで大悟徹底するものでない。血の滲み出るような体験の産物だ。

禅三昧に入る

元治元年正月、鉄舟自ら認めた剣禅に関する記述がある。それによると、彼がはじめて禅に志したは、二十歳のころで、武州柴村長徳寺の願翁《がんおう》に参じた。

『本来無一物』

願翁は、この五字を挙示《こし》した。

『貴殿は武士じゃから、日々夜々剣法を勉強しているのはけっこうじゃ。定めし道場に入って、竹刀をとってたつと、敵は必ず貴殿に迫って来るじゃろう。そのとき貴殿の心裏は、はたしていかに。……心に遅れが出たり、恐怖が起こったりするであろうが、それは貴殿が未熟だからである。真に禅理に悟入すれば、無じゃ。敵が白刃《しらは》を振って、我に迫り来たろうとも、動かざること山の如く、ビクとするものでない』

願翁は、その心事を説了した。

『さようでござりますか、せいぜい勉強をいたしてみます』
と、鉄舟は退下して、工夫をすることになった。ところがこの『無』が、一朝一夕で、釈然たるものじゃない。こうと思ったら、徹底せねば気のすまぬ彼は、剣をとって修行のかたわら、願翁のもとに走って、指導をうけたが、わかったようでもあるし、またわからぬようでもある。霞をへだてて山を見るの趣、どうもまだ廓落《からり》としなかった。で、いよいよ進むと、ますます迷いの雲がわき起こってくる。

一進一退、一迷一惑、――十年の月日が流れた。

ついで、龍澤寺《りゅうたくじ》の星定《せいじょう》に教えを求めた。この寺は豆州三島を去る西の方一里ばかり、江戸からは三十余里も隔っておる。しかるに、鉄舟は明け方、江戸を出立して、馬上、函嶺《はこね》を越え、夜半過ぎに、ほとほとと寺の門を叩く。暇があると、こうして三十余里の彼方まで、道を聴かんとして通った根気は驚きいる。

さらに進んで、京都相国寺独園《どくえん》、同嵯峨天龍寺滴水《てきすい》、相州鎌倉円覚寺洪川《こうせん》らの大老に参禅した。なかんずく、滴水《てきすい》老師の悪辣《あくらつ》手段は有名なもので、長州の奇骨鳥尾《とりお》小弥太《こやた》の如きでさえも、老師のこの手段によって別生涯を得たといわるる。

鉄舟が、かくの如く禅理の悟入を志したのは、前にいうた浅利又七郎の剣風に圧倒されていたため、どうかして彼以上の剣士になろうと願望したからである。ところが、なかなかそうはまいらぬ。昼は昼で技を闘わし、夜は夜で、専念黙坐、呼吸をこらしていたが、眼前に出頭没頭するは、依然として巨人又七郎の豪剣だ。

『ああ、拙者の修行は未熟だな』

彼は、そのたびに精進した。

彼が、はじめて滴水に会うた際、このことを述べておる。

『拙者は、剣法と禅理とが一致せねばならぬものと考えて、年ごろ工夫いたしておるが、どうも鈍根で、今もって徹しませぬ』

老師は賞めた。

『よいかな、言《げん》や。だが愚衲《ぐのう》らの道をもって、包みなく一言《いちごん》すると、現在の尊公は、ちょうど眼鏡《めがね》をかけて、物を見るようなものじゃ。眼鏡もとより明らかにして、多分の視力を妨げずといえども、本来肉眼に一点の疾《しつ》のない人は、いかなる明鏡といえども、尋常物を見るのに、これを用いる必要はない。いな用いれば変則である。用いざるをもって自然としてある。尊公の現在は、すでにこの境に達しておる。もしひとたびこの邪魔物を取り去ることができるならば、たちまちに所望の極底に達しうるでござろう。ましていわんや尊公は剣禅兼ね至るの人物。一朝豁然《かつぜん》として悟道をいたされると、それからのちは、活殺自在。神通遊戯《じんずうゆげ》の境に至るでござろう』

そういって、五位兼中至《ごいけんちゅうし》の頌《じゅ》を授けられた。

『両刃《りょうじん》、鋒《ほう》を交えて避くるを須《もち》いず。好手《こうしゅ》、還《かえ》って火裏《かり》の蓮《れん》に同じ。宛然《えんぜん》として、自ずから衝天《しょうてん》の気あり』

さア、この公案を思考せねばならぬのだが、ここで鉄舟は、ハタと行きづまってしまったのだな。

平沼専蔵の述懐

三年もかかったがわからぬ。どう考えてもわからぬ。おりから、尋ねて来たのが、平沼専蔵《ひらぬませんぞう》だ。この男は武州飯能《はんのう》の出で、明治の初年、京浜間に流浪中、金を儲けたのだそうな。

『先生の書をいただきにあがりました』

と、平沼はいうた。

『ウム、そうか』

鉄舟は、明治二十年前は、望みとあれば、誰にでも揮毫の求めに応じた。もっとも入木道《じゅぼくどう》五十三世の正伝《しょうでん》を継ぐというくらいじゃから、三舟のうち、書は最も秀でておる。明治二十年七月後は、一切蔵経《いっさいぞうきょう》を写し始めたので、揮毫を謝絶しておった。平沼は、墨をする。紙をのべる。それが終わると、鉄舟のそばで、自分の経歴談をはじめたもんだ。

「世の中は、妙なものであります。私は自分ながら不思議に思うくらい、私はもとごく貧しい家に生まれましたが、今では巨万の富をつくることができまして、ほんとうにありがたいと思っております。同時に案外に感じております。こんなことを先生の前で申し上げるのは妙ですが、まアお聴きください』

と、平沼は膝をすすめる。

『こういうことがござります。私が若いころ、四、五百円の金を儲けて、商品を仕入れましたが、おりからちょうど物価下落の気味だという評判でございました。それならいっそう早く売ろうと思っていると、仲間の者がこっちの弱味につけ込んで、値段を踏み落とそうとしている。それがためか、私の心はドキドキしてくる。その動悸のため、なんとなく胸が騒々しくなる。かれこれといろいろに迷うて、非常にうろたえましたが、こんなことで心配するのはばからしいと考えなおし、どうなってもかまわず、そのまま放任しておきました。その後、件《くだん》の仲間はまたやって来て、このあいだの品物は、元値より一割高に買おうと申し込んできました。しかるに、私のほうでは前とうって変わって、どっこいそんなことで売れぬとがんばると、じゃア一割五分高に買おうと突き上げてきました。かくと聞いて、売ればよろしかったが、こちらは欲が深いので、もっと高く売ろうもっと高く売ろうと思っているうちに、かえってどんどん安値となり、つまりは二割以上の損をして売ったことがございます。このとき私はハハアと気がつきましたね。商法のコツはここにあると悟りましたね。もし踏み込んで大商いをしようと思えば、勝敗利鈍にビクビクしていてはだめだと存じます。必ず勝とうと思うと、胸がドキドキし、損をしやしないかと思うと、こちらの身《からだ》が縮まるようでございます。そこで私は、こんなことに心配をするようでは、とても大事業をなすことは思いもよらぬと考えまして、それからのちというものは、何事に着手する場合でも、まずわが心の明らかなるときに、コウと思い定め、それからのちはグングンとこのとおりにやってのけることにしました。そのせいか、今日では、本統《ほんとう》の一人前の商人になりましたようでございます』

こういう述懐をこころみた。

黙って聞いていた鉄舟は、ハハンとうなずいた。

『そうだ。……滴水和尚が俺に授けた公案は、ここだな。両刃《りょうじん》、鋒《ほう》を交えて避くるを須《もち》いず。刃《やいば》と刃とがぴたと切り結んだ瞬間、どうするか。好手《こうしゅ》、還《かえ》って火裏《かり》の蓮《れん》に同じというから、上手な奴は、紅蓮《ぐれん》の炎につつまれながら、白蓮《びゃくれん》の花が咲いているように、ビクともしてはならぬ。このとき、勝敗、生死、さようなものが念頭にあってはならぬ。無だ。……そうだな』

一念に透徹した。

それまでは、どう思いを練っても、この公案が体得できない。夜中にふいいと床の上にたち上がって、ハッとして、烟管《きせる》を斜に構えて、ジーッと一角を見つめていたこともある。そういうときは、英子《ふさこ》夫人は、鉄舟が狂人になったのじゃないかと、びっくりしたくらいだ。ところが機根の熟するというものは妙だ。専蔵の話が、ピンと頭にきたのだ。

夢想剣の極意

これが明治十三年三月二十五日のことじゃったが。翌日から早速、道場に立ってこれを剣法のうえに試み、夜になると客を辞して、沈思黙考、禅定《ぜんじょう》に入ること約五日、二十九日の夜、迷妄ここに洞然として明白となって、天地《てんち》物無《ものな》きの心境に到達したのだ。夜はあけて、三十日の夜明けの光が、ボーッと彼の面上に落ち来る途端、ぬッと立ち上がった彼は、木刀をとって、ピタと中段に構えたのだ。

『おう』

腹の底から湧いてくる気合い。

今まで、木刀の前に、夢の如く、幻の如く、出頭没頭して、彼の剣頭を圧していた浅利又七郎の姿は、もはや烟《けむり》の如くに消え失せているのだ。

乾坤《けんこん》ただ一人。彼の剣は、自由無碍《むげ》にうごく。進むも、退くも、思うようになる。

『ああ』

と、彼は、一大絶叫をあげた。

生まれて四十五歳、はじめて道の妙域に達した。

剣を学んで三十有七年、ようやく堂に入《い》ることができた。彼が喜んだのも無理はない。今や、天下無敵の極処《ごくしょ》を得た彼は、快然として禁ずるあたわず、ただちに門弟を呼んだ。

『籠手田《こてだ》を呼んでこい』

門弟は、籠手田安定の家に走った。籠手田は、鉄舟の門下に剣を学んだ一人。当時、春風館道場

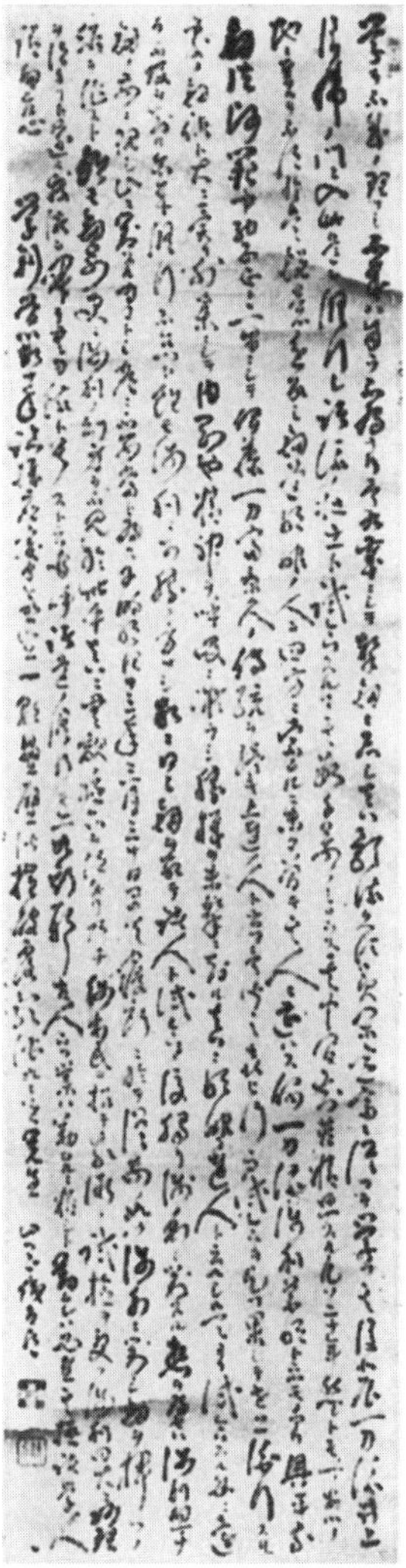

鉄舟無刀流剏創の由来記（当時の鉄舟塾春風館学頭幹事高橋道太郎氏へ自書して贈られしもの）詩に曰く、
学剣労心数十年　臨機応変守愈堅　一朝塁壁皆摧破　露影湛如還覚全

の付近にいた。籠手田は、何事かと思うて、道場へ馳せ参ずると、喜色満面の鉄舟が、すでに試合の用意をしている。

『先生、どうなされましたか』

『すぐさま一手立ち合え』

と、鉄舟は命じた。心得て、籠手田が木刀をとって、場《じょう》に現われる。一礼ののち、サッと身を退《ひ》いて、気息をはかる。籠手田は、鉄門の第一人。鉄舟もうッかりできない。

『えいッ！』

剣尖《けんせん》を閃かして、打ち込もうとした刹那。

『先生』

籠手田は、がらりと木刀を捨てた。

『どうした』

『いや、いけません。私は先生の門下となって以来、ずいぶん先生と試合をいたしましたが、今朝の剣勢は、まことに不思議である。どうしても、先生の身前に立つことができませぬ。……どうなされたのでございますか』

愕然として、眼を円くしている。

『そうであったか』

と、鉄舟もこの一条を披露したのち、しからば、あらためて浅利又七郎と技を闘わそうと、又七郎に使いを立てたのである。

海舟は、備前の人白井亭《しらいとおる》の剣法は、神変不可思議な力があったといっておるが、この白井と浅利又七郎、島田虎之助とは、ほとんどおっつかっつの達人であったそうな。そこで、あらためて浅利と鉄舟とが、試合をすることになった。

鉄舟、当年の鉄舟にあらず。電光石火、一声、場《じょう》を圧しきたる。

『子《し》、達せりい』

浅利は、この刀勢を見て、ただちに無想剣の極意を伝えた。

さア、どうもこうなると、鉄舟は、公案を授けてくれた滴水老師に会いたくてたまらない。老師は、ちょうど、摂心《せっしん》参禅を依頼されて、江川鉄心居士《こじ》の家にいたので、四月一日の朝、欣々然として車を飛ばせた。

暁来、ガラガラと玄関へのりつけた車上の客。

『誰だ』

と、老師が出てみると、ほかならぬ鉄舟居士、いつになくニコニコとしてござる。目撃道存《みちそん》す。老師のような人物になると、チラと見ただけで、これはこうじゃ、アレはどうじゃと、ただちに心《しん》胸《きょう》にうつるとみえる。

『やア』

『やア』

老師と鉄舟との挨拶は、それッきり。鉄舟は鉄舟でようやく、公案に徹することができたともいわぬし、また、老師は老師で、居士の徹底を弁見したがどうだともいわぬし、一言半句、これに触れないが、双方の心鏡が相映発《あいえいはつ》して、見通しだ。ここがおもしろいところである。ビールを出すと、居士は、快飲して談を進めるところ、意気衝天、まことに壮快のかぎりであった。そのころ、鉄舟は胃をわるくしていたので、見かねた鉄心。

『先生、ご病気じゃから、もうおやめになったらどうですか』

『やア、過ぎましたかナ』

さういって、呵々大笑、そのまま辞しかえったといわるる。

滴水暗殺の壮士

『わしは、厳師《げんし》のありがたみを滴水においてはじめて知った』

鉄舟は、こういうてるので、滴水にはいたく心服していたのだ。ところが、この和尚の熱喝瞋拳《ねっかつしんけん》は有名なもの、老師はいつも、鉄舟の家で参禅をうけたが、そういうときでも、したたか擲《なぐ》った。

鉄舟は、もとよりなんとも思うていやしないが、門弟どもが、その音を聞いてさわぎだした。

『糞坊主め、師匠をぶんなぐるとは、なんだ』

プリプリ怒りだした。とりわけ、村上政忠の如きは、血性男子であったゆえ、なにはかまわず、嚇怒《かくど》してしまった。こういう男が、世の中にはよくある。つまり血の気が多いので、鉄舟がなんのために和尚から擲《なぐ》られているのか、その辺の事情についてなんの弁えもなく、ただ、けしからんと苛《いき》りたったが、ついに、一刀のもとに和尚の首をはね飛ばそうとした。

村上は、鉄門の四天王の一人じゃった。性《たち》がわるいだけで、剣の筋はよかった。毎度鉄舟に世話をかけよったようだが、鉄舟は、死ぬまでこの男のめんどうを見ておったと聞いている。

この村上が、カッとなって、師匠のため復讐《しかえし》をしようとしたのだ。滴水老師はそのとき本郷湯島麟祥院《りんしょういん》に留錫《るしゃく》していたが、四谷の山岡の家から、夜になって、ひとり帰ってゆくのだ。

『ようし、やッつけるぞ』

村上は、剣を抱いて、老師の跡を追うて行った。月、天心にあり、人影《じんえい》、地にあり。老師は悠々として、戻ってゆく。跡には、壮士、殺気をふくんで迫りよる。

『ここで斬ろうか？』

村上が、剣を抜こうとするが、どうも老師の体の構えに隙がない。

『こんどこそ！』

また覗ったが、ついに機を得ず、老師は麟祥院の門をくぐる。

『しまった！』と、村上が地蹣《じたたら》を踏んで残念がったが、翌晩、また性懲りもなく、老師に尾行した。だが、その夜も、手を下しえなかった。血性の村上は、怒り心頭に発して、三日目の晩、最後の決心を固めて、老師の跡を追うた。

『自分は剣道を学んで、今日まで、それほど遅れをとったためしはない。まして相手はたかが一坊主だ。……斬り込めぬはずはないのだが、いざとなると手が出せぬ。こんなことでどうなるかッ』

自ら気を鼓して、今夜こそ、首を刎《は》ねずにはおかぬと、覚悟した。神ならぬ身の老師は、背後に殺人魔が狙っていようとは、夢にも知らぬ。法衣の襟をかき合わせて、への字型の唇をきっと結んで、さっさと歩き出した。急がず、迫らず、履声《りせい》大地を鳴らして、心憎いほど落ちついて帰る後ろ姿。

『今ぞ』

タ、タ、タ……と、迫撃しようとして、また失敗、老師の蔭は早くも寺門の内に消えた。村上は残念がって、とうとう、鉄舟の前へ出て自白した。

『私のようなヤクザな腕ではどうにもならぬ。今夜という今夜、つくづくわれながら厭気《いやけ》がさした』

『どうしたのか』

「いや、実は、あの滴水の糞坊主、師匠の頭をはりこくったので、生意気千万な奴、彼が細首丁《ちょう》と刎ねてやろうと、今夜でちょうど三晩、跡を尾《つ》けました。ところが、あの坊主、撃剣の心得があるとみえ、なんとしても隙を見せませぬ。どうも驚いた奴。いつ撃剣を稽古しましたかな』

すると、鉄舟は、大喝した。

『ばかめッ！』

『はい、あいすみません』と、村上は神妙に応《かえ》した。

『あの坊主は、きさまらが十人や二十人よっても、ビクともするかい。……気をつけろ』

叱責されて、この村上も、心を入れかえ、参禅することにした。のち、報恩のため、村上は石印三顆《か》を刻し、老師に贈った。その箱の上には、鉄舟が自ら『鉄牛機』と題した。今でも天龍寺に残っていると聞いている。

およそ一芸一能に達したものには、これくらいの修行はできている。体に隙のあるものではない。

老師の構えに、毛でついたほどの隙がなかったのは、老師もまた剣客と同じように修行の功を積んでいたからだ。――おもしろい話である。

真剣の荒稽古

だから、鉄舟の道場春風館の稽古は、あくまでも真剣の心がまえで、息をもつかせぬほど烈《はげ》しいものだった。一死を誓って、稽古を請願する意味で、門人には『誓願』ということをさせる。これが、三期に分かたれていた。

まず、初め第一期は、誓願の門人は一日の怠りなく、満三か年の稽古をつむ。それがすむという終わりの日には、一日中、立切《たちきり》二百面の試合をさせる。これを無事に終わると尋常科卒業だ。次が第二期の誓願。同じように数か年稽古がつづく。最後の日は、三日間立切六百面の試合をさせる。それがすむと十二か条の目録の許しをうける。中学卒業というところ。第三期は、またそれから数年たって、いよいよこれから一人前というときに、七日間立切千四百面の試合をさせる。これがすむと目録皆伝の許しをうけ、青垂れの稽古道具一組を授かって、高等科卒業格となるわけだ。

この誓願における立切試合の妙は、一日中午後二、三時ごろが、最も妙だ。そのころになると、立切者は、朝からやっているので、身心を打失して、至誠一片となり、その活動が名人境に入《い》る。一誓願ごとに実際死地を経るのだから、腕がメキメキと上達する。第三期七日間、立切千四百面の試合の如きは、難事中の難事で、これをやりおおせた門人は、二、三名にすぎない。

この立切試合は、どうするかというと、三日間でも、七日間でも、そのあいだは、一切外出を禁じ、三食とも粥と梅干とを食べさせる。相手は、猛者《もさ》をえらんで、どんどんと立ち合わせるので、とてもたまるものでない。ヘトヘトになる。四肢五体はみな腫れ上がって、往々血尿を排出することは珍しくない。

さて、この立切がすむと、師匠鉄舟の前へ来て、挨拶をのべることになっている。だが、どんなものでも、完全に両膝を折って、両手をついて挨拶する者はない。身心がぐったりとなって手も足も出なくなるのだ。こういう荒稽古で門下を率いたくらいなので、鉄舟は、知人ござれ、友人ござれ、試合をすると、容赦なく擲りつけた。静岡県の金谷原《かなやはら》開墾に出かけた幕臣中条《ちゅうじょう》金之助もよほどの遣い手じゃった。鉄舟が無刀流剣法を創めたと聞いて、上京の節、春風館道場に現われた。鬼気人に迫るような怪異な形相《ぎょうそう》。まるで山男が都へ下りて来たようである。

『久しぶりで貴公と一手合わせいたそうか』と、中条から申し込む。

『ム』

うなずいて、鉄舟は、彼を道場に案内した。なにせ、公案を体得した直後の鉄舟だ。英気当たるべからず。剣頭ただちに敵を圧服した。だが中条も剛情で、まいったとはいわぬ。

『まだ軽いか』と、鉄舟の剣、鋭きこと電《いなずま》の如く、さすがの中条がヘトヘトとなって、その場に昏倒した。

『けしからぬ。俺を打ち据えておいて息の根を止めようとは、なんたることか』

息を吹き返した彼は、火のようになって、プンプンしながら、ろくに挨拶もせず、そのまま静岡に引き返そうとした。

途中、箱根の峠までくると、中条は、ハッと気がついた。

『ああ、そうだ。俺《おれ》は、鉄太郎に打たれた際、まいったといわんかったな』

思い出して、踵《きびす》をくるりと返し、また東京へ戻ってきた。そして、再び道場を訪問して、鉄舟に陳謝した。

『俺がわるかった。初め尊公に打たれたとき、まいったといわなかったため、尊公はどんどんと打つてきたのだろう。それで眼が眩《くら》んで倒れたのだろう。……そうとも知らず、尊公をけしからぬ奴と思うたは、俺がわるかった。謝るぞ』

鉄舟の前に手をついて、そういった。剛情な男がそういうのだから、よほどまいったとみえる。しかし、また、ここがさっぱりとしていて古武士らしい。

中条金之助もまた愛すべき風格である。

大往生の刹那

鉄舟が死ぬときは、雪白《せっぱく》の着物に、袈裟をかけて、禅坐していた。死の到来を予期した彼は、身辺を取りまいている家人らに向かって、おごそかにいいわたした。

『今、息を引き取るぞ』

そこへ、おりよく海舟が尋ねてきた。

『どうだな、ようすは？』

『ちょうど、今死ぬのだと申しております』

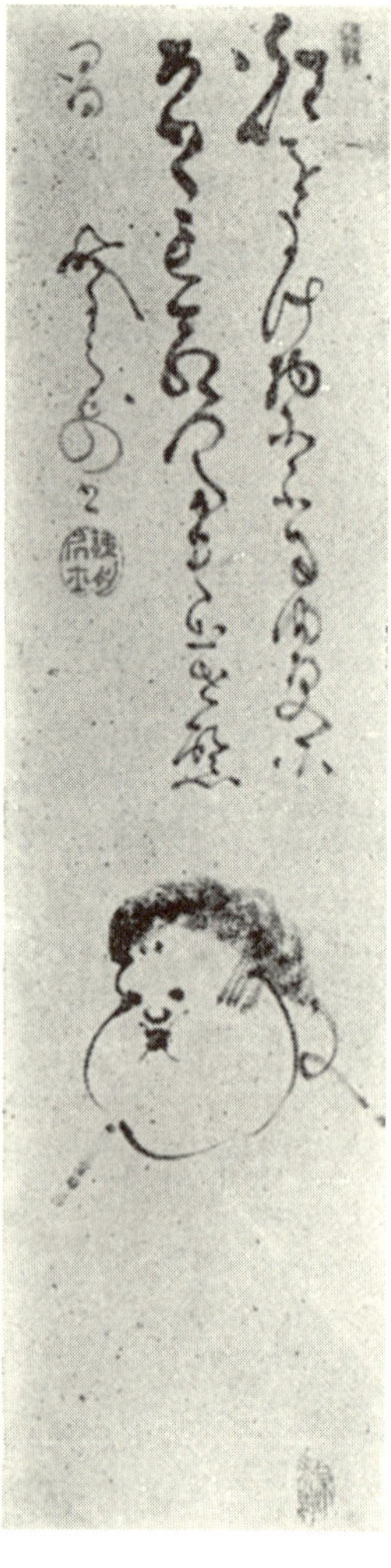

家人が答えた。

『フム、そうか』

海舟が座敷の真ん中に突っ立った。

『山岡さん、ご臨終ですか？』

その声を聞くと、鉄舟は、薄眼をあけて、にっこりとした。

『さてさて、先生、よくおいでくださった。ただいまが涅槃《ねはん》の境にすすむところでござる』

今、死につこうという人とは思われぬほど、ハッキリとした声音《こわね》でいった。

『さようでござるか。よろしくご成仏なさい』

『かたじけのうござる』

そのまま海舟は引き取ると、まもなく瞑目した。だが、死んでも、身《からだ》がびくとも動かなかったといわるる。

絶命しても正坐していたという。かくの如き大往生は、平生の修行がつんでおらぬとできるものじゃない。

ここに遺言がある。

金を積んでもって子孫に遺す、子孫いまだ必ずしも守らず。
書を積んでもって子孫に遺す、子孫いまだ必ずしも読まず。
隠徳を冥々のうちに積むに如《し》かず、もって子孫長久の計となす。
これ先賢の格言、すなわち後人の亀鑑なり。

命がけの宮島談判

勝海舟の起用

ところが、この三人は、最も多事多難であった慶応の末年には、いずれも斥けられて、驥足《きそく》を伸ばしえなかった。これはいうまでもなく、彼らの主張が、幕臣ではあっても、勤王の精神にもとづいていたため、幕閣の意見と一致しなかったためだ。

慶応二年八月、海舟は幕命を奉じて、江戸から京都に上ることになった。これはどういうわけかというのに、これより先、海舟は閉門を仰せつかっていた。

というのは、ほかでもない。海舟が軍艦奉行として、兵庫操練所に諸藩の浪人や志士を集めて、塾生にしておいた。それをば幕府では、けしからぬ、胡乱《うろん》くさいというので、免官処分にしてしもうたが、勝は平気なものじゃった。なすこともないので本ばかり読みおった。そうこうしているうちに、この年二度目の長州征伐が始まった。

強弩《きょうど》の末《すえ》、魯縞《ろこう》を穿《うが》たずという言葉があるな、まずそんなもので、瓦解前の幕府の勢力などは知れたものだ。心あるものは、よくわかっておったが、しかし長州に対して、おどかしておかぬと、面目がたたぬ。で、第一回の長州征伐。つづいてこの年の第二回の長州征伐が始まった。だがこのときには、薩摩と長州とが、ちゃんと連合することになりおったので、長州がナカナカ幕府の命令を聞かない。

『やれ！　やれ！』

会津は会津で、勢いこんで、干戈《かんか》を動かそうとしているが、薩長二大雄藩が手を携えては、事容易でない。尻込みをしておった。

そうなると、会津は、薩摩の裏切りが小癪にさわってならぬ。文久三年八月十八日、例の七卿落《きょうお》ちの際には、薩摩とグルになって、長州を京都から追いはらった。それ以来の会津と薩摩とである。親密の度が加わるにつれて、長州は、会津を悪《にく》むとともに、薩摩を仇敵のように思いこんだ。その間柄は犬と猿だ。まさか、連合するようなことはあるまいと思うていると、坂本龍馬、中岡慎太郎らの肝煎《きもいり》で、同盟ができあがったのだ。

会津が残念がったのは、この際である。

ところで、幕閣として、会津と薩摩とが、いがみ合っていては、長州征伐の軍をすすめることができぬ。どうかして双方の感情のもつれを融《と》かねばならぬが、誰か適当な人物はおらぬだろうかと、物色したあげく、白羽の矢が海舟に立ったのである。

『この問題を解決するには、勝よりほかに、しかるべきものはあるまいと存じます』

こういって、閉門中の勝を推薦したのは、老中板倉伊賀守《いがのかみ》――松平楽翁《らくおう》公の孫にあたる政治家である。

さてこそ、彼は、召し出されて登城した。

『勝さん、ちょっと』

別席へ招《よ》んだのは勘定奉行小栗上野介《こうずけのすけ》で、かつて海舟とともに渡米した幕閣中の一人物であった。

上野介は、形を改めていうた。

『さて、このたび、貴殿を関西へお召しになったのは、長州談判の用向きかと心得るが、どうであろうか』

『自分も、多分そうであろうと思っている』

海舟は答えた。

『それなら、ひとつ、貴殿に含んでおいていただきたいことがある。実は、このたびの長州征伐を機として、一挙に長州を屠《ほふ》り、再挙して薩州を倒し、ついで天下の諸侯を廃し、幕府統轄のもとに郡県の制度を布こうと考えている。それには、第一資金が必要である。よって、仏国公使レオン・ロッシュを介して、仏蘭西《フランス》から銀子六百万両および年賦にて軍艦数隻を借りうける約束をいたしている。この秘密を知るものは、将軍のほかに、閣老はじめ四、五人の人物だけである。貴殿がもし、長州征伐の談判に出向くようなれば、この一事は、ぜひ心得ておいてもらわねばならぬ。……貴殿もむろん、ご同感でござろうな』

念を押した。

だが、勝は、これには大反対だった。とはいえ、ここで争ってもいたしかたない。

『さようでござったか、承知いたした』

一言半句も、駁論をこころみずして、小栗上州のもとを辞した。

大阪において、閣老板倉伊賀守と面会した際に、初めて意中をうちあけた。

『実は、江戸表において、小栗上州殿から委細承ったが、あれは、ほんとうか』

『いかにも、その目論見である。ただしこれは極秘中の極秘である』

『それなら申し上げるが、拙者は反対だ。なるほど、形のうえから申すと、至極けっこう、さすがに世界の大勢に通じてござる上州殿の意見らしいが、今天下の諸侯を廃して、徳川氏がただひとり存するは、これ天下に向かって、私《わたくし》を示すことになる。天下の諸侯を廃するならば、なぜ徳川氏もともに廃するの勇気をもたれぬか。さようなご英断があるならば、徳川氏はまずすすんで政権を返上し、天下に向かってその範を垂れ、しかしてのち郡県一統の政《まつりごと》を布かねばならぬ。拙者は、そう考える』

大政返上論なので、閣老は、愕然として色を失った。

徳川政府あって、天朝のあるを知らざる当時の閣老としては、無理もなかろうが、堂々として大政返上を主張したのは、勝の明眼達識《めいがんたっしき》、衆にすぐれているところである。

泥舟の征長意見

いったい、幕府の長州征伐なるものは、まったく失敗に帰したのだ。徳川政府も、三百年もつづいてみると、創業《そうそう》当時の実力はなくなっているのが、本当なのである。

でも、眼先の利かぬ俗吏どもには、その見極めがつかなかった。

長州征伐の如きは、海舟ばかりじゃない。泥舟なども、大反対。元治元年七月、長州征討の触《ふれ》が出た際、泥舟はただちに言上した。その要旨はこうだ。

『今度の征長の要旨というものは、幕府対長州の関係ではござるまい。長州が皇室に対し奉りて、不敬の所業があった。すなわち軍勢を率いて、畏れ多くも鳳闕《ほうけつ》に迫るというが如きことは、はなはだけしからぬという。それを責めるための軍《いくさ》であると存じます。はたしてしからば、勅命を得てしかるのち将軍がご進発あるのが至当である。いまだ朝命もなくして、征長の名をもって、将軍が兵を率いてご進発なさるのは、私どもの大いに承服しがたきところである。ゆえにひとまずご上洛あって、しかるうえ朝命を受けるのが当然でございます。いわんや方今、天下の形勢一変して、非常のことにあらざれば、容易に収拾することのできぬありさまである。軽率に大軍を動かすが如きは、毛を吹いて疵《きず》を求むるの類でございます』

だが、一人として、泥舟の意見を用いようというものはなかった。

『大厦《たいか》のくつがえる、一木のよく支うるところにあらず。幕府の命脈も、もう旦夕に迫っているわい』

泥舟が嘆息したのも無理ではない。

幕府では第一回の征長の役に失敗し、第二回もはなはだおもしろくない結果になって、長州の国境に迫ったものの、いっこうはかばかしい戦果をあげえなかった。かえって、長州勢にしてやられた始末。

孤剣芸州に下る

海舟を京都へ呼び寄せたのは、この征長の役の解決をさせようというのであった。そこで、海舟は、和睦説を持ち出して、どうしても、長州と和睦せねばならぬと説いたのだ。

しかし、幕吏は海舟を起用する必要は認めていても、この和睦説が気にいらない。海舟自身もムシャクシャしていると、京都から早駕《はやかご》で、大阪にいる海舟へ迎えが立った。

『すぐにお越し願いとうございます』

一ツ橋慶喜《けいき》からの使者だ。

くそいまいましい。病気だといって断わろうかとも思ったが、それでは難きを避け易きに就くことになっておもしろくない。よって、その夜のうちに早駕で上洛した。

やがて、慶喜の面前に現われる。そこで正式に長州への使者を仰せつかったが、海舟は聴かなかった。

『ご辞退申し上げます。私のようなものでは、その大任を果たすことは困難でござります』

そういうと、慶喜は膝をすすめた。

『いや、そのほうなら安心だ。ぜひまいってくれよ』

『それほど、仰せらるるならばまいりましょうが、私が談判をすると、こういう手順ですすみますがよろしゅうござりますか』

順序を打ちあける。

『それでけっこうだ。この際、何分、和議をまとめてきてもらいたい』

『よろしい。一か月中には始末をつけてまいります。そのあいだ消息がござりませなんだら、不肖勝麟太郎は、一命がなくなったと思し召してくだされ』

覚悟をきめて、大阪を出発したのは、八月十九日だ。

伴もつれない、下男もつれない、孤剣飄然《ひょうぜん》、木綿《もめん》羽織《ばおり》をまとい、小倉《こくら》の袴《はかま》をはいて、質素な姿《なり》で出発した。

芸州に入って、植田乙次郎に会った。

『先生、どちらへ』

『長州人と応接のため、かの地へまいるつもりである』

『それは、おやめなさい。へたなことをすると、先生は殺されます』

『死は覚悟している。危険を冒してゆこうと思う』

『いけません。……そういう思し召しならば、弊藩より長州へ照会して、ご周旋をいたします』

親切にいうてくれるので、この芸州藩を仲に立てて、長州使者と宮島に会見することになった。

死に仕度の海舟

舟で宮島へ渡ってみると、長州の兵隊がいっぱい詰めかけている。旅籠《はたご》に入って、長州の代表者が到着するのを待ちうけている。そのあいだ兵隊らしいのや、探偵らしいのが来て、しきりに示威運動をして見せる。

でも、海舟は平然としていた。

『なかなか図太い奴だぞ』

兵隊のほうでは、たまらなくなって、夜闇《やあん》に乗じ、一発旅館へお見舞い申した。

轟然！

弾丸は、部屋を貫通した。海舟、腰をぬかすかと思うと、あいもかわらず平々然としていた。

『今に、戦争が始まるげな』

旅籠の者が驚いて、婦人という婦人は、みな姿をかくし、ただ老婆が一人いて、海舟の世話をしていた。

『ばあさんや、……すまぬが、もっと襦袢《じゅばん》を縫ってもらいたいな』

『旦那さま、もうずいぶんたくさんおこしらえ申しあげましたが……？』

『ところが、まだいる。わしは、一日一枚ずつ新しいのを着るからな』

『へえ』

老婆のほうでは、いいつけられるるままに、襦袢を何枚も仕立ててやった。

それのみでない。朝になると、きっとこの老婆をよんで、髪を結わせることにした。

『旦那さまへ』

『ム、なんだ』

『妙なことを伺いますが……』

老婆は、今朝も海舟の頭髪《かみ》を束《つか》ねながら、いいにくそうに、口をもぐもぐ動かした。

『あの、旦那さまは、こうして毎日、おぐしをあげ、新しい仕立て下ろしの襦袢をお召しになりますが、これはいったいまアどういうわけでござりますか』

『わからんかい』

海舟は、ニコニコしている。

『どうも、なんのおまじないか、とんと判断がつきませぬ』

『それならいうて聞かせるが、死に仕度だよ』

『なんでございますって？』

『俺はいつ殺されるかわからぬので、死に恥をかかぬようにしている』

そう答えたと、海舟自ら経歴談の中に述べている。

かれこれしているうちに、ようやく長州の使者がやって来た。

九月二日、大慈院の大広間で、双方が会見することになった。

砕けた談判

長州を代表したる使者は、広沢兵助《ひょうすけ》、井上聞多《もんた》ら八人、ズラリズッと、一同縁側に並んだ。井上は袖付橋で暗殺にあって、その傷が全快したときだったが、まだ頭に膏薬を張っていたそうな。

幕府を代表する使者は、軍艦奉行勝安房守《かつあわのかみ》であることはわかっている。しかしその部下が、威儀ものものしく左右を固めているのだろうと思うと案に相違、小柄な海舟どのがたった一人、大広間の真ン中にちょこなんと坐ってござる。

勝は、痩せても枯れても、軍艦奉行、従五位下《じゅごいげ》、朝散太夫《ちょうさんのだいふ》という身分がある。広沢らは毛利家の一家臣にすぎない。そこで、恭しく縁側に並んだままで、一礼した。

すると、海舟。

『さアさ、そこじゃアお話ができない。ずっとこちらへお通りなさい』

こうやった。

『いや、ご同席はいかにも恐れ入る次第でございます』

広沢が頭をもたげていった。

『だが、こう離れていては、話ができません。あなたがたがお厭《いや》とあれば、拙者がそこへまいりましょう』

さっさと、座蒲団をもって、立ち上がりさま、長州の代表者の真ン中へ割り込んだもんだ。

『はッははは、それではご免こうむります』

みな、座敷へすすんだ。

うまいな、この呼吸は！　単身、殺気満々たる敵のあいだにすすみ入って、やんわりと抱き込むところは、柔よく剛を制すの骨法だ。武道のコツだ。もうこれで、談判は、半分以上成功しているとみてもよい。

さて掛け合いだが、海舟はいうた。

『今度、将軍の薨去《こうきょ》について、戦争は中止し、内政の改革をすることになった。長州でも、占領した地域から撤兵するようにという書付を朝廷からいただいてきた。新たに徳川家を嗣ぐことになった一ツ橋慶喜の意見もまたそうである。……だから、どうぞご承知願いたい』

『承知いたしました』と、長州側もおだやかに出る。

『それならば、ひとつ兵隊は国境から出さないようにしてください。また嘆願などという口実で兵隊をくり出さぬように、せいぜいお願い申します』

『心得ました。……だが勝さん、今になって、そういうご趣意の出るというのは、どうもわからない。これまで藩内の事情を申し上げても、幕府には徹しておらなかった。長州が罪科を仰せつかったのも、またそれで、どうも朝廷と幕府とのあいだに奸人《かんじん》がおるようす。で、われわれは、防長二国を灰土《かいど》としてもかまわぬ。その奸人を追いのけようとしたのでございます。そういたさぬと、一長州の如きはさておいて、天下のものが、承知いたしますまいて』

広沢が、そういうた。

海舟も、これには同意だ。

『もっともだ』

『しかし、皆さん、まアお聞き。今のところ、日本は長州だの、幕府だのといって、兄弟牆《けいていかき》にせめぐ時ではあるまい。このまま内争をつづけていたなら、日本はどうなる。印度《インド》となり、安南《あんなん》となり、ついに亡滅に帰し、いたずらに外国人の笑いを招くことになる。……どうです。そう思いませんか』

『まったく、仰せのとおり』

長州人は至極わかりがいい。

『あなたのように、そうものがわかっておったら、こういう戦争にならずにすんだであろうと思う。惜しいことをしましたな』と、広沢が述懐した。まことに、それはそうじゃった。

話は、とんとん拍子にまとまって、和議はここにととのった。

海舟は、なんの苦もなく、この談判をスラスラとはこんでしまったが、心中は、虎の尾を踏むが如く、心配じゃったとみえ、記念のためさしていた短刀を厳島《いつくしま》神社へ献じた。

おかしなことには、神官は、そのとき海舟をばかにしとって、どこの馬の骨だといわぬばかり、この献品をうけとろうとしない。やむなく十両の金子《きんす》を添えて、やっと納めてもらった。

今でも宝物となって残っているだろう。

海舟は、意気揚々と京都へ戻ってきて、慶喜に報告したが、なんの沙汰もなかった。三日のあいだ待ったが、いっこう音沙汰がなかった。もとより、海舟が慶喜の命をうけて、芸州へ下ったのは、秘密任務ではあった。そしてこの事実を知るものは、閣老板倉伊賀守および慶喜の秘書原市之進ぐらいなものであった。

なぜ、沙汰がなかったかと申すに、もうこのときは、形勢がかわってしまった。長州問題は諸侯会議で決めようとなったので、幕府が単独にどうこうするということができなくなった。これでは、海舟がせっかく広沢らと会商して、取りまとめてきた苦心の和議が、なんの役にもたたぬ。——この内情を知って、勝は憤然として怒りを発した。

『まア、まア、そう怒らずにいてもらいたい』

閣老から慰められて、海舟は、再び江戸へもどってきた。

将軍慶喜も、まだ海舟の真骨頭を見ておらぬ。それがため、しかく信任を払っておらぬ。かえって原市之進などを重用していたころなので、どうもいたしかたない。まったく縁の下の力持ちをしてしまった。

しかし、この長州代表との談判の経緯《いきさつ》は、他日わが江戸市民の代表者となって、大西郷と接衝するときには、なにほどか役立ったに相違ない。俺《わし》は、そんなふうに考えている。

剛骨の荘士松岡万

松岡万の締め手

泥舟、鉄舟の意見は、むろんいずれもまた尊王攘夷《そんのうじょうい》にあった。ただ幕臣であるがゆえに、幕府を倒すというような考えはなかった。そこが、長州、薩州の志士とは違っている。清川八郎は、泥舟とも鉄舟とも、莫逆《ばくぎゃく》の交わりを結んでいた。で、清川は、どうかして、彼らを倒幕派に引きずり込もうとし、彼らはまたどうかして、清川を佐幕派に組みせしめようとし、意中に戦いを挑むこと三年余もつづいたといわるる。すなわち、彼らの尊王攘夷は、根本において一致しているが、幕府を倒すか倒さざるかという点において、両者はぜんぜん反対している。

さりながら、そのときの封建思想から推せば、各自主家に殉《しゅか》ずるのは当然、この点は毛利の家臣が毛利家を尊重し、薩州の家臣が薩州と進退をともにしたのと、同じである。だが、幕府としては尊王攘夷の主張は、もとより喜ばざるところ、両名が斥けられたのもいたしかたない。

それがため、鉄舟などは、同じ旗本仲間からは、一時嫌疑をうけた。

『鉄の奴、どうもいうことがおかしい』

旗本のうちでも剛直の聞こえある松岡万《まつおかよろず》が、鉄舟の暗殺をはかった。だが普通では手が出せぬので、泥酔にまぎらして、鉄舟に戯れかかつた。松岡は、柔術の妙手だ。松岡に頸《くび》をしめられては、どうにもならぬといわれていたが、今、彼の鉄腕がぐいと鉄州の頸にかかった。

『おい、山岡』

呼びさま、彼の咽喉《のんど》を締めつけて、一息にやッつけようという腹だった。ハッという瞬間、鉄舟は、その手をふりはらって、かえって、膝下《しっか》にねじ伏せた。

『なにをするかツ！』

『ハッハッハハハ』

と、松岡は笑った。だが、松岡の殺気は、早くも鉄舟の察知するところとなったのだ。かくて鉄舟の意見に論破された松岡は、いさぎよく兜をぬいだ。

『いや、恐れ入った』

あらためて、鉄舟の弟子となって、維新後にいたるまで、師弟の関係をつづけた。村上政忠、松岡万、それに中野信成《のぶしげ》などという手合いは、鉄門中の奇士じゃった。

松岡は今、静岡県中泉在於保《おほ》村に池主霊社《いけぬしだましゃ》として神に祀られておる。この地方の開発に尽力したためで、鉄舟の没後、三年ばかり永らえていたが、ただちに師の後を追うて、明治二十四年春、五十何歳かで世を去っている。松岡が、秘かに鉄舟を殺そうと計ったころは、生《き》一本の壮士であったのだ。鴻門《こうもん》の会に出てくる樊噲《はんかい》というやつと思えばよろしい。

泥舟の強意見

この男、酒癖がわるくて、酔うと人を殺したくなる。で、よく辻斬りに出おったと聞いておる。鉄舟の義兄泥舟が、それをひどく心配した。

『どうも、松岡、おまえは酒を絶たぬと、一人前になれぬ。……わしの前で、向後一滴も飲まぬと誓ってみろ』

泥舟が叱りつけた。

『誓います。私もわるいことだと思っておりますので』

『そうか、おまえがそこへ気がついておるなら、これほど、けっこうなことはない。……必ずやめるか』

『武士に二言はござらぬ』

『よし、金打《きんちょう》いたせ』

武士が金打をするのは、当時は重大なことである。泥舟は、松岡という奴、まことに気性のさっぱりした男で、末頼もしい。だが酒をのむと、人を殺したがるという癖は、ぜひ矯正してやりたいと思うていた。

ところが、不思議なことがあるものでな。ある日、泥舟が枕について眠っていると、眼前に映画のように展開したのは、向島の土堤《どて》である。桜がもう大分散って、人通りも途絶えている。今し、落英《らくえい》を踏んで、高らかに笑い興じながら、大刀に反《そ》りを打たせて帰ってくる酔いどれ武士の一団がある。その真ン中に、肩を聳《そび》やかしている大髻《おおたぶさ》の男。泥舟が見てびっくり。

『おや、おや、松岡じゃな』

ぎくんとした。凝視すると、松岡の奴、自分との誓言《せいごん》を反古《ほご》にして、酔歩蹣跚《すいほまんさん》としておる。

『こいつが、……こいつが……』

泥舟は、瞳をこらした。ちょうど、その前方へ現われたのは、中年者の商人ふうの男である。

『やいッ』

松岡は、声をかけると、早くも刀をぬいて、ギラギラと閃かす。男は、狼狽して土堤下へ逃げ出すのを、松岡がよろよろとよろめきながら、追撃するところである。

『あ、あ、……いけないッ……』

そこで、泥舟は眼がさめた。——ホッとすると、全身にぐっしょりと汗をかいておる。

『松岡の奴、またやりおる。すぐに呼んでこい』

むっとした泥舟が即刻使いを出すと、のこのこと、空嘯《そらうそぶ》いてやってきた。

『これは、先生』

どこまでも、松岡は、しゃアしゃアとしておる。

「松岡、おまえ、やったな』

『なにをでございますか』

『わしと約束しておきながら、誓いを破って、飲んだな』

『いえ、そんなことはございません。断じてございません』

『嘘をつけ。昨夜、向島の土堤を五、六人して、高声にわめきたてながら、よろよろと脚元の定まらぬような恰好で歩いていた。あの酔態はなんだ』

『………』

『のみならず、おまえは、こりずまに一人の町人をつかまえて、追いまわしていたろう。刀をぬいて斬り立てていったろう。……さアどうだ』

と、詰めよせる。松岡は、図星をさされて顔色をかえた。

『先生、あなたは昨夜、ごらんになりましたので？』

『おまえらの酔態をか？』

『はい』

『いかにも、……見たぞ。見たからおまえを呼びつけたのだ』

『恐れ入りました』

と、松岡は、悄然として首をうな垂れた。これは酒飲みによくある性《たち》で、酔っているときは、えらそうに大言壮語していながら、醒めるとことごとく恐縮して、まるで処女のようにつつましくなる。松岡が、ちょうどそれだ。

松岡が告白するところをきくと、昨夜、泥舟が夢の中で目撃した事実と寸分違わなかった。そこでこんどは、泥舟のほうがびっくりした。

一説には、泥舟は東照大権現を信仰していたので、夢の中に、権現があらわれて、泥舟を向島にみちびいたのだともいわるるが、こういう精神作用はあるものとみえる。

情欲海の鉄舟

ついでじゃから話すが、『全生庵記録抜萃』の中に、同じような奇現象について、鉄舟の話が載っておる。

鉄舟は、書を学べば、入木道《じゅぼくどう》の奥義に徹しようとし、剣を学べば、無刀流の秘法を創《はじ》めるまでにいっておる。何事によらず、奥の奥、底の底まで突っ込まないと承知できぬ性《たち》である。で、色欲のほうも、それじゃ。情欲を絶とうとするのには、情欲海の激浪中に飛び込んで、その正体をつきとめてのち、翻然と悟らねばいかぬというにある。だが、まわりのものは、そうは受け取らぬ。一個の放蕩児、手におえぬ遊冶郎《ゆうやろう》として、はては、親戚の人々までが、なんのかのと不服を唱えだし、英子《ふさこ》夫人に向かっていうた。

『あんな男とは別れるがよい』

夫人は答えた。

『他日、山岡の家名をあげる男だと見込んで、婿にしたのです。わたしの眼が狂っていたかどうか、もう少し見ていてください』

よほど、心のどん底を見ぬいておったように聞こえるが、内実はやはりてこずっていたらしい。ただ、親戚の手前、虚勢を張っていたにすぎない。

『おまえが、そういう考えなら、いたしかたない。われわれ一同は絶交だ』

親戚一同、山岡家と交わりを絶つ。当時の英子夫人の心事は悲痛の極であった。当の鉄舟自身は、どうかというのに、親戚に捨てられても、いっこう驚かない。洒然《しゃぜん》としておる。夫人は、三児を抱いて、静岡に退き、ひたすら主人鉄舟のために祈願をこめた。鉄舟は、国事に奔走中だったので、江戸におったが、ある雨の夜のことである。鉄舟は、フト眼をさますと、枕辺に、色蒼ざめた女が、幻のようにボーッと坐っている。三人の子を抱いているところが、どうも夫人らしい。よく見ると、やっぱり夫人である。

『英《ふさ》ではないか』

と、鉄舟が声をかけると、そのまま姿が消えた。

『はて、妙だぞ』

と、鉄舟は、心配になったのだ。なにか留守宅に変事が起こったものと考えたのだ。倉皇《そうこう》、静岡へやってきた。だが、妻子にはなんのかわりもなかった。

『おい、英、おまえは恐ろしい女じゃな』

鉄舟は、夫人の顔を見ると、こういうたものだった。

『どうしてでございます』

「実は、こういうことがあったのだ』

逐一、事情をはなすと、夫人は、へへえとあきれている。

『それなら申し上げますが、実は先夜、三人の子供を刺し殺して、私も死んだならば、あなたの放蕩がやむだろうと存じまして、決心いたしましたが……では、そのときの私の姿が、あなたの枕辺へあらわれたとみえます』

『そ、それだ』

愕然として、鉄舟も仰天した。現在の夫人に、それほど心配をかけてはなるまいと、以来、ふッつりと女道楽はやめた。夫人もまた鉄舟のうちあけ話をきいて、やっと安心をした。だからこういうことは、とかくあるとみえる。俺《わし》なども、昔若いとき、坐禅にこったが、そのとき、ふいと桐野利秋に会うたことがあるからな。

赤の他人でも、そうだ。まして、師弟とか、夫婦とか、親子とか、特別な関係があると、こういう不可思議な現象が起こる。

話が横路にそれたが、さて、この泥舟、鉄舟の義兄弟が、なんのため幽閉されておったのか、それを語らねばなるまい。

槍一筋の伊勢守

京都出張の泥舟

それはこうである——。

初め、文久二年十二月、将軍上洛のため、男谷下総守《おたにしもうさのかみ》とともに、警衛の隊士を率いて、上京することになった。

で、出発前、松平春嶽《しゅんがく》に会見をした。

『このたび、将軍家が上洛なさるのは、もちろん非常なご内情があってのことと存じます。ついては拙者がご警衛として随従するについて、一応申し上げたいことがある』

すると、春嶽、

『どういうことか』

と開きなおる。

『ほかでもない。拙者は後見職慶喜《けいき》公に対し、意見を忌憚なく申しのべたいと存ずるが、お聴きくださるか』

『もちろん、慶喜殿は尊公に対して、内外のことどもを相談するはずになっておる。ぜひ往《い》ってもらわねばならぬ』

『それならまいりましょう』

そういうわけで、上洛したのだ。したがってたんなる槍術指南ではない。政治顧問ともいうべき格で、地位は低いが重要なる責任を帯びていた。

で、彼は京都においては、朝廷と幕府とのあいだに介在して、粉骨砕身、ひたすら皇国のために微衷をささげたのである。しかし、当時のコッパ役人どもは、そうは受けとらぬ。泥舟の奴、将軍家の側近におるままに、得手勝手な熱を吹きおる。身のほどを知らぬうつけ者だと、それとなく冷殺しておった。

いつになっても、またいかなる職業にも、こういうことはあるものだ。それがため、泥舟の誠心誠意は、誤解されていたようだった。

小笠原閣老の使者

とかくしているうちに、御目付の沢勘七郎がひょッこりと泥舟のところへ来た。彼は、老中小笠原壱岐守《いきのかみ》の内旨を伝えるためであったが、泥舟はそうは思わんかった。

『なにか起こりましたか』

『イヤ、今日は、使い番だ』

『フム、どこから……』

『思い設けぬお方からの使い番だ。驚き召さるな』

泥舟は、眉をひそめた。

『実はご老中が足下《そっか》に会いたいというてござる。すぐ来てもらいたい』

なんの用であるか、もとよりわからない。

『拙者は、さようなお歴々にお目にかかるのはご免こうむる。一介の野人であるがゆえに、礼儀作法も心得ておらぬので、ご容赦願いたい』

泥舟は、体《てい》よくはねつけた。

『いや、そんなむつかしいことはない。ご老中は、お居間において、内談をいたす思し召しのように承っている』

『それならまいろう』

承引はしたが、いかになんでも、相手は閣老だ。ことに、そのころは、閣老の面前に出るなどということは、一大事だ。彼も、初めてのことなので、いっこう勝手がわからない。

『老中に会見する場合は、どうすればよろしいか、不案内なので、教えてもらいたい』

男谷下総守《おたにしもうさのかみ》に相談すると、下総守は心得たもので、委細入れ智慧をしてくれた。

『まず、次の間で脇差をとれ。それからお座敷へ入れ。煙草が出るだろうが、喫《の》んではならぬ。菓子が出るだろうが、それに手をつけてはならぬ。茶が出るだろうが、これも同じく口をつけてはならぬ。……話をいたすときは、手をついて申し上げるようにすれば大事ない』

『それはたいへんだ。そういうめんどうな手続きがあるなら真っ平だ』

泥舟は、気がすすまなかったが、さりとていったん、承諾した以上、どうにもならぬ。やむをえず、思いきって、出かけることにした。なんせ、小笠原壱岐守といえば、そのころ幕臣中の利《き》け者であった。

壱岐守は、彼を座敷へ通して、いたって懇切に待遇した。煙草盆が出る。茶が出る。菓子が出る。泥舟は、俺《わし》と同じで、酒は一口もいかぬ。そのかわり菓子は、好物だったと聞いておる。定めし、食指がうごいたのだろうが、下総守の言葉があるので、うっかり手を出すわけにまいらぬ。我慢して控えていると、壱岐守は見かねたらしい。

『さて、今日は、ご苦労である。いろいろ訊ねたいこともあるが……ときに、おまえは煙草をやらぬか？』

『いえ、煙草は大好物でございます』

『それなら遠慮なく喫むがよい。……茶はどうだ？』

『茶も好きでございます』

『菓子はどうだ？』

『甘いものも、眼がないほうでございますが、実は、これへ推参いたすまえに、男谷総州の申さるるには、ご老中の前へ出たなら、煙草ものむな、茶ものむな、菓子も食べるなと、堅く注意をうけてまいりましたので、実は先ほどよりご遠慮申し上げておる次第、お許しがござれば、遠慮なくちょうだいいたします。……だが、それよりもまず先にお許しを願いたいのは、かように両手を突いておりましては、まことに窮屈でござります。手をあげさせていただきとうござります』

こうやった。

壱岐守も、さばけていたとみえ、笑いながら泥舟の望みにまかせた。

そこで、煙草をのむ。茶をのむ。菓子をつまむ。こうなると、少しも遠慮をしない。

そのうちに、だんだんと話がすすんで、壱岐守が膝をすすめた。

『黒船渡来この方、人心恟々《きょうきょう》として、天下一日も安らかなことはない。ことに昨今のありさまは、当路者としても、まことに時局の収拾に難渋している。これを一定せしむるについて、なんぞ考えがあるかどうか』

『もちろん、拙者にも考えがござります』

『それを聴かせてもらいたい』

『しかし、これは尋常のことでない。申し上げたからというて、おそらくご採用になりますまい。いうて用いられぬくらいなら、いわぬほうがよろしいかもしれませぬ』

『いや、そうでない。ぜひ、聴かせてもらいたい』

たっていうので、泥舟は口を開いた。

『ただ今、天下の乱れているのに、諸外国がわが国の隙をうかがっておる。しかるに、恐れながら政府の施政よろしきをえず、国家の元気というものは、日に日に衰えてまいります。このありさまを見ては、一片憂国の志あるものは、何人《なんぴと》といえども、じっとしてはいられない。勢い、騒々しくなる。ゆえをもって、政府としては、人心を一定するような確然たる国是を示さねばなりませぬ。それにはどうすればよろしいかとなれば、攘夷を断行するよりほかありませぬ。拙者の考えでは、

閣老小笠原壱岐守

このごろ、なにかと申すと、外国かぶれがいたして、洋品を用うるものが多い。よって日用品にまれ、軍用品にまれ、洋物と名のつくものは、ことごとく一ツ所に集めて焼却なさるがよろしい。すすんでは西洋の学問にうつつをぬかす学者ども、医者どもの素ッ首を一度に刎ねて、四条河原に梟《きょう》門《もん》にかけるがよろしい。乱暴のようではあるが、こういたしますれば、幕府の当路者が、攘夷の主張を抱いておることが、天下一般に知れわたります。……彼の長を採り我の短を補うというが如きは、それからのちに徐ろに着手しても、遅くはございますまい』

ぶしつけに、滔々《とうとう》とまくしたてた。

『もっともである。おまえのいうとおりだが、いかにせん、そういう提案を持ち出したなら、わしと同列のものはみな反対いたすに相違ない。どうも、天下のことは、得て思うようにはまいらぬ』

壱岐守は、憮然としていった。

『多分、そんなことでございましょうな』

『しかし、幕臣中、おまえのような人物がおることは、まことに末頼もしい。聞くところによると、中納言殿にも、いろいろ苦言を呈するようだが、しかし何事も急激にはまいらぬ。おまえの忠節はよくわかっておるが、そこを些《ち》と加減をして、なるべくおだやかにしてもらいたいな』

泥舟は、このとき、ハハア、壱岐守は、慶喜公から依頼をうけたなと、気がついた。ちょうど、泥舟はこのとき二十七歳、血気壮剛な年輩だ。そういわれると黙ってはいられない。

『わかりました。もともと拙者が後見職についてまいったのは、この困難な時局に対して、微力ではあるが、お輔《たす》け申そうという誠心《まごころ》から出ている。しかるに、やかましくいい立てるなということならば、拙者は京都にいる必要はない。臣範に、「明《めい》は未形に視《み》、聴《ちょう》は無声に聴き、謀《ぼう》は未兆に謀り、慎《しん》は未成に恐る」と申します。なにやかや申し上げるのは、いわばそれで、なかにはずいぶんうたがわしいこともござりましょうが、今日の容易ならざるご時勢、災いを未萌に防ぐには、自然いろいろなことも申し上げねばならぬ。いったん事が起こったのちに、かれこれいうても遅い。それでよろしいということなら、三尺の童子にもつとまる。なんぞ堂々たる一個の大丈夫が、おそばに控えている必要があろう。拙者はこれから江戸へかえります。……今のお言葉は失礼ながら、ご老中の思し召しではござりますまい。他からご依頼をうけたわけでござりましょうな』

『む、そういわれると、どうもいたしかたない。実は中納言殿からの内命があったのだが、おまえの意見を聞くと、いちいち道理がある。今日は非常な世の中、そう怒らずに、まずまず京都にいてもらいたい。今のは、わしの失言である。そう怒らずに、わしから頼む』

老中が手をついて頼みいる始末だ。

『わしは、おまえに会うのははじめてだが、いかにも忠誠無比である。おまえのような人物を師範役というような軽い地位へ据えておくのは誤っておる。当事者に鑑人の明がなかったためであろうが、わしがおまえの望みどおりの役向きへ採りたてるが、どうであるか。……これは、わしの専断であるが、将外《しょうそと》に在れば君命受けざるところありと申す。将軍家のお許しをうけずに、わしの考えでとりたてる。しかし、羽織袴では困る。宿元へかえって裃《かみしも》をつけて、あらためて来てもらいたい』

泥舟、喜んで引き下がるかと思うと、そうでない。

『士たるものは、君《きみ》に尽くすのほか望みはござらぬ。あなたに、それだけのお考えがあるなら、なんにでもご勝手に採り立てなさるがよろしい。……裃をきて、あらためて参上するなどと、拙者は、それほどまでにして出世はいたしたくない。今日のままでも、自己の地位に対して、不平などは毛頭ござらぬ』

さすがにえらいな。老中は、すっかり面くらってしまったが、至誠をもって奉公するものには、地位の高下の如きは、眼中にあるはずはない。

いや、あとで驚いたのは、御目付沢勘七郎である。

『おまえは、ご老中のところで、ひどいことをやったな』

泥舟に向かってそういった。

『なに、俺は、老中の問いに対して、答えただけである』

『答えたどころか、大分痛めつけたそうな』

眼をまるくしていたが、しかし小笠原も、器量人である。硬直な泥舟を見ぬいて、独断で、彼を従五位下伊勢守《いせのかみ》に任じた。

海舟と松方正義

しかし、慶喜にしても、壱岐守にしても、泥舟のような人物を使いこなすのは、並大抵なことでなかったに相違ない。

海舟なども、上に立つものが、その材器を活用させるように仕向けたなら、ずいぶんご奉公ができたであろうが、不幸にして海舟をして、十分驥足《きそく》を伸ばして働かせるだけの人物がいなかった。これはいかにも残念である。

なんでも、松方正義が総理大臣のときだった。

『勝さんに、大蔵大臣でもやっていただけるとよいのだが……?』

松方がこういう口吻を洩らした。すると、傍に聞いていた北岡文兵衛《ぶんべえ》が、勝のところへ出かけて行って、この取り次ぎをした。

「松方さんは、老伯が大蔵大臣になられることを希望しておりますよ」

『そうか』

勝は、てんで相手にしない。

『俺が年を老《と》ったから、捨て扶持でもやろうというのか。まア、よろしくたのむといっとけ』

冗談にいうたのを真にうけて、北岡はこんどは、松方のところへ出かけた。

『勝さんがこう申しております』

『そうであったか』

松方は松方で、ただちに彼を使者として、海舟のもとへ走らせた。

『どうか、一度お目にかかりたい。ご都合のおりに官邸へおいで願いたい』

こういったので、海舟はすっかり怒ってしまった。

『なんだと？　俺に来いと？　いったい、松方は本気で、そんなことを思ってるのか。早速、ここへ呼んでこい。俺からいうて聞かせることがある』

北岡は仲へ入って困ってしまった。

しかたがない。このままでは収まらぬので、そのとおりに松方に取りつぐと、なにせ、一方は維新の大先輩じゃ。わるかったとでも思ったのだろうな。こんどは、自分から海舟を訪問したものだ。

そこで、海舟は、松方首相になんといったか。

いっぷくやって、まア聞け。

『松方さん、おまえさんに、俺《わし》が使えると思っているのかい。俺が虎なら、おまえさんは猫だ。その猫が、虎を使うなどと、そんなばかなことがあるもんか』

頭から、どなりつけたので、松方も二の句がつげず、恐れ入って退いたと聞いている。

泥舟にしても、同じ仲間の虎だ。猫のような幕府の当路者には、つかいこなせるわけのものでない。

泥舟が、こうして京都にいるうちに、突然、幕閣からの内達があった。

『ご苦労だが、こんど上京した浪士組の取り締まりをするものがない。ついてはぜひ、この束ねをしてもらいたい』

こういうわけである。

泥舟は、辞した。だが、たっての台命、固辞することができず、浪士取扱兼師範役ということになって、ここに血気慓悍《ひょうかん》の浪士をひきいることになった。

浪士組の清川八郎

浪士組の発端

いったい、この浪士というのは、清川八郎が影武者となって編成したものだ。文久二年秋、彼が松平春嶽に建白した『急務三策』の中において、これを主張している。すなわち、三策とは、攘夷の断行がその一つ。大赦令の発布がその一つ。それから人材の糾合がその一つ。——天下の浪士をかり集めようとしたのは、この人材の糾合をさしている。人物というものは、なにも、直接政治の衝に当たる階級にのみ存在するものじゃない。野《や》に遺賢《いけん》ありで、意外なところに意外な材器がかくれている。それを見出して、一廉《ひとかど》のお役にたたしめようというので、案はまことに申し分がない。ただ、当局者に実行力があるかどうかが問題じゃった。

清川は、庄内人じゃった。学才もあり、剣技もあり、胆度もあり、資力もあり、よほどの材器じゃったとみえ、山岡なども、清川のことは、『先生、先生』というて、尊敬しおったそうな。もっとも、清川のほうが山岡よりも年長ではあったが……。

で、清川は、山岡や親交ある土佐の間崎哲馬《まさきてつま》をとおして、近衛関白に手をまわし、関白から公然浪士募集の命令が出るように運動した。

なにやかやと、運動は成功して、その年の末、すなわち文久二年十月十九日に浪士募集の命令が出た。家康の六男松平上総介《かずさのすけ》忠輝の後裔だという松平主税介《ちからのすけ》忠敏が抜擢されて、浪士取扱となった。

この松平にあてた板倉閣老の申し渡しは、こうだ。

『このたび、いろいろお政事向きの改革をするについて、浪士どものうち、有志のものを集めて、一方のお固めを仰せつけられるであろう。もっとも、篤《とく》と探策して、一旦の過失があるとか、遊惰《ゆうだ》にふけっているとかいうものでも、改心をして、尽忠報国をはげもうというものは、過去の咎め立てをせぬことにしてあるので、その含みで、名前を取り調べて、至急報告をするようにいたされたい』

どうも、はなはだ味のある達しである。

なぜというて、清川八郎は、このとき幕吏から睨まれて追捕をうけておった。

松平主税介を抜擢した政治総裁春嶽は、清川の人物を看取している。で、彼を客分として、浪士組に招き入れるがよいという内意を主税介に伝えてあった。そこで、ぜひこういうような通告が必要であった。

どうして、清川が追捕をうけていたかというに、こりゃなんでもない。

無礼者斬殺

文久元年五月二十日、両国万八楼《まんはちろう》で、水戸の同志と一酌を催し、日の暮れ方、ほろ酔い機嫌で日本橋甚右衛門町《じんえもんちょう》にさしかかった。

すると、向こうからくる町人ふうの男が一人。

どうんと来て、八郎に突っかかりそうになった。

ひらり！　八郎が避けようとすると、町人ふうの男が持っていた杖をふりあげさま、

『畜生め』

打ってかかった。

『無礼者ッ』

八郎が、酔った勢いで、叱咤したときは、すでに刀、鞘《さや》を脱して手にあった。

『うううううッ』

真っ向から斬り下ろした一刀、腕が冴えていたのでたまらない。この男はとうとう、八郎のため無礼打ちにあった。

『しまった』

血しぶきをあびた清川は、この男がどうと地に倒れるとともに、ハッと気がついた。自分は、大望のある身、これしきのことで、無礼打ちとは、なんということであるか。そうだ。自訴して出て、公々然と罪の裁きをうけようと、彼は決心した。

だが、同志は訊かない。今、彼にそんなことをされては、攘夷の計画が水の泡となる。しばらく亡命をしてもらいたいと、そういわれてみると、これも道理。そこで八郎は、川越在広徳寺に一時身をひそませ、ほとぼりのさめるのを待つことにしておった。

だが、妾のお蓮、並びに同志の石坂周造、池田徳次郎などは、これがために捕縛されて、獄中につながれた。そういう罪業があるので、清川を明るみに出すのは容易でなかった。

でも、鉄舟などの裏面運動の利き目があって、青天白日の身となり、清川は江戸へ出現した。文久三年正月十八日、国屋敷留守居黒川一郎立ち会いで、麻裃《あさがみしも》で町奉行所に出頭し、無礼人斬殺の一条を届け出でに及んだ。

それで、無事に解決し、その場で、赦免となり、自由の人となった。石坂周造、池田徳次郎などいう同志も、牢から出されて、公然と浪士の募集にかかるというありさま。ただ、気の毒なのは妾のお蓮が、このときは拷問に堪えずして、すでに牢死していたことじゃった。

なにせ、世の中は、尊王だ、攘夷だ、開国だ、鎖港《さこう》だと、てんやわんやの騒ぎの最中、風雲なんとなく穏やかではなかった。で、大志ある浪人どもは、一国一城の主《あるじ》にでもなろうというような考えで、この浪士の募《つの》りに応じたが、集まるもの二百数十人といわれた。

『こりゃ、困る』

幕府当局があわてだした。もともと、五十人ぐらいの浪士を集めるつもりだったので、第一そんな費用の仕度がしてない。

松平主税介は、せっかく浪士取扱になったが、事、ここにいたって、なんとも進退に窮し、ついに辞表を出した。

『しからば……』というので、こんどは鵜殿鳩翁《うどのきゅうおう》に浪士取扱を命じた。この男はもと静岡奉行だったが、井伊大老に献じた意見書が、大老の忌諱《きき》にふれて、知行所を召し上げられた。やむをえず、隠居していたのだが、松平の後任に抜擢されたのだ。山岡鉄舟、松岡万の両名が、浪士取締に任ぜられたのも、このときであるのだ。

『どうだ。一同、お上《かみ》から出るお手当てが不足である。だが、われわれはもと尽忠憂国の士であって、一命を天下に差し出そうというのだ。お手当ての多寡などは問題になるまい。……それでも厭《いや》じゃというものは、すぐさま脱退せい』

いうて聞かせると、みな承知。

『お手当てなどは、どうでもよい。ぜひお国のために働きたい』

そういう誓いをした。よって、二月六日、浪士組なるものが、ここにはじめて編成されたのだ。

『すぐさま京都へ』

将軍家上洛のご守護いう名目のもとに、ただちに京都へ送られた。その数二百三十四人。のちの近藤勇なんかは、このとき、二百三十四人中の一下士《かし》にすぎなかった。まだ彼の勢力が認められなかったときである。

決死の建白

この浪士組が、洛外壬生《みぶ》についたのは、二月二十三日だ。新性寺《しんしょうじ》を本部とし、各隊士は、付近の寺院や農家に分宿した。

清川は客分とはいい条、浪士組の創立者であるので、自ずからその威権は隊中を圧服しておった。

新性寺の大広間に一同を集めて、正座《しょうざ》に坐ったのは、彼である。

端然として、威儀をととのえ、じろじろと四辺《あたり》を見まわした。

『さて、ご一同』

彼の声には、おのずと力がこもる。

『このたび、われわれ上京をいたしたのは、申すまでもなく尊王攘夷の先鋒となるがためでありま す。幕府の手によって、あなたがたを募ったのであるが、あなたがたは幕府の手先となって働くため と思うてはならぬ。どこまでもお国のため、天朝さまのため、一命をさし出す決心をいたさねば ならぬ。ついては明日《みょうにち》、一同の素志を天聴に達しようと考えるが、いかがでござるな。……ご異存 はござりますまいな』

ピタと抑えた。

他のものだと、こういかぬだろうが、同志の信任を得ている清川が、もし否やというものが一人 でもあったら、即座に叩き斬って、軍門の血祭りにいたそうという心がまえ、したがって殺気が眉 宇のあいだに脈々と閃いている。そのすばらしい権幕に怖気が出たものか、誰もなんともいわんか った。

『よし、ご一同ご異存がないとみゆるな』

早い、電光石火だ。

これが、清川八郎の有名な学習院建白なのだ。

近藤勇や、土方歳三《ひじかたとしぞう》も、その他佐幕派の浪士も、その席にずらりずっと居流れていたのだが、勢 いの烈しさに怖れをいだいて、一言半句、反対をいい出すものがおらんかった。

よって、建白書に各自が署名した。それは、こうである。

『謹んで言上いたします。今般、私どもが上京いたしましたのは、将軍ご上洛のうえ、皇命を拝し奉りて、夷狄《いてき》を打ち払うことにあいなりましたので、尽忠報国の志あるものを広く天下に募り、おのおのその才に任せて、御用にあいなるということで、私どももこのたびお召しになりました。まことにけっこうなことでござります。しかるうえは、大将軍家においても、断然攘夷の大命を奉戴するでありましょうが、もし万一、因循姑息、公武のあいだが隔離するようなことがあれば、むろん私どもはどのようにも周旋はいたしますが、それでもまだお取り用いにならぬ場合は、是非に及びませせぬ。その節はどうか、朝廷において、私どもに御憐れみを垂れさせ給い、尽忠報国、不惜身命の誠をいたすことのできまするよう、朝廷から何方《いずかた》へでも、私どもをお差し廻し願いたい。もとより禄位などの望みはございません。ただただ尊攘の大義のみあい期している次第、万一皇命を妨げ、私意を企て候《そうろう》輩があれば、たとえ有志のものでも用捨なくやッつける一同の決心でござります』

いうてみれば、まずこういうような文言だ。幕府で攘夷ができぬようなら、どうか自分どもは朝廷のお指図で働きたいから、どこへでも廻してくれというのでは、ぜんぜん幕府当局者を眼中においておらぬことになる。

清川は大義の前には一歩も譲らぬ。堂々とこの建白を学習院へ差し出そうというのだ。しかし、内容が内容ゆえ、相手がうけつけるかどうか、それがわからぬ。わからぬが、ぜがひでも受けつけてもらわねばならぬ。清川はじめ他の浪士どもは、主人をもたぬが、取締山岡鉄舟の如きは、立派な旗本である。この建白を学習院でご採用になればよいが、そうでないと、責任上、どうしても庖丁を腹の上に載せんけりゃならぬ。

清川にしても、そうだ。他の反対を押しきって、彼一個が全責任を背負って、建白する以上、ご採用にならぬと、面目が立たぬ。そこで、決死の委員六名を選んだのである。その面々は、河野《こうの》音次郎、宇都宮右衛門、和田理一郎、森土《もりと》鉞四郎《おのしろう》、草野剛三、西恭助……。

いずれも死を視《み》ること帰するが如き壮士である。

『必ず、ご採用になるように、自分らが骨を折ってまいる』

『ぜひ、頼む。もし受理されぬということならば、生きて帰るな』

『むろんである』

彼らは、悲壮な決意をいだいて、学習院に向かった。元来、この建白は、幕府の手を経て、学習院に差し出すのが順序である。しかるに、かくの如き驚くべき建白書は、幕府の手で当然握りつぶすのはわかりきっている。で、じきじきに学習院へ差し出すことになったのだが、書面は、黒幕の総裁清川自身が執筆したのだった。

六人揃って出かけると、はたして取り次ぎのものが、受けつけない。

『これは、幕府の手を経てまいらぬと、順序が違っている』

こういうのだ。

そこで六人が、こもごも述べたてる。なかにも河野は、一行中の弁者なので、滔々《とうとう》とまくしたてる。はては、声涙ともに下る。

『それほど、熱心ならば、ともあれ、取り次いでみよう』

やっと、係役人を動かした。

国事係橋本中将、豊岡大蔵卿、この両人が、一同に会った。

そこで、またしても、天下のために、六人がかわるがわる意見をのべた。結局、建白書は、預かりおく。神妙であったというようなことで、上々首尾で引きあげてきた。まかり間違えば、学習院の門前で屠腹《とふく》してあい果てようという六人の壮士が、意気揚々、高足駄《たかあしだ》を踏み鳴らし、長剣に反《そ》りを打たせて、壬生《みぶ》へもどってきた。

清川らは、大満悦だった。

果然、二十九日になって、勅宣を賜わり、かつまた関白からの達文《たっしぶみ》があった。攘夷の勅諚《ちょくじょう》を直接浪士に賜わるというようなことは、前代未聞である。

幕府当局が狼狽したのも無理はない。

事、ここにいたって、自家のために使役しようとした浪士組は、かえって自家の覆滅をはかっていることに気づいたが、いまさらどうにもならない。

『清川という奴、けしからぬ曲者であるぞ』

当路者から八郎が睨まれだしたのは、この前後からである。

泥舟が、浪士取扱の任務についたのは、かかる際、かかる時だ。

泥舟と清川八郎

だが、泥舟は、清川のこともよく知っている。

義弟の山岡鉄舟が、千葉周作道場において、剣を学んだ際、清川は同門の剣友として交際をはじめた。

年齢は、清川のほうが、鉄舟よりも六歳の兄で、この鉄舟が、泥舟のところへ、清川をつれてきた。そして、あらためて泥舟の門に入って、槍術を修めたという関係にある。

だから、無礼者を斬殺して、江戸を亡命したときも、その行く先は、ちゃんと泥舟にはわかっていた。

幕吏が、よう尋ねてきて、

『清川は、先生のご門人なので、いどころがおわかりでござりましょうが……』

辞を卑《ひく》くして、さぐりにくる。

『ム、わかってるよ』

そのたびに、泥舟は、その方角を教えてやったが、清川が東にあるときは西をさし、西にあるときは東をさし、暗々裡にこれを庇護しておった。

泥舟は、その清川が勢力を占めている浪士組をひきいようというのだ。余人ならいざ知らず、泥舟だけには清川はじめ屈しなければならぬ場合だった。

幕閣の当路者は、あるいは、そういう微妙な関係を察して、泥舟をして浪士を統率せしめたのかもしれない。いずれにいたせ、泥舟が窮地に足を踏み入れる第一歩はここにある。

というのは、先年武州生麦において、島津家の行列先を突っ切った英国人がある。伴侍がこれを無礼討ちにした。これが喧しい国際問題になって、江戸において、兵端を開くことになるかもしれぬとあって、近衛関白から東下《とうか》の命令が浪士組に下った。

『いよいよ攘夷の先鋒ができるぞ』

勇みたった彼らは、京都出発の前夜、すなわち三月十二日の夜は、酒をよび杯《さかずき》をあげて、東下披露の宴を催した。近藤勇とか、土方歳三などという手合いは、どうも一緒に江戸へ下るのを欲しない。

彼らはいうのだ。

『われわれは、もと幕臣だ。将軍家の命令で、京都へまいったのだ。今聞くと、関東へ下れというのは関白の命令だ。それでは筋が違う。われわれとしては、一進一退、すべて将軍家の指図に従わねばならぬので、将軍の命令が下るまでは、当地を出発することはおことわりだ』

波瀾の一石を投じた。

『なんじゃ』

怒髪、天をつくが如き勢い、清川八郎は刀欛《とうは》を握って立ち上がろうとした。

『まア、待たれい』

みんなして、抱き止めたので、大事にはいたらなかったが、近藤組はここにおいて、判然と態度を異にすることがわかった。よって絶縁したが、これがのちに『新撰組』となったのである。

翌日、鵜殿鳩翁は、三十名ばかりをひきいて、跡へ残るわけだったが、それも急に取りやめとなり、一緒に東下する仲間に加わった。ほかに、講武所師範の佐々木唯三郎、速見又四郎、高久保二郎、依田哲二郎、永井寅之助、広瀬六兵衛が、浪士出役となって、一行に参加した。これは出発間際に決定発表となったもので、はなはだくせものであった。

顔ぶれを見い。みなのちに八郎を暗殺した手合いだ。

してみると、京都を出発の刹那から、清川暗殺の計画が行われていたのじゃないかと見れば見られぬこともあるまい。

ところが、江戸へかえって来ると、こは何事ぞ。生麦事件は、六十万円の償金を出すことになって、和談がととのった。攘夷の必要はなくなったが、これらの浪士の胸中の欝は、散じようとして散じえらるるものでない。

『どうするか、見ておれ』

隠約のうちに、彼らは黙契するところがあった。

鳶坂の浪人屋敷

幸い、浪士組が京都へ出発ののち、さらに百六十名の浪士が集合したので、窪田治郎右衛門、中条金之助がこれを統率しておった。で、これらの残留組と、京都からの帰東組と、二派がここに合流して、本所鳶坂《ほんじょとびざか》の旗本小笠原加賀守の空屋敷《あきやしき》に入った。今の南二葉町で、時の人々はこれを浪人屋敷といいおった。

清川は、ここにいたのかというと、そうでない。

彼は、鉄舟の家《うち》の四畳半に寝泊まりしておった。鉄舟は、『ボロ鉄』と綽名されたくらいで、当時の暮らし向きは、決して楽じゃない。よほど苦しかった。多分そのころじゃろう。年の暮れがきて、わずか八両の支払いができぬので困りきっている。そこへ掛取《かけとり》が台所からかわるがわるやってくる。俺も貧乏には馴れとるが、鉄舟もすましたもので、台所に大胡坐《おおあぐら》をかいて晩酌をやりおった。

『へえ、今晩は！』

掛取が入って来る。

『これは、旦那さま。……いかがでござりましょうか。極《きま》り時《どき》でございますが……』

こうやると、彼は、ぎょろりと、巨《おお》きな眼をむく。

『聞け。歌ができたぞ。……それを聞いてかえれ』

『へえ、へえ』

酒のめば何か心の春めきて　借金とりも鶯の声

『どうだ』

掛取が、それでも退却せず、執念《しっこ》く迫ってくる場合には、さらにまた一吟。


払ふべき金はなけれど払ひたき　心ばかりに越ゆる此の暮

こう唸《うな》りながら、脇差の巾着の中から二朱と二百文取り出した。

『先生、冗談じゃない。それだけお金があるじゃございませんか。……せめていくらなりと内金に願えませんか』

得たり賢しと、彼らは詰めよる。

『ばかな、痩せても枯れても、鉄太郎は武士じゃ。いざ事あるときの軍用金を手放してどうなるか。……この金は、なんとしても払えぬぞ』

これでいちいち追い払ったという話も残っている。そういう生活《くらし》なので、なかなかもって他《ひと》の世話どころではない。だが畏友清川は、彼の家《うち》にかくまうよりほかにゆきどころがない。なにせ、亡命客たる彼は、政府者から堂々と無罪を宣告させて、国事に奔走するくらいな利け者、――憎まれきっている。かてて加えて京都においては、浪士を代表して、学習院へ破天荒の建白をして、当路者の度胆をぬいている。

どっちへ転んでも、彼の一命は決して安全とはいえなかった。

『どうも、清川君、足下は大分覗《ねら》われているようなので心もとない。清川八郎という名は、もとより変名なので、この際に斎藤元司《もとじ》という本名を名乗ったほうがよい。ぜひそうすることだな』

泥舟が見かねて注意した。すなわち、斎藤元司が彼の本名であって、清川は、庄内領に入る関門にあたり、彼の生まれた村の名である。

すると、八郎は気色《けしき》をかえた。

『いや、それはできぬ』

『どうして、できぬというか。……名前などと申すものは、符牒じゃろ。なんでもよいじゃないか』

『ところが、今は、関白殿下の命をもって、攘夷の大業を決行しようというやさきである。名前をかくして、この晴れの事業にあたるというが如きは、拙者の欲せざるところである。清川八郎の名天下に聞こえ、斎藤元司の名草沢に秘《かく》れて現われざるは、是非なき次第。聞こえたるところの名をかかげて、堂々と断行いたしたい。それがため、危難が身に及ぶとしても、いたしかたござるまい』

堅く決心している。

『それほどに思うているなら、やむをえまい』

泥舟もそれ以上すすめなかった。

八郎は、山岡の家と、馬喰町の旅館井筒屋と、双方のあいだを往来しては、同志と連絡をとっていた。本所の浪人屋敷には、相談事でもないと顔を出さなかったが、彼の声望は隠然として重きをなして、浪人組の頭目のように思われた。

そこへ、水戸の藤田小四郎、田中愿蔵《げんぞう》らが、ひょっこりやってきた。浪人屋敷で会うてみると、攘夷の相談だ。

『どうしても、毛唐に一泡ふかせぬと、神州の面目が立たぬ。一緒にやっつけようぞ』

うちあけての話である。もっとも公然と寄り集まって、話し合ったわけではなく、極秘であったが、浪人組中の異端者、すなわち京都から御目付役のようにして従《つ》いてきた佐々木唯三郎一派は、相談に除外されたため、怪しいと気づいた。

で、閣老板倉伊賀守に讒訴をした。

『清川八郎は、胡乱《うろん》くさい奴でござる。今のうちに成敗が必要だと心得る』

秘かに耳打ちしているという内情が、泥舟にわかっていた。清川は、元来性急の性《たち》で、かッとなると、鋭く相手方を凌辱したもので、佐々木などは毎度そういうことがあったらしい。したがって佐々木ら一派からは、感情的にも憎まれていたわけである。

泥舟は、ひどく心配して、清川を自分の部屋に呼んだ。

『今日は、足下にぜひ一考を煩わしたいことがあるが……』

『なんでもうけたまわる』

『実は、ほかでもない。尊王攘夷運動も、まだ成熟はいたさぬが、関西諸州において、おいおいと熱があがってくる。これ足下の尽力の賜である。功成り名遂げて身退くは天の道なりとある以上、足下はこの際退隠して時機のいたるを待つがよい。しからずんば、危難ただちに足下に及ぶであろう。「為《な》して恃《たの》まず。功成って居《お》らず。それただ居らず。これをもって奢《おご》らず」とは老子の言じゃが、なにも拙者がかれこれと足下の行動を抑えつけるのじゃない。ただ誠心を披瀝して、一考を煩わす次第だが……』

『ご好意は、まことにかたじけないが、たとえ危難、身に迫るとも、自分はこれを恐るるものではない』

清川は昂然としていった。

「それは、よくわかっている。いまさら足下の胆勇を疑うものじゃない。しかし、兵には自ずから正と奇とがある。時に正をもって進み、時に奇を執《と》って応ず。みなこれ時機によることである。足下もまた、即今《そっこん》、姿をかくす時ではなかろうかな」

『ご親切、心魂に徹してござります』

八郎は、泥舟の好意を感謝して、ともかくも一考することにして別れた。『国へ帰ろうか』と、この前後、八郎がふとこういう言葉を洩らしたというのは、こんなことがあったためではないか……?

横浜港の焼き討ち計画

攘夷の烽火

火の手はあがっている。浪士組は、よりよりに集まって、今後の方策を議した。彼らはいうのだ。

『幕府今日の態度を見るのに、まったく蛮夷のご機嫌取りに日もこれ足らざるありさまである。これでは攘夷などは思いもよらぬ。われわれは、幕府が攘夷をするというので、関白殿下のお指図で、江戸へ戻ってきたものの、今となっては幕府と絶縁して、単独に事をあげるよりほかに途《みち》はない。どうであるか』

もっとも至極な意見。

『しからば、絶縁してどういう方策をとるか』

『それは、手段《てだて》がある』と、清川が説明を与えた。

それによると、横浜の焼き討ち計画をやろうと、こういうのだ。

まず、火箭《ひや》をもって、市街を焼けば、毛唐は、火に恐れて、わいわいと騒ぎたつ。そこへ決死の壮士が躍りこんで、日本刀をもって彼らを薙《な》ぎたてて鏖殺《おうさつ》し、海に浮かんでいる黒船には、そうずの油すなわち今日の石油をかけて、火をつけて焼き払い、一挙にして、神奈川を占領し、ここにひとまず本営を置き、金穀を集めて軍資をつくる。そのうえで、厚木街道から甲州街道に出《い》で、甲府城をおとしいれて、本拠とし、ここに勤王攘夷の義旗をかかげて、天下同心の者をつのるという計画、……乾坤一擲《けんこんいってき》の快挙である。

これは秘中の秘として、幕吏のうちでは、泥舟と鉄舟と、この二人以外には洩らさなかった。なぜなら、ほかのものは信をつなぐに足らぬからだ。いわんや佐々木唯三郎一派にはまったく関知せしめなかったのだ。

話は、だんだん熟してくる——。

『ところで、その焼き討ちの際、同志打ちをするようではならぬ。なにか目印をつけようではないか』

石坂周造の意見だ。この男は、のちに鉄舟夫人英子《ふさこ》の妹桂子《けいこ》を娶ったので、鉄舟の義弟になった。

『けっこうだ。どういう目印をつけるか』

『どうであろうか。昔、家康が茜《あかね》の陣羽織を用いたということを聞いているが、赤の陣羽織をきて、堂々とやっつけようじゃないか』

『ム、それはおもしろい。……だが、その陣羽織を着る段になると、よほど金がかかろうな』

『さよう、まず同志五百人として、一着三両と見つもり、三五、千五百両はかかる』

『それはたいへんだ。そんな金がどこにあるか』

『ないということはあるまい。いやしくも天下のために一身を挺して、国事にあたろうというものが、千両二千両の金ができぬようでどうなるか』

えらい議論になった。

その結果、この金は、奸商《かんしょう》の手より捻出するのが至当だということに一決した。すなわち横浜に出て、外国人を相手にして、外国人を瞞着して、金儲けをしているような奴は、いためつけてもよい。借りにゆけというような話。今日から考えると、はなはだもって暴のようじゃが、当時の時勢においては、これくらいのことは不思議じゃなかった。

池田徳次郎、石坂周造をはじめ七人の壮士が、この勢いで、金の融通に出かけた先は、根岸の本間主馬《しゅめ》宅である。これは、一つ間違うと、夜盗になる。下っ端のものに任せるわけにまいらぬので、幹部級の人物が押しかけていった。

だが、妙なもので、天下に怖るるものなき豪傑も、良心の前には、卑怯となる。またそうなくてはならぬところでもある。

建仁寺垣に沿うて、小さな門がある。鉄拳一打すれば、ただちに打ち破られるのだが、この門の前にたった七個の黒頭巾は、手がふるえ、足がふるえて、身うごきができない。

『おい』

声をあげたのは池田だ。

『みな聞け。……俺は、こんなことはやめようと思う』

『どうして？』

『われわれは尽忠報国で通してきた志士ではないか。いかに相手は奸商とはいえ、腕ずく力ずくで強請《ゆすり》に出れば、夜盗である。昨夜、わしの家へ夜盗が入って、金を奪《と》られたといわれてはいかにも心苦しい。赤の陣羽織はやめにして、退却しようではないか』
『なるほど、それも道理だ』
彼らは、意気地《いくじ》なく悄々《すごすご》とその場から引っ返してきたなどという珍話もある。

鉄舟の攘夷

一方、焼き討ちをするには、横浜の地理を調査せねばならぬ。しかるに、横浜は警戒が厳しくして容易に立ち入ることがならぬ。幸いなるかな、浪士組の窪田治郎右衛門の倅千太郎は、横浜奉行所組頭であるところから、治郎右衛門の紹介状をもって、山岡鉄舟、清川八郎、弟の斎藤熊三郎、西恭助――この四人が、千太郎のところへ出かけることになった。

これが四月十日だ。

千太郎の職務は、外国人応待役だったので、家の構えから大分違っている。室内の装置が、西洋ふうで、椅子テーブルが置かれてある。

『フーム』

第一、これが癇《かん》にさわって、鉄舟は栄螺《さざえ》のような拳骨で、コツンと一つ、テーブルを叩いたもんだ。

『これだからけしからん。今に見ろ。焼きはらってくれる』

心頭、怒りを発しているところへ、千太郎が現われた。

『いや、おのおの、ようお越しになった。さア、珍しいものをご覧に入れますぞ』

いろいろなものを自慢に持ってくる。

『これが、西洋の皿』

『なるほどな』

『これが西洋の箸だ。フォークというのだ。片一方の手に、ナイフというのを持って、肉を切って、この箸の先へ突きさしてたべる……』

『拙者は、植木鉢へ砂でもかけてやるものかと思うた。……その皿の上にのっている黄色い塊は、なんでござるか』

西がたずねた。

『これか、これはバターといって、パンへつけて食べる。……試みにたべてご覧《ろう》じろ』

ここまでは無事だったが、さっきから腕がムズムズとしていた鉄舟、もはやたまらぬとばかり、仁王立ち。

『かようなものは、見るも汚らわしいッ！』

いきなり大事な皿をとって、床の上へ投げつけた。

がちゃん！　皿はたちまち砕けた。

『ハッハハハハハ、どうだ。攘夷の手始めでござる。……さア、皆さん、引きあげましょうかい』

驚いている千太郎を尻目にかけて、四人悠々と辞去した。

帰来、横浜焼き討ちは、四月十五日（文久三年）と一決し、内密のうちに準備をととのえたのである。

清川八郎の暗殺

ところが、突然、事をあげる二日前、すなわち四月十三日に、一党の中心人物清川八郎が暗殺されたのだ。

彼は、横浜から帰って来た日に、風邪を引いて、鉄舟の家《うち》の四畳半に寝ていた。葛湯《くずゆ》などをのんでいて、ろくに食事も取らなかった。十二日の晩に、水戸の浪士と名乗る男が、二人、彼を尋ねてきたが、会わなかった。

で、寝ていて、郷里の両親にあてて手紙を認めたが、これは今日残っている。一読するとさすがの人物も、死の感応があったとみえ、悲痛な言葉をもらしている。ことに、最後の一節。

『在世のうちは、とかく論の定まらぬもの。蓋棺《がいかん》の上は積年の赤心も、天下の明良と相成《あいな》るべく候間《そうろうあいだ》、たとえ如何様《いかよう》の噂有之共《これあるとも》、決して御心配成るまじく候』

というようなところは、なんとなく哀れに聞こえる。

清川を尋ねてきた二名の浪士は、その晩、鉄舟の家に泊まった。

あくれば十三日朝、彼は裏口へ下駄をまわしてもらって、風呂に行った。鉄舟の隣は泥舟の座敷なので、帰りにぶらりと手拭いを下げて入っていった。

『お早うござる』

泥舟は、ヒョイと清川の顔をみた。

清川八郎正明絶筆の扇面

『どうした。たいそう顔色がわるいが……』
『このあいだから頭痛がして、どうも気分がわるい。風邪を引いたらしい』
『それはいかぬ。大事にさっしゃい』
『だが今日は、麻布まで出かけねばならぬ』
『いや、今日はやめたらいい』
『しかし、約束があるので、そうもまいらぬ』
清川は、そういっていた。
そのうちに、泥舟は登城の時刻がきたので、仕度をして出ていった。
跡に残った清川は、高橋夫人に扇面《せんめん》を所望した。
その一つにかいた一首。

　魁《さきがけ》てまたさきがけん死出の山
　　まよひはせまじ皇《すめらぎ》の道

宛《えん》として辞世の口吻だ。ほかの扇子に、別の一首。

砕けても又砕けても寄る波は　岩角をしも打砕くらん

達筆に記し、筆ついでに高橋夫人、山岡夫人、並びに妹の桂子嬢に与えるため、三本の扇に同じ歌をかきのこした。

君はたゞ尽しましませおみの道　いもは外なく君を守らん

かき終わって、鉄舟の家へかえっていった。鉄舟もまた止めた。

『先生が金子与三郎のところにお出かけになるというのは、なんのためか』

『いや、彼はわが党の士である。で、今日行って仲間に入れようと思う』

『とてもいけますまい』と、鉄舟がいった。

『どうしてな』

『あの男は、なかなか気が許せぬ。結局、先生のほうで抱き込まれます』

『なに、そんなことはない』

そういってるところへ、石坂周造もかけつけてきた。周造も止めたが、清川は聞き入れなかった。

よって、同志の連名簿をわたし、途中を警戒するようにして、ともかくも、金子の家を訪問させることにした。

事実、このときは刺客《せきかく》の準備はととのって、網を張って清川の来るのを待ちうけていたのだが、神ならぬ身の知ろうはずはない。四畳半で身仕度をととのえた八郎は、座敷へ現われた。堂々たる偉丈夫《いじょうふ》。黒羽二重の紋付、七子《ななこ》の羽織、鼠竪縞の仙台平の袴を穿ち、頭は総髪であった。昨夜泊まった水戸浪士というのが座敷にいるので、これと対面したのち、鉄舟の家を出た。行く先は金子与三郎の家だ。

この金子と清川とが、どうして知り合いになったかといえば、二人とも聖堂に学んだ間柄である。金子は、当時上《うえ》ノ山《やま》藩小野出羽守《でわのかみ》の家臣として、なかなか羽振りがよかった。清川は親交があったので、いつも同家に出入りし、心おきなく語り明かした。

国事上の意見も、この金子にだけは打ちあけていたらしい。すると、驚くべき計画、すなわち横浜焼き討ちをやって、攘夷の魁《さきがけ》をしようという。これも金子にだけは、それとなく洩らしたらしく想われる。

金子は、心ひそかに、かくの如き天下の大事を耳にして打ちすてておくわけにはいかぬ。結局、どうすればいいか。計画を未然にふせぐには、浪人組の牛耳《ぎゅうじ》をとる随一の人物清川を倒すにある。天下のためには、友人といえども犠牲に供せざるべからず。さりながら、いかにしても自分から手を下しにくい。よって佐々木唯三郎一派をして手配せしめたのだという説が行われている。真偽は定かでない。

その日、麻布一ノ橋側の上ノ山藩邸長家《ながや》門内の金子の小屋で、ゆっくり酒を飲んだ清川は、別離の詩を唐紙に認め、金子もこれに次韻などして、隔意なく語りあったのち、午後四時ごろ、帰っていった。

『危険だ。駕《かご》でかえったらどうか』

『なアに、……心配はない』

『ではお送りいたそう』

と、二、三人が送ってきた。これが彼らの計略であったのだ。と、一ノ橋の向こうから来た二人づれ、それが佐々木唯三郎と速見又四郎である。

『先生、たいへんなご機嫌ですな』

声をかけられ、笠をとって挨拶しようとする途端、バラバラとかけよって、背後からザクリと斬りつけたものがある。『おのれッ！』一、二寸刀を抜いたところを前から佐々木が、ザクリと斬りつけたので、清川は、そのまま、前のめりになって倒れた。清川の死骸を見た上ノ山藩の増戸武兵衛《ますどぶへえ》の実話がある。増戸氏は、いうている。

『一ノ橋を渡って一間か二間ほど行くと立派な侍が倒れて、首が右に落ちかかって転げていた。そのようすが左のほうの後ろから横に斬られたものとみえ、左の肩先一、二寸ほどかけて、右のほう頸筋の半ばすぎにいたるところまで見事に切れておりました。そのうえにどういうわけか、腮《あご》の下あたりにさらに一刀疵痕《きずあと》があったが、多分、倒れたのちにまた一刀を浴びせたものとみえます』

後方《うしろ》から同志のものに、不意にやられては、たまらん。刺客は、佐々木、速見のほかに、窪田千太郎、中山周助、高久安次郎、家永某、この六人だ。清川が倒れたところは、柳沢侯の屋敷の前だったが、旧幕時代には、行き倒れなどのあった場合は、道を折半して、距離の近いほうの家でこれを取り片づけねばならぬ。そこで柳沢家のものが死骸を監視しておった。

一方、八郎の殺された凶報が、馬喰町の旅籠井筒屋にいた鉄舟の耳に入ったときは、ぎょっとした。

『しまった』

万事ここに窮した。

『おい、石坂』

『はい』

『先生が肌身離さずつけている同志の連判状が敵の手に落つると、一大事だ。……それとな、先生の首をとってこい』

『心得た』

石坂は、ひらりと馬に跨って、村上俊五郎、伊牟田《いむた》尚平とともに薄暮の町を疾駆しながら、一ノ橋に向かってかけつけた。

なるほど、いっぱいの人だかり。そこで、石坂は、さそくの機転。馬から降りると、ツカツカと死骸のそばに近づく。

『卒爾《そつじ》じゃが、何者の屍でござるか』

柳沢家の見張り人は答える。

『これは、清川八郎だ』

『なに！　清川八郎だ？　……おのれ、やれ、清川め』

ズラリと抜いた。

『なにをなさるかッ！』

見張り人が止めるのをふりきって、大上段にふりかぶる。

『やれ、八郎め、年来《としごろ》さがしていた不倶戴天の仇《あだ》八郎め、死骸になってしもうたは、残念至極だが、せめて首なりと打ち落としてまいらねば、この腹が癒えぬ』

ハッタと、四辺《あたり》を睨めつけた。

『仇討《かたきう》ちに邪魔立てする奴原《やつばら》は、仇の一味と心得る。……尋常に勝負』

これでは近よれない。

その隙に石坂は、丁《ちょう》と清川の首を落とし、ふところをさぐると、あるわ。ちゃんと連判状があるわ。

『しめた』

雀躍《こおど》りして喜んだ。清川の羽織を剝ぎ取り、その首を包み、血刀を鞘に収めると、またしても馬に跨って、とうとうと角《かく》を入れ、そのまま逃れてきた。

清川八郎の首

これが瞬間の出来事だったので、止めることも追いかけることも不可能だった。もし、連判状が幕吏にわたれれば、一同どういう迷惑をうけたかもしれぬ。また清川の首も当然梟首《さらしくび》にあうところだったが、石坂の機転で免れたのである。

この首は、夜中に泥舟の道場の床下を掘って、コッそりと埋めてしまった。ところがたまらぬ。

日を経るにつれて、妙な臭気が鼻をつくので、ゴミ溜めの下へ埋めなおした。

『石坂、まだいかんぞ』

鉄舟が注意した。

『そうか、じゃアも一度埋めなおそう』

こんどは裏庭に茱萸《ぐみ》の樹がある。その根元を五尺ばかり掘り下げて、そこへ隠した。

もう大丈夫と思うていると、それからほどなくたって、ある夜のことだ。鉄舟の夫人英子《ふさこ》が、幼児を抱いて、ふいと裏庭に出ると、茱萸の樹の根元から、怪しげな光り物がして、人魂《ひとだま》が宙に流れた。ちょうど鉄舟が泥舟と膝つき合わせて会談の席へ、夫人が顔色をかえて、入ってきた。

『どうした』

『いえ、……たった今、裏庭の茱萸の樹の下から、人魂が出ました。どうしたのでございましょうか』

『そうか』

鉄舟は、このとき、はじめて夫人にこの一条を打ち明かしたが、それまでは秘密にしておいた。多分、燐火でも出たのじゃろうな。

両舟は、早速、伝通院の淋瑞《りんずい》和尚に話をすると、和尚は黙っていなかった。

『それはいけません。清川先生が浮かばれぬ。わしの寺へ埋めなおしなされ』

そういうので、ごく内々にまた埋めかえて、鉄舟が墓を建てた。改葬の際八郎の首を見ると、神色生けるが如くであった。そのそばに、前年秋、庄内において獄死した愛妾蓮女《れんじょ》の墓も建ててやった。生前よく清川のめんどうをみた女で、なんでも、もと鶴岡の女郎屋におった。清川がだんだん話をきくと、同国熊井出《くまいで》村の医師の娘だったのが、養家のものの奸計にはまって、身を沈めることになったと聞き、彼がすすんで落籍し、江戸へつれてきて、神田に妾宅を営んだ。

無礼者を斬殺した際、お蓮も捕縛されて、拷問をうけた。気丈な女じゃったとみえ、実を吐かなかった。そのうちにいっぷく盛られたのだろうという噂。

丈夫、また涙あり。八郎がこの女を弔うの詩がある。それをよむと、お蓮なるものの楚々たる風姿が現われてくる。

我に巾櫛《きんしつ》の妾あり、毎《つね》に我が不平を慰さむ。
十八、我獲《う》るところ、七年、使令に供す。
姿態、心と艶《あで》やかに、廉直、至誠を見る。
未だ他の謗議を聞かず、只、婦人の貞を期す。
我が性、急にして且つ暴なり、動《やや》もすれば奮怒の声を作《な》す。
彼、必ず我が意を忖《はか》り、顔《かんばせ》を和らげて其の情を解く。
我、曾つて酒気を使えば、彼、必ず酔程を節す。
施与《しよ》、吝《やぶさ》かなる所なく、賓客《ひんかく》、日に来たり盈《み》つ。
吁《ああ》、今已《すで》に座する所、再会、衡《はか》るべからず。
必ず糟糠《そうこう》の節を記して、我が成すところあるを俟《ま》て。

鉄舟が、このお蓮の墓も、ついでに建てて夫婦墓にしたのは、なかなかだ。

偽浪士の出現

横浜焼き討ちの快挙は、清川八郎の急死のために、挫折してしまった。彼の存在はしかく重大なものであって、彼あってはじめて浪士組なるものが、天下注目の的となったのだ。指揮者が倒れては、末輩は動きがとれない。そのままになって、中止されたが、これと同時に、もう一ツ、小栗上野介《こうずけのすけ》屋敷の討ち入り計画が水泡に帰した。これは、横浜焼き討ちの前、四月十三日夜半、同志藤本昇が、数名の壮士をひきいて、神田駿河台の上野介邸へ夜襲をかけ、上野介を生擒《いけどり》にする計画だった。しかるに、ちょうどその日の夕方、頭領八郎が暗殺されたため、勢い中止のやむなきにいたった。

万延元年遣米使節一行中の使節御目付役
小栗上野介（ワシントン船造所にて）

浪士がなぜ、上野介を仇敵視したか、これには、次第《わけ》がある。

小栗上野介は、生かしておけば、相当役立つ器であったらしいが、なにせ、強烈な佐幕派であった。したがって江戸城開け渡しには大の反対、どこまでも官軍と一戦をまじえようという主戦論者じゃった。清川の率いる三笠町小笠原邸の浪士組が、隠然として台頭してきて、なんのかのと当路者を圧してくる。でも、これを抑える方法がなかった。だが、そこは器量人上野《こうずけ》じゃな。

『毒をもって毒を制すということがある。浪士を抑えるには、浪士にしかず。……まず拙者に案がある』

そういって、市井無頼の徒をかり集めた。

『そのほうたちは、今日から浪人になって、暴れるだけ暴れるがよい。……ただし、拙者どもは、三笠町小笠原邸にいる浪士じゃと名乗れ』

一夜づくりの偽《にせ》浪士をつくった。

天下御免の無法者、暴れるだけ暴れろというので、彼らは朱鞘《しゅざや》の刀をふりまわして、押借《おしが》り、強請《ゆすり》をやり出した。

『俺たちは、三笠町の浪士じゃ。軍用金をかせ』

金持ちの家へ坐りこむ。ことに、吉原はじめ盛り場では、さんざん無法を働いた。町奉行へは、頻々と訴えが出るので、浪士取締へこの旨照会がある。

『どうも、浪士があばれるようだが、このうえとも十分取り締まりを厳重にしてもらいたい』

取締山岡鉄舟が怒り出した。

『いや、そんなことはない。断じてない。なにかのお間違いでござろう』

『しかし、このとおり報告がある。訴えも出ておる』

『よろしい。これから、五日間禁足を命じて浪士は屋敷から一歩も外へは出さぬようにいたします。その五日のあいだに、もし浪士が乱暴をするようであったなら、謹んでお叱りをうけるが、どうであるか』

『では、貴殿のほうでは、偽浪士が跋扈しておるとでも思し召さるるか』

『そのとおり、偽物でござる』

『よろしい。これより五日間禁足を命じてご覧《ろう》じろ』

奉行のほうでは、小栗の秘策であるとは知ろう道理がない。鉄舟もむろん知るはずはない。しかし、どうも怪しいとみたので、試みにこういう提案をしたのだ。

よって清川とも相談のうえ、また浪士とも熟議のうえ、五日間籠城をした。すると、その間頻々として、浪人屋敷の浪士どもが現われて、いろいろな悪戯《いたずら》をして、あばれまわる。はなはだしきは、両国の見世物小屋に押しかけて、象の鼻が長すぎる、あれを斬らせろと、駄々をこねたというようなありさまだ。

厳重に足止めをしてある浪士が、盛り場へ現われ、見世物小屋へ押しかけて、そんなわるさをするはずはない。いよいよ贋物《にせもの》じゃと見極めがついた。

こうなると、浪人屋敷の真物《ほんもの》の浪士の怒りは並大抵じゃない。

『捕《とら》まえて、化けの皮を引ンむけ』

手わけをして探しまわす。

今し、両国の盛り場に現われたのが、浪人組の松岡万と草野剛三の両人。橋の袂までくると、黒山のような人だかりがしておるのじゃな。

『なんだ』

松岡が、のぞくと、一人の浪士態《てい》の男が、七、八人の芸妓《げいぎ》に囲まれて、大威張りで舟に乗ろうとするところ。

『あれは、旦那さま、このごろ評判の三笠町の浪人者でございますよ』

『なんだ？　三笠町の浪人屋敷の奴か』

『そうなんですよ。軍用金だ、毛唐の打ち払い金だといっては、諸人から金をかり集め、ああして女遊びをしている人ですよ。ばかばかしいじゃありませんかい』

これを聞くと、かッと上気した松岡が、草野をふりかえる。

『あいつだぞ。やッつけろ』

と、松岡はもう刀を抜こうとした。

『いや、ここで斬ってもしようがない。とにかく捕えて吟味しろ』

そういうので、舟へのろうという瞬間を、二人して抑えた。

「貴公は、なんだ』

『俺は、三笠町の浪人屋敷のものだ』

『なんという名か』

『朽葉《くちば》新吉と申す』

『くそッ！　偽物め、そんな浪士はおらんわ。……さア、屋敷へこい』

いや応なしに、こやつを小笠原邸へ引っぱりこむ。

つづいて、この偽浪士の巨魁神戸《かんべ》六郎を引っ縛《くく》った。

今日もまた一人、明日もまた一人、――こういうふうにして、これらの浮浪三十六人をつかまえて、土蔵の中に押し込め、厳重なる吟味をした。

その結果、意外にも、小栗上野介の策謀とわかって、その口供《くちがき》をとった。

『けしからぬふるまいである』

いきりたって、当路者に詰問におよんだ。もっとも、浪士から責めたてては穏やかでないので、高橋泥舟、山岡鉄舟、両人の名義をもって、その筋の釈明を求めようとした。だが、これは、どうも釈明のしようがあるまい。

四月九日の暮れだ。

『おい、鉄太郎』

泥舟の声が垣根越しにした。清川八郎は、鉄舟の家の四畳半にいて、この声をきいたのだ。

『はい、はい』

鉄舟の声がして、垣根のそばへ出てゆく。見ると、泥舟はお城から帰宅したばかりとみえ、肩衣《かたぎぬ》をきたままである。

『義兄《あに》さん、なんでござるか』

『このあいだの一件だ。……』

『ム、ム』

『あの三十六人な』

『ム、ム』

『あれを奉行所に至急引き渡すように話があったぞ』

『はい、そうでしたか』

……こうと盗みぎきした八郎は、こりゃいかん。あの偽浪士をムザムザ幕吏に引き渡したのでは、われわれの名分が立たぬとあって、すぐさま馬喰町の井筒屋へかけつけた。

で、そこにいた同志石坂周造、村上俊五郎両名とともに、三笠町の屋敷に出かけた。

『神戸と朽葉と、二人の首を刎ねろ』

清川は厳として、命を下した。

たちどころに彼らの首は、地に墜ちた。そのあとで、正式に、泥舟と鉄舟とから、三十六人を幕府へ引き渡すように伝えたときには、巨頭の首は、両国橋の梟《さら》しものになって、高札まで建てられていた。

神戸六郎
朽葉新吉

そのほうども儀、報国志士の名義を偽り、市中を騒がせ、無銭飲食、剰《あまつさ》え金銭を貪り取り候段、不届き至極につき、天誅《てんちゅう》を行う者なり。

実に神速じゃな。泥舟も鉄舟も、驚いていたというてる。

さア、こんなことがあるので、ぜひ小栗を生擒《いけど》って、その罪を糺さねばならぬというのが、彼らの意見じゃった。しかるに八郎横死のため、この秘策も実行する運びとならなかった。そればかりではない。八郎死後の浪士組は、たとえば、密林のなかの中心をなしていた巨木が倒れたと同じように、一大空隙を生じた。そして、この機会に浪士組の仕末をつけようとした当路者は、その夜すなわち四月十三日の夜、浪人奉行鵜殿鳩翁の職を免じ、翌日は、取扱高橋泥舟、山岡鉄舟に閉居を命じた。

『とんだ飛沫《とばっちり》をうけたものだな』

泥舟は笑っていたが、この事件はこれではまだ納まらなかった。

幕府当路者は、相手はたかが素浪人の寄り集まりでも、放っておいては、何をしでかすかわからぬという心配があったとみえる。

誠忠の人高橋泥舟

泥舟の反逆

三笠町の浪人屋敷は、庄内、小田原、中津、白河、相馬、高崎諸藩の兵をもって包囲し、馬喰町の宿からは、幹部級の石坂周造、村上俊五郎、和田理一郎、松沢良策、白井庄兵衛、藤本昇六名を奉行所に引致したのである。

『高橋泥舟、反逆を企つ』

泥舟に対して不快な感情をいだいていたものが、このときこういう流言を放ったため、彼の屋敷も危うく包囲されようとした。

もっとも、泥舟は、浪士をつれて江戸へかえってきたときから、幕府当路者には、なにかと苦言を呈していた。

閣老水野和泉守《いずみのかみ》、参政諏訪因幡守《いなばのかみ》らに会見して、京都の政局も陳《の》べ、浪士の取り扱い方について、善後策も建議したが、いっこう採用する気配がない。はては、激論をたたかわしたりしたので、憎まれていたことは確かだ。

で、根も葉もない、こういう風説に脅かされて、幕府では相馬藩、新発田藩等の兵をくり出し、各見付を警戒したうえ、二千余の人数を小石川伝通院にかり集め、今にも、伝通院裏にあたる竹早町の高橋の屋敷を包囲しようという形勢。

びっくりしたのは、高橋の家族だ。

『討手のものが屋敷へ押しよせるというて、伝通院で仕度をしているそうでございます』

澪子《みおこ》夫人が、こういうと、泥舟はもうちゃんと覚悟ができていた。

『そうか』

ただ、うなずいた。

『どうなされますか』

『この期に及んで、うろたえるな。……幕吏には、わしの尊王攘夷が気き入らぬとみえる。どうも、いつの世にも佞奸邪智《ねいかんじゃち》な小人どもが、跋扈するのはいたしかたない。それがため思いもうけぬ疑いを受けているらしいが、もし寄せ手《よせて》のものがまいったならば、わしから一応いい開きはするつもりでおる』

『でも、お聴き入れになりましょうか』

『それはわからぬ。だが十中の八九、まず遁るる路はあるまい。わしは討ち死にの決心だ。だが、おまえがたは、なんにもかかり合いはない。どうか落ちのびて、のちのちわしの清浄潔白を明らかにしてもらいたい』

『でもございましょうが、わたしも伊勢守《いせのかみ》の家内でございます。あなたが討ち死になさるというのに、おめおめ落ちのびるわけにはまいりませぬ。どうぞ一緒にお伴をさせてください』

健気な夫人は、同じ枕に死のうとしておる。

『よし』

泥舟は、夫人の請いに任せた。

『そのかわり、見苦しい死に方をいたして、わしの名を辱《はずかし》めるな。いよいよわしが討ち死にと決まったなら、すぐさま子供を刺し殺し、それからゆっくりと喉をつくがよい。……用意の短刀をつかわしておこう』

一口《ひとふり》の短刀を夫人の手にわたした。

このとき、長女米子は七歳、長男道太郎は五歳、次男誠治は三歳、三男謙三郎は生まれたばかりの乳呑み子、みな頑是ない幼童であった。

そこへ、泥舟の実妹英子《ふさこ》（鉄舟夫人）が、やっと二つになる長女松子を抱いて、馳け込んできた。鉄舟の家はすぐ隣にあったので。

『嫂《ねえ》さんが、自害なさるなら、わたしもお伴をいたします』

互いに手をとり合って、泣きくず折れるという、まことに悲惨なわけだ。

かくと聞いて、いち早くおっとり刀で馳せ参じたのは、義弟の山岡鉄舟だ。

『義兄《あに》の一大事、死なばもろとも、腕のつづくかぎり、寄せ手を斬りまくってくれよう』

身仕度かいがいしく乗り込む。

門弟らも、おいおいとつめかけてきて、道場に備えを立てる。

殺気満々、今にもあれ、一大接戦となろうとしたが、待てども待てども、伝通院の人数は繰り出してこない。

そのうちに夜があけた。だんだんと調べると、寄せ手のものも、高橋に反逆の陰謀があろうとは受け取れぬとあって、そのまま引き払ったとわかって、家族のものもほっとした。しかし、そのかわり、高橋は、無期限の幽閉を仰せつかって、小石川の屋敷から足一歩も外へ出ることができなかった。

泥舟にこのときの詩がある。

天を仰いで、明月を望めば、忽ち遮る、一朶《いちだ》の雲。
草廬《そうろ》、夜更に寂しく、兀坐《こつざ》、遥かに君を思う。
君を思うて、涙《なんだ》、襟《えり》を沾《うるお》し、忠憤、胸臆を裂く。
蜀魂《しょくこん》、何れの処にか啼《な》く、哀飛して、血、翼を染む。
去年、華陽に在って、直諫《ちょくかん》、廟堂に震いぬ。
今年、東武に帰りて、綬を解いて、幽荘に鎖《と》ざさる。
君は、平安の客と為《な》り、臣は、礫川《れきせん》に謫《たく》せらる。
身は、万里の遠きを隔つるとも、心は、君が袵席《じんせき》に在り。

彼の苦衷が、惻々《そくそく》として、詩句の中に躍っておる。

こんなわけで、清川が死んでのちの浪士組は、まるで内容の違ったものとなって、新徴組と名をかえ、市中見廻りの庄内藩にご委任となってしまった。

おかしな話をするようだが、清川を暗殺したものは、いずれも終わりを完《まっと》うしておらない。まず第一に、金子与三郎だが、これは薩摩屋敷焼き打ちの際、流れ丸《だま》に当たって死んだ。佐々木唯三郎は鳥羽伏見の戦《いくさ》に出て、流れ丸に命中し、それがもとで死んだ。速見又四郎も、そうである。一時傷が癒ったが、その傷痕がまた瘡と変わって、これがために死んだ。高久安次郎は、公用で早駕《はや》で箱根を越ゆる際、俄に疼痛を覚え、日ならずして死んだ。その他、自宅で頓死したもの、天寿を保っても、子供が夭死《ようし》をして、一家断絶したもの、いろいろだ。清川が恨みをいだいて、その霊なおいまだ死せざる証拠じゃと、そういうふうにいい伝えておる者もある。が、なにせ、惜しい人物を殺したものだった。

江戸城炎上

京都を中心にして、天下の風雲は、日に日に険しくなった。さはいえ、幽閉中の泥舟、鉄舟は、空しく大志をいだいて、一室の中に呻吟していた。

その年も、早や秋の末となる。

たまたま、十一月十五日夜であった。屋敷に閉じこもっていた鉄舟の耳に、ジャンジャンジャンと、警鐘乱打の響きが聞こえた。

『火事とみえる』

彼は、障子をあけて、戸外《そと》を見ると、桔梗色《ききょういろ》に冴えかえった空が真っ赤に焼けている。

『はてな、どこだ』

火勢は、赤々として、燃えさかっている。

『あなた、火事は、お城だそうでございますよ』

あわただしく英子《ふさこ》夫人が、報せにくる。

『なに！　お城だ？』

鉄舟は、江戸城炎上と聞いて、ただちに火事装束の扮立《いでたち》となる。

『閉門のお身《からだ》で、どこへいらっしゃるか』

『危急の場合、こうはしておられぬ。義兄《あに》のところへまいるぞ』

『でも、あなた、今お出ましになっては、あとのお咎めもいかがかと思われます』

『あとはあとだ。さような悠長なことをいうておられるか』

夫人の遮るのを振り払って、長刀をたばさんで、隣の泥舟の家へ躍り込んだ。

泥舟は泥舟で、じっとしておられなかった。

江戸城の炎上は、時節がら、一大事である。市中の騒擾《そうじょう》も思いやらるるが、さりとて、彼は幽閉の身である。禁を犯して出《い》でんか、罪いよいよ重かるべく、このまま坐視せんか、不臣の罪ますます免れがたい。

彼は、馬丁に命じて、馬の用意をさせていた。おりから、息せき切って躍り込んだのは、義弟の鉄舟である。

『鉄太郎か、よくぞまいった。すぐさま拙者と市中見廻りに出ろ』

『その覚悟でまいりました』

『いずれ、後日、お咎めがあるだろうが、たとえ一命を投げ出しても、君家のため、かつは庶民のため、立ちはたらくのが、われらの役目である。一死は覚悟の前であろうな』

『もとより、心得てござる』

そこへ、松岡万が駈けつける。屈強の門弟が押し出してくる。

たちまち、隊伍をつくって、火事場へ乗り込もうとした。この夜、泥舟は、身に白無垢をかさね、黒羽二重の小袖を一着に及び、黒羅紗の火事羽織を被り、黄緞子の古袴を穿ち、太く逞《たくま》しき栗毛の馬に打ち跨った。鉄舟は、大刀を佩《お》び、槍を小脇にかいこんで、馬の左側に立ち、松岡は長巻をたずさえ、馬の右側に付き添い、一統の面々、後《しりえ》に列をととのえて、どうどうとねり出した。

なにしろ、四か月余、幽閉されていたので、泥舟も鉄舟も、無性髭がぼうぼうとのびている。髪も乱れている。眼も凹み、肉も落ちている。一見異様な形相であったので、途上、見るものみな眼をそばだてた。

やがて、一行は、寄合肝煎《よりあいきもいり》佐藤兵庫の邸前に現われた。

『兵庫殿にお目にかかる』

大音に呼ばわると、兵庫が玄関先に迎えた。

『あいや、今宵、大城《おおじょう》の炎上は、ただごとならず。君上《くんじょう》の御身《おんみ》はもちろん、市中の騒擾も一方ならず。われらは幽閉の身であるが、ご奉公申し上げようと心得、ただ今出馬してまいった。もし勝手気ままに乗り出《い》ださば、尊公のお役柄に対しても、後日お咎めがあろうかと存じ、一応お断わりに推参いたしました。……このとおり禁を犯したうえは、切腹の台命あるものと考え、死に仕度をしてまいりました。こうして、お耳に達しておいたなら、よもや尊公の落ち度ともあいなるまい。よろしく言上されたい』

兵庫は、黙然としていたが、思いつめた泥舟の鉄石心に感じ入って、思わず落涙した。

『足下の誠忠には、拙者もなんと申し上げてよいか、言句《ごんく》がござらぬ。さりながら、万一足下の身に間違いがあっては、稀代の忠臣を失うことにもなり、天下のため、いかにも残念至極。忠を尽くすも、なにも今日《こんにち》今宵《こよい》にかぎったわけではない。ひとまずお引き取りになってはどうか。拙者必ず身にひきうけて、足下のためにわるくは取り計らわぬ』

『ご親切はかたじけないが、そうはまいらぬ。なるほど、忠を尽くすは、今日今宵にかぎるまいが、今日今宵は、一生のうちに、たった一度しかめぐり会わすことはできぬ。そう考えると、どうして先の先まで考えてはおられぬ。たとえ、わが一身はどうなろうとも、これから火事場へまいります』

断乎たる決意を示した。

そして、袂を払って、兵庫の家を立ち去ると、一隊の猛士勇卒、粛々として、江戸城のぐるりを見廻る。

火焔は閃く。黒烟は渦巻く。叫喚の声は四方に起こる。爆声はところどころに揚がる。——何事ぞ、異様に扮立《いでたち》をした一隊の壮士。そこに現われ、ここに見え、肱《ひじ》を張り眼を怒《いか》らして、城の外廓を警護しているものものしさ。

やがて、大手先の酒井雅楽頭《うたのかみ》の番所、ここは当時江戸でも一番厳しいところだったが、決死の彼らは、少しも恐れない。

『しばらく休息させていただきたい』

驚いたのは、番所の詰役だが、見ると、いずれも一曲《ひとくせ》ありそうな面 魂《つらだましい》、下手なことをいってはねつけると、取って喰いつきそうなようすである。

『ご随意に休息召されい』

そう答えた。

泥舟は、馬からひらり降りた。

と、番所に詰合いの一人。

『あ、天主櫓《てんしゅやぐら》が焼け落ちるぞ。……おう、まるで、仕かけ花火だ。きれいだな』

まるで、花火見物だと思っている。この一言を聞いて松岡万が、憤然として苛《いき》り立った。

『やい、たわけ者め！』

いきなり、むんずとそやつの襟髪《えりがみ》をとって、大地に引きすえる。

『お城のご災難をなんと心得ておる。花火じゃ、きれいじゃとは、なんという言い草だ。酒井殿のご家来であろうと、なんであろうと、許すことはならぬ。覚悟せい』

あわや、斬って捨てようと身構える。

『まア、待て』

泥舟が、止めた。

『さればといって、こやつ、助けるわけにはまいりませぬ』

『松岡、早まるな。取るにも足らぬ小輩を手討ちにするも、大人気ない。放してつかわせ』

『ええいッ！』

松岡は、掌《て》に渾身の力をこめて、横鬢《よこびん》を一つ張りこくると、そやつは、よろよろとよろめいたが、血の気を失って、ほうほうの体《てい》で、邸のなかに逃げかくれた。

酒井の邸《やしき》のものは、こうまでされても、誰一人手向かいするものがなかった。

夜の白々あけに、火も鎮まったので、彼らはひとまず退散することにして、一ツ橋御門へさしかかると、向こうから講武所奉行沢《さわさ》左近将監《こんしょうげん》が、兵士を率いて、馬上で乗り込んでくる。これに、ぴったと出会った。沢は、平生高橋を罵っていると聞いているので、鉄舟らも、こいつ来たな、まかり間違ったら、ここで一戦《ひといくさ》してのけようと、殺気立った。

『さわぐな、鉄太郎』

泥舟は、しずかに、馬をすすめる。

と、左近将監は、兵士を左右二列に分けて、自ら先頭へ立って来る。

あい去ること、数弓。

『やア、勢州！』

はればれしく声をかけた。

『よくやった。よくまいった。……拙者は恥ずかしく思うぞ。実は、今も今、尊公の陰口を叩いたような次第。あの勢州の腰抜けは、幽閉になっているのを幸い、お城に火事があっても、見廻りに出てまいるようなことはあるまいと、噂をいたしたところである。……さすがは忠臣。拙者がわるかった。悪く思うてくれるな』

馬の鬣《たてがみ》をきっと立てなおして、そばへ近よってくる。

『大方そういわれるであろうと思うて、このとおり死に仕度でかけつけた』

『なに！　死に仕度じゃと……？』

見ると、なるほど白無垢を着ている。

『いよいよもって恐れ入った。拙者の眼がくるうていた。……かほどの忠臣に対して、かりそめにも毒舌を弄したのは、なんとも申し訳がない。許さっしゃい』

『なんの、……貴殿の疑いがとけさえすれば、それで重畳《ちょうじょう》だ。だが、お目にかかるは、ただ今が最後、わしはいずれ帰宅次第、切腹のお達しがあるでござろうが、わしが亡きのちは、天下のことは貴殿に頼むぞ』

『む！』

あい見て、両雄、ホロリと一雫《しずく》。しばらく顔をあげえなかった。

なにが幸いになるかわからぬ。途中、左近にめぐり合って、意中を伝えたため、左近は必死になって、閣老を説破した。

泥舟も、鉄舟も、屋敷へ引きとると、切腹の用意をして、待っていたが、いっかな、その達しがない。そのはず、左近が必死の斡旋のため、当路者も泥舟の誠忠の一念に動かされて、あえてその罪を問わなかったのである。

地震加藤の心情

泥舟が、酒井雅楽頭《うたのかみ》の番所に休息した際、ふと彼の胸をかすめたのは、『地震加藤』の苦衷である。地震ときいて、幽閉中の加藤清正が桃山御殿へかけ参じたのと、彼の現在とが、はなはだよく似ている。

で、とりあえず長詩を賦した。

憶う、昔、清正征韓の役、神威凛冽として、傑豪を凌ぐ。
悲しいかな、豊公方寸の鏡、一時、蔽遮す、忠と猾と。
令厳《れいおごそ》かにして、禁重く、身冤《みえん》に困《くる》しみ、仰がんと欲して能わず、真日月。
姦邪《かんじゃ》、政《まつりごと》を窃《ぬす》んで、賢愚を擾《みだ》し、天怒り、人怨み、殃孽《おうげつ》有り。
震動して、君《きみ》を警《いまし》む、聚楽城《じゅらくじょう》。豊公、俄然、庭中に出《い》で、
瞥見す、一将、精兵を率いるを。倉卒、来たり謁す、藤《とう》清正。
容貌痩黒にして、夜叉の如し。豊公相顧《あいかえり》み、涙縦横。
吁《ああ》、汝、襁褓《きょうほう》、膝下に長じ、事々《じじ》、為す所、我が行いに肖《に》たり。
親しく軍事を問えば、応答速やかに、進退、拠るところあり、純誠を表わす。
此の時、浮雲漸く掃《はら》い尽くし、皎々《こうこう》たる秋天、日月清し。

慷慨雨注《こうがいうちゅう》す、懐旧の涙、今古差無し、忠義の情。

清正の場合は地震であったが、泥舟の場合は火災である。ただそれだけの相違であって、なるほど前後の事情は、考えてみるとそっくりだ。

そうして、清正のために、斡旋してその冤《えん》をといたのは幸蔵主《こうぞうす》であったが、泥舟の誠忠に感激して、彼のために尽力した沢左近将監《さわきこんしやうげん》は、いわば幸蔵主の役をつとめたようなものだて。

左近将監は、泥舟に、もとの二丸留守居席兼槍術師範の地位を与えようとして周旋これつとめたのである。

そのためか、十二月になって、漸く幽閉は許されたが、慶喜が、鳥羽伏見の一戦に破れて、江戸へ引きあげてきたときには、彼はまだ江戸におったが、まったく失意の状態にあったと申して差し支えない。

さりながら、忠誠の一念は、逆境と順境とによって、相違するものでない。彼は、自己の主張を抛《なげう》って、時流に阿《おもね》るような腰斬者流《こしぬけりゆう》ではない。そこがまた、彼の長所でもある。

さて、話は一転して、ぼつぼつ海舟に移ろうか。

復活した海舟、泥舟

鳥羽伏見の敗北

慶喜が鳥羽伏見に敗れて、江戸城へ入ったのは、慶応四年正月十二日であった。

『上様還御《かんぎょ》』

城中の者は、この声を聞いて、狼狽して玄関に迎え出た。

慶喜の入城とともに、初めて京洛の事情も判明し、みな愕然として、左右の分別がつかなかった。

官軍を迎え、死力を尽くして、一戦に及べという主戦論者が、まず頭をもたげたが、慶喜には闘志がなかった。

『馬上、剣をふるって立ち上がってみても、とうていこの混乱した時局は収拾できるものでない』

そういって、どこまでも恭順の意を表わそうとしたが、周囲のものが、断乎として聴き入れなかった。

なかには、慶喜に切腹を強《し》いようとして、密議をこらした者もおって、城内は、てんやわんやの騒ぎである。といって、誰一人、この難局に一身を挺して、事にあたろうとする者がない。

『これは、ぜひ、勝をご採用になって、あれにお任せするより手段はござりますまい。非常な場合ゆえ、非常なご決心が必要かと心得ます』

大久保忠寛が、慶喜に進言した。

『いかにも、道理である。すぐに、勝を呼び出せ』

当時、勝は閉居の身であったが、かれこれそんなことをいうておる時でない。彼は、召し出されて、海軍奉行に復任し、まもなく軍事総裁の重職に補せられた。

彼が、城内に入ると、恭順論を真っ向にふりかざし、敢然として、主戦論者と闘った。彼の意見というものは、確かに時流を抜いていた。

『徳川氏として、薩長憎むべしという気の起こるのは、当然である。しかし今、これと干戈《かんか》をまじえることは、私闘である。今日の情勢は、どうであるか。仏蘭西《フランス》は幕府を援助しておるので、唯一《ゆいっ》の味方であるが、同時に、英国は薩長を援助しておる。ここで両者が争うことになると、勢い、その背後の援助者である英仏の争いとなる。すなわち、ひいては外国の干渉を開くもととなる。今、日本において、最も恐るるところのものは、外国が、隙に乗じて、漁夫の利を占めようとしておることである。のみならず、江戸の市民百五十万、これが戦争のため、食物はなくなる。運送は止まる。その結果として、餓死するものもできようし、家を焼かるるものもあろうし、惨怛たる結果となる。日本の心臓として、首府として、発展してきた江戸が、戦火のため、疲弊することは、やがて日本全体の疲弊となる。よろしく、将軍は恭順をいたして、戦争の起こらぬように、これを未然に防ぐことが、天下のためである』

大局に眼を注いだ意見だ。

和戦大評定

ついに二月十二日、主戦論者、非戦論者、みな城中に集まって、大評定《だいひょうじょう》が始まった。ほとんど一昼夜かかったといわるるので、非常な激論が行われた。

しかし、大勢は主戦論に傾いていた。

まず箱根で官軍を喰い止めようとする者、関東の大名をひきいて、薩長にあたり、ここに天下を両分して、正邪を争おうとする者、いろいろだ。

慶喜は、黙々として、各自の意見を聴いていたにすぎない。説をなすものは、慶喜さんという人は、ハツキリしなかった。自己の意見というものがなかったなどというものもいる。だが、俺《わし》などは会うておらんから、なんともいえない。だが、このときの前後の事情から推すと、必ずしもそうではないようである。

彼が、最初帰城した際、なんのかのというて、戦争をすすめたのは、仏国公使レオン・ロッシュだ。慶喜は、よくロッシュの意見を用いていたので、こんども自分の意見に従うだろうと、公使はそう考えたらしい。ところが、容易に返事を与えない。公使にいわせると「軍艦、軍器、軍費、なんでも入用のものは仏国においてご用立てするによって、この際、薩長を向こうに廻して、一戦交え、鳥羽伏見の仕返しをするがよい」とこういうのだ。慶喜が、ここでウンというたらから、、つまらぬ人間になるが、さすがに烈公の血を引いておる。最後になって、ポンとはねつけた。

前将軍徳川慶喜公（静岡時代）

『ご好意は感謝するが、日本においては、錦旗にお手向かいすることは許されておらぬ。薩長は、錦旗を擁して、東下する以上、われらはこれを官軍と見ねばならぬ。自分はいさぎよく罪を待つつもりでおる』

こう答えた。これで、慶喜の意中はわかっておるが、まだ正式に発表しておらぬので、城中の大評定の際は、一人として将軍の意図を推知しておったものはない。

議論が尽きたところで、慶喜は口を開いた。

『自分は長いあいだ、京都におったが、今日までかつて朝廷に対し奉りて、ご疎意を挾《さしはさ》んだことはない。鳥羽伏見の事件は、あれは自分の指図がよろしくなかったためで、朝敵の汚名を蒙ることになったのは、いかにも心外である。今となってはいたしかたないので、一身を投げ出して、天裁を仰ぎ、これまでのお詫びを申し上げる存念である』

はじめて恭順論を唱えた。

満座、粛然として、これをお聴きしたが、慶喜は、勝をふりかえっていった。

『安房守、そのほうはどう思うか』

こういう質問だ。海舟は、この席では一言も口を開かなかった。だが、将軍から意見を徴されては、黙している場合でない。

『愚見を申し上げまする』

開きなおって、堂々たる意見を発表したのである。

『およそ一国の興亡盛衰は、気運に関係いたしますので、人力のよくするところじゃない。だが、今仮に、敵軍を迎えて、一戦《ひといくさ》をいたそうということであれば、不肖安房は、一死辞するところではございませぬ。まず軍艦をひきいて、駿河湾に出て、さよう、二、三百の兵隊を上陸させて、進んでくる敵軍に手向かいさせます。すると、敵は大勢、味方は小勢、喧嘩にはなりません。わが軍はいったん敗北いたします。すると、敵はそれ逃げた、追い打ちをかけろとなって、ドーッと勢いに乗じて、清見ケ関、清水港あたりまで迫ってきます。このとき、軍艦から横ざまに不意討ちをかけると、敵を打ち破ることができる。いったん打ち敗っておいて、わが軍は先手《さきて》の兵を増員し、敵と接戦をつづけているあいだに、軍艦は敵の中堅を衝《つ》いたならば、必ず勝利を得られると信じます。ひとたび勝たんか、東海道筋は、御親藩並びに御譜代の大名である。ただちにわれに味方して、火を放って敵の進路を遮断することもできる。……このとき、われは軍艦を摂津の海に送って、中国および西国との往来をたち、同時に大阪の町を焼き払えば、京都に兵糧をおくる途《みち》がなくなる。敵軍は完全に後方を脅かされて、二進《にっち》も三進《さっち》もいかなくなる。のみならず、東海道の敵軍が、わが精鋭のため、打ち破られたとなると、甲州街道、中仙道、両方面からおしよせてくる敵勢も、急に気落ちがして、ぐったりとなる。進退きわまって、策を施すこともできなくなる。……しかしだ。こうなると、諸侯の中でも、薩摩、長州というような大名は、外国の助けを求めて、自分自分の領分を堅固に守り、持久策をとることになり、国中は四分五裂のありさまとなる』

つまり、海舟の持論だ。

ところが、ここまでのべたててきた彼は、くるりと調子をかえた。

『さればといって、このまま官軍の来るのをおめおめと待ってもおられますまい。戦わんか、和せんか。道は二つであるが、上様のお考え一つで、決まることでござります』

こうやった。

まことに、手に入ったものだ。ここで海舟が滔々《とうとう》として、自己の見解を露骨にぶちまけたら、いたずらに主戦論者の反感をいだくにすぎない。それでは、薪を抱いて、火に入るも同然、おもしろくない結果となる。

で、最後の断言は、将軍自身の口から表示するように持ちかけたのだ。

『自分の意見は、もちろん恭順である。干戈《かんか》を動かすが如きは、もってのほかである』

と、慶喜の恭順は、ここで、公然と発表になったのだ。

『お上《かみ》の思し召しならいたしかたない』と、一同承服した。

以来、主戦論は、表向き火の手を鎮めたようなものの、内実においては必ずしもそうではなかった。

海舟の危険

ことに血気壮鋭の面々は、徳川の社稷《しゃしょく》が滅亡する以上、われわれは生きながらえて安閑としてはおられぬ、というような強硬論をとって動かない。

勝は、これを説破するに、全力をささげたが、そうなると、かえって彼に疑いの眼を向けるものが多くなった。

『勝は、徳川氏を売る者だ。あれを生かしておいてはお家のためにならぬ』

秘かに、暗殺を企てるというありさま。江戸市中は、煮えくり返るような騒動で、一ツ橋から桜田門にかけて、諸侯が登城するの、帰国するのと、通行もできないくらい。そのあいだに、海舟は、朝早く登城して、夜遅く帰ってくる。勝に会おうとして、氷川の家へ尋ねていっても、どうしても会えない。

『ご用があるなら、寝ていて待ってください。そのうちには戻ってまいります』

勝夫人が、そういうので、みな床に入って、夜更けに勝の帰宅するのを待ち受けたもので、その労苦は、並大抵でない。海舟は、このときの一身を自ら片桐且元に比較している。

『大阪の役に、且元が、豊臣、徳川両家の中間にはさまって、千変万化、智勇を尽くして、幼主を輔《たす》けた。その苦心は、凡人の及ぶところでない。けれども、時の諸臣は、彼の忠諫《ちゅうかん》に従おうとしない。それがため、千慮万苦も、空しく水の泡となり、豊臣氏はついに滅びてしまった。自分が、今苦境に立って、且元の心事を察すると、はっきりとその心持ちがわかる。しかし自分の力量は且元のそれに比べると、遠く及ばない。どうして徳川氏をして全きを得せしめようか。天下をして安定せしむることができようか。力足らず才乏しきを知って、しかして退かざるは愚の至りであるが、徳川氏没落の今日に及んで、みな周章狼狽してなすところを知らず、死力を尽くしてこの難局を打開しようというものがない。これは実に天下後世への恥辱である。自分は、たとえ一身八裂、溝壑《こうがく》に抛《なげう》たるるとも、あえて顧みるところでない』

壮烈な決心をいだいていたので、彼の一進一退は、おのずから大義名分にかなっている。この間、多少でも邪心があったなら、天下の勢いは、彼の思惑どおりに進捗しなかったに相違ない。烈々、焰の如き至誠のほとばしりに動いたものだと、俺《わし》はそう思っておる。

最後の決意

そこで、慶喜恭順の誠意を天朝に達しようとして、静寛院宮（和宮）の使者を京都に遣わした。だが、歎願は容れられずして、いよいよ関東御親征の勅《みことのり》が出た。有栖川宮様を総督とし、西郷南洲を大参謀として、錦旗を東海道にすすめ、別に、岩倉具定兄弟の率いる一隊は、中仙道を下り、乾《いぬい》（のちの板垣）退助の率いる一隊は、甲州街道に寄せ、三道からして江戸を包囲しようとする作戦を立てたのである。

海舟としては、このとき、腹はもうちゃんと決まっていたので、風声鶴唳《ふうせいかくれい》には驚かなかった。

彼は、西郷が来たら、西郷と談判して、江戸を救おうとした。

『西郷が自分の進言を諾《き》き入れなかったなら、自分の力が足らぬのだ。自分の誠が通ぜぬのだ。自分を刑罰に処するがよろしい。天下の首府にいて、天下の良民に迷惑をかけるのは、いかにも忍びない。自分の一身を投げ出すことによって、天下が治まるなら、これほどけっこうなことはない。殺されようと、打ち首になろうと、辞するところでない。それでもなお、西郷が肯《き》かぬなら、これはどうもいたしかたない。一戦をまじえるよりほかに途《みち》はない』

最後の決意をしておった。彼は、秘かに都下の博徒をかり集め、もし官軍が、どうしても、江戸に進撃するなら、八百八町に火を放って、彼らを焼き捨てろ、という内命をさずけた。

一方、市民を無事に避難せしむるための用意までしてあったと伝えらるる。

談笑のうちに、事を解決せんか、兵火のうちに、一身をなげうたんか、和戦両様の準備をして、さて至誠をもって、西郷を説破しようという意中であった。

海舟、鉄舟の初対面

ひとりぼっちの慶喜

一方、二月十二日の大評定《だいひょうじょう》ののち、慶喜は上野《うえの》東叡山《とうえいざん》に引き籠って、謹慎の意を表することになった。この前後の江戸城内は、まことに惨怛たるものだったと聞いている。一身一家のことでもそうだが、落ち目となると、誰も寄りつくものでない。袖に涙のかかるとき、人の心の奥ぞ知らるるというが、三百年のあいだ、天下に号令したる江戸城内は、空洞のようにがらんとしている。

慶喜の身辺に奉仕するものは、いずれも身の安全を期して、そばへよりつかない。一人減り二人減り、どこへどう逃げたか、影も形もない。大義も、君恩も、糞もヘッタクレもない。慶喜はお城の奥に謹慎しているが、そばにいるのは、奥女中に番人ぐらい、これといって、頼みになるものは一人もない。

この場合、奮乎して主君の難に赴こうとするものは、真に寥々《りょうりょう》たるものであった。

泥舟は、そこへ現われたのだ。

『もはや、今日となっては、どいつもこいつも一人だって、頼みにならぬ。お互いに、身をすてて働かねばならぬ』

海舟は、そういった。

『いや、ごもっともである。拙者は、とうにその覚悟でいる』

『それなら、どうか、わしを助けてくれ。わしは、お城にとどまって、朝廷向きのことは、及ばずながらのこらず引き受ける。足下は、慶喜公一身のことを引き受けてくれ』

『よろしい。心得た』

『主公さえ、真実謹慎の意を表することになれば、何事も円《まる》くおさまる。だが、ご承知のように、血気の面々は、主公の身柄を奪い取って、事を起こそうと構えている。ここで彼らのため、主公の身柄を奪われるようなことにならば、それですべてのことは終わったのである。といって、今主公の一身を護衛するものは一人もおらぬ……ぜひ、足下にお頼みせねばならぬ。万事抜け目のないように』

ほとんど涙を流すばかりの熱誠に、泥舟も憮然として、首うなだれた。

思うてもみよ。この刹那の両雄の心事は、悲壮の極みである。

泥舟の恭順説

泥舟は、先に、慶喜の江戸城に入るとともに、単騎登城して、将軍に謁を請うた。しかるに彼の意見も、恭順謹慎にあることがわかっているので、主戦派の閣老が、遮りとどめて会わせようとしない。

『どうしても、将軍にお目にかかって、拙者の意見を申し上げねばならぬ。……お許しの出るまでは一歩もうごかぬ』

こういって、七日七夜のあいだ、彼は屋敷へもどらなかった。

左右のものも、聴かない。

『高橋の奴、なにをいうている。恭順の謹慎のと、今は、さような時ではない』

てんで相手にならない。

ところが、小笠原壱岐守は、すでに京都において、彼と会見している。そして彼の人物器量も承知している。

泥舟の意見を聴いて、賛成はしたようだが、周囲の主戦論に圧迫されて、なおいまだ決定しかねて二の足を踏んでいる。

海舟が、軍事総裁となるに及んで、はじめて非戦論が有力となったような次第で、両者の意見はまったく一致しておった。すなわち、あいたずさえて、この難局を打開しようと誓った。

泥舟が、慶喜の面前に招かれたのは、それからのことであった。

『自分が、帰城して、すでに十日あまりとなる。しかるに、日ごろ忠誠のそのほうが、なぜ、推参いたさなかったか』

久しぶりで、慶喜の顔を見ると、いきなりこういう質問をうけた。

『恐れながらそれは、なにもようすをご存じないためかと思います。拙者は、公《きみ》のご帰城とともに、いち早く馳せ参じ、謁を請うこと七昼夜に及んだが、さらにお許しが出なかったのでございます。上書して、閣老に会見し、いろいろと苦衷を陳《の》べたが、それでもご採用にならない。やむをえず、ただ泣き暮らしておりました。今ようやく拝顔を得たうえは、もうご心配には及びませぬ。伊勢守おそばにあるうえは、必ずご懸念には及びませぬ』

慶喜は事情を審らかにして、そのあいだの紛糾したようすを知ることができた。

泥舟の信誼

よって、泥舟は挙げられて、遊撃隊頭《かしら》となった。

講武所というのは、慶応二年十一月に廃されて、新たに遊撃隊が置かれて、泥舟はその副頭《ふくとう》であった。ところが、今やとくに非常の際とあって、慶喜の簡抜をうけ、即日同隊軍事委任の命をこうむった。

元来この遊撃隊には、頭三人、副頭二人が置かれている。今泥舟が、突如として副頭より頭になったさえあるに、古参の頭をさしおいて、軍事委任の命をうけては、先輩者に申し訳がない、実直な彼は、そういう感をもった。

『どうも、上様のご命令だが、俺《わし》が古参者を越えて、かれこれ取り計らっては、隊中のことが折り合わぬであろうと思う。ついては古参の、今堀越前守にも、同じく軍事委任を仰せつけるように貴殿からお話しありたい』

海舟にたのみ込んだ。

『もっともだ。申し上げてみる』

海舟が、慶喜に相談をしたが、聴き入れなかった。

『もし、軍事を伊勢に委せて、それがために古参の者が不平じゃというならば、さらにその仔細を申せ。自分としても考えがある』

こういって、再び任命があった。

泥舟は、困却した。

『これは、上様がなにもご承知ないので、そう仰せらるるが、元来この今堀は、遊撃隊が編制さるる当初から、その頭に任ぜられたもので、筆頭の位置についている。しかるに今、俺《わし》が同じ頭になって、筆頭の上に坐して、軍事をもっぱらにいたしたならば、かの今堀は、なんの面目あって俺と同席しておられようぞ。……俺は、義としてこのたびの恩命を受くるに忍びぬ。もしも今堀の力その任に堪えずという思し召しならば、これをほかに転職せしめて、しかしてのち俺を新たに任命なさるがよい。こう申しては失礼だが、上様の臣下を御《ぎょ》する道が、その当を失している』

『そうか』

海舟は、これをまたそのまま慶喜に伝えたが、やがて、泥舟にいった。

『おまえがああいうので、上様に申し上げたところ、上様はおっしゃった。さすがに高橋は信義に厚く、かつ思慮がある。そういうことであるならば、今堀にも軍事委任の命を下すがよい。だが、おそらくはつとまるまい。軍事においては、すべからく高橋の意見をもって組織し、今堀の意思に任せるな。万々一、彼が邪魔をするようなことがあらば、速やかに申せ。よしなに処分するであろうぞと、ありがたいお言葉であったよ』

『上様は、数ならぬ自分を、それほどまでにご庇護くださるのか』

泥舟は、慶喜の恩情に感佩《かんぱい》したと聞いている。

これでは、どうあっても、この知己のために一身を抛出《なげだ》さねばなるまい。

江戸城引き払い

ここにおいてか、二月十三日の明け方五時ごろ、慶喜は、江戸城を出た。以前は、将軍が城を出るというような場合は、その行装《こうそう》の煩瑣《はんさ》なことは尋常一様ではない。だが、その朝は城内、関寂《げきせき》として声なく、地に蠢《うごめ》く黒影点々。行きずりの者、その何人たるかを知らず。まるで、忍びの姿であった。

先伴《さきとも》は、平岡丹後守《たんごのかみ》らの一列。お伴は、浅野美作守《みまさかのかみ》の一列にすぎない。泥舟は、その護衛にあったが、支配奉行内藤志摩守《しまのかみ》は、都下の与力同心をひきいて、これも途中をいましめた。

だが、時が時、場合が場合である。

これでも安心ならずとあって、近藤勇の一列が、沿道に見えがくれにお伴して、それとなく非常に備えていたということである。

慶喜は、こうして無事に城を出て、上野寛永寺に入ったが、謹慎していたのは、大慈院の四畳半という狭い一室であった。

『将軍家の身柄を奪いにくるものがないともかぎらない。主戦論者の立場としては、将軍を擁して、今一度戦端を開きたい意向が十分に見える。……そういうことの起こらぬように、くれぐれも警戒を厳重にせよ』

泥舟は、部下にいいわたした。

以来、泥舟は、遊撃、精鋭、二隊の壮士を率いて、寛永寺を護衛した。したがって、将軍の身柄を奪取しようとしても、手の下しようがなかった。海舟は、海舟で、江戸城内にあって、市中の取り締まりはもちろん、主戦論の徒党を説破するにつとめていた。かくして、四月四日、開城となるまで二月あまり、無警察状態の江戸市中の秩序を保って、大事なきを得せしめたのは、一に、海舟、泥舟、両雄の必死の努力があったためである。

海舟あり。泥舟あり。鼎の二本脚は揃ったので、ここで、どうしても、三舟の中の一人鉄舟が現われて、他の一本脚となる役目を引き受けねばならぬ順序となる。

至誠一貫の鉄舟

そのころの鉄舟は、年も若いし、格式も低いし、一般からは、乱暴者扱いをうけていた。あれは、浪人の首領だの、謀反人の親方だのと、いろいろ誤解をうけていたので、誰一人相手になるものはない。

彼が、至誠一貫、稀に見る大器であるという点を見ぬいていたのは、義兄の高橋泥舟はじめ二、三の者があったにすぎない。

あたかも東征の官軍は、すでに駿河の府中（静岡）に到着と聞いて、謹慎中の慶喜は、とくに泥舟をさしまねいていった。

『いよいよ事迫る。自分は寝ても寝られず、食物も喉《のんど》を通らぬほど、心配している。ついては、ご苦労だが、おまえが駿府までまいって、大総督府に対し、自分の存意を通じてくれぬか。このことを依頼するには、今のところ、おまえよりほかに、適当な人物が見当たらない……』

『恐れ入りました。ただちに出発の用意をいたします』

泥舟は慶喜恭順の実を天朝に聞こえ上げようとして、いったん、承諾はしたものの、さて考えてみると、慶喜の身辺は容易ならぬ状態にある。もし、自分の不在中、壮士が立って慶喜の身柄を奪い去ったなら、万事ここに休して、彼の努力も空《くう》に帰するのみならず、海舟への申し訳が立たない。泥舟としては、寸歩といえども、寛永寺の外へ出ることは、警戒せねばならぬ時である。しかし、君命《くんめい》である。辞することもならず、仕度をととのえたが、慶喜もその辺のところを考慮したのであろうな。

『勢州、待て。……おまえが、ここを立ち去ったなら、旗本のものが爆発するかもしれぬ。これを鎮圧するのは、おまえの役である。考えてみると、おまえは今のところ、大事な身《からだ》である。できるなら、おまえはここにいて、誰か、おまえのかわりに、府中へまいるものはないか』

こういう質問が出た。

『さればでござる』

泥舟は考慮ののちに答えた。

『ただ今のところ、旗本の士、数多《あまた》あれども、尊命を奉じ、拙者の身がわりとして、使者にたつべきほどの器量人は、恐れながら義弟山岡鉄太郎を措《お》いては、他にござりませぬ』

『そうか、しからば、鉄太郎に申しつけて、早々出発させてもらいたい』

『いや、それはいけませぬ』

泥舟はさえぎった。

『たとえ事火急を要するとはいえ、天下の一大事でござります。公《きみ》自ら鉄太郎をお召し出しになって、親しくお言葉を賜わりたいと考えます。君命《くんめい》重からざれば、臣、事を軽んず。もし拙者が誤って命を伝えるようなことをしでかしては、駟《し》も舌に及ばず。慎重にお取り計らい願いとうござります』

こうやった。だが、これは、泥舟としても、もっとも至極な言い分だ。

慶喜も、その一言に服して、時を移さず使いをたてて、鉄舟を呼びよせることにした。

鉄舟は、そんなことがあろうとは知らない。天下の状態に対して、日夜焦心していると、突然、二月の下旬、慶喜の召喚をうけたので、夢に夢見る心地。いったい、自分のようなものを、じきじきお召し出しになって、どういうご用があるのだろうかと、半ば驚き半ば怪しみながら、寛永寺の一室へ伺候した。

見ると、面《おも》やつれした慶喜が、上座に悄然として控え、わきには義兄の泥舟が威儀をつくろって坐っている。幕臣として、彼はこの一刹那、「心中一鎚を受くるの感あり」という言葉で言い現わしている。

やがて、慶喜は、膝をすすめた。

『おまえを呼び出したのは余の儀でない。これよりすぐに府中にまいって、総督府参謀に会見のうえ、自分の微衷を伝えてもらいたいのだが、どうであるか』

意外な一言を聞いて、彼も驚いた。

『と申すと、どうお伝えいたせばよろしゅうござりますか』

『おまえが見たとおりのこの恭順のありさまを申し上げて、天朝に達するように、取り計ろうてくれたら、それで十分である。自分は、朝廷に対し奉って、一点二心をいだくものでない。赤心をもって恭順の誠を尽くしているが、いずれ一命はなきものと推察している。さりながら、この自分の真意が天朝に通ぜずしてあい果てるのは、いかにも残念である。その辺のところを胸にたたんで、骨を折ってもらいたいのだが……』

落涙の態であった。しかるに、鉄舟、このとき屹《きっ》然となった。

『なにをつまらぬことを仰せらるるか。さよう申さるるは、真実謹慎のお心ではござりますまい。表向きを取りつくろうがため、そう詐《いつわ》っておいでなさるるか、それとも他になんぞ企《たくら》むことでもござりますか。……拙者には、しかと胸にこたえませせぬ』

眉をあげ、肩を怒らして、こうやりかえした。

なんのことはない。お面を一本まいった形だな。すると、慶喜は眼をしばたたいて、重ねていった。

『鉄太郎。まだ自分の心中をうたぐっているか。自分は断じて二心はない。何事も朝命には背かざるを赤心をもっているぞよ』

『はい、それでわかりました』

こんどは、やわらかに、下手に出た。どうもこの辺の呼吸は、剣客だけに、まことに手に入っている。

『公《きみ》が、誠心誠意、謹慎をいたされているならば、不肖ながら鉄太郎、必ず朝廷のご疑念を晴らしてまいります。鉄太郎の眼の黒いうちは、決してご心配には及びませぬ』

襟を正して、儼然として言い放った。

『む、それで自分も安堵いたした。すぐ出発してもらいたい』

『きっとお引き受けいたします』

鉄舟は、慶喜の命をうけて、いよいよ駿河へ出発しようというのだ。

双方駈け引きの妙

今や、彼の責任は、死よりも重し。勇気凜々たる一個の偉丈夫、赤手君家《せきしゅくんか》のくつがえるを支えんとして、敵地へのりこもうというのだ。鉄舟まさに三十三歳、武道をもって鍛えに鍛えた彼の身心は、英気一発して、鉄壁をも打ち砕かんず勢いである。

乱暴者、謀反人――寄ると、触ると、そう噂をされていた彼が、重大な使命を果たすについては、幕閣の重臣に予め内談をする必要があるというので、歴訪してみたが、いずれも敬して遠ざけている。

『愚物、取るに足らず。せめて、勝だけはいくらか話せるかもしれぬ』

この勢いで、軍事総裁勝安房守を氷川にたずねた。勝の屋敷の玄関前。

『頼もう』

聞きなれぬ大声に、まず度胆をうばわれたのは家人である。そのころは、毎度、蓬髪乱頭、ものすごい壮士が出没するので、また来たなと、取り次ぎに出ると、はたして容貌魁偉な男が棒立ちになっている。

『拙者は、山岡鉄太郎でござる。ご在宿なら勝さんに御意《ぎょい》を得たい』

こう申し入れた。

家人は、さア面喰らった。通したものか、断わったものか、うろたえている。

勝は、このときまで、まだ鉄舟とは一面の識もなかった。後年、刎頸《ふんけい》の交わりを結んだ彼らも、もし幕末の騒乱がなかったなら、あるいは二人とも永久に、あい会《かい》する機会は、得られなかったかもしれない。人間の遭逢は、まことに不可思議千万である。もっとも勝といえども、鉄舟の噂だけは耳にしておった。だが、いずれもよくない風説である。あれは、恐るべき乱暴者であって、幕臣でありながら勤王倒幕の旗頭である。足下の首をねらっているようすゆえ、十分気をつけるがよいというような忠告である。

そやつが、突如として、海舟の面前に山の如く出現したので、余人なら当然、面会を謝絶するところだが、海舟はそうでない。

『まあ、お通し申せ』

心配している家人をすかして、鉄舟を座敷へ案内させた。だが、心中ではよほど警戒したことはいうまでもない。

鉄舟は、座敷へ入ると、いきなり海舟の眼前へどかと坐った。

なるほど、こやつ、変な奴だわいと、海舟は豹のような鋭い眼を輝かした。

『ご用はなんじゃい』

『いや、唐突だが、拙者はこのたび、将軍家の内命をこうむって、駿河へまいることになった。ついてはその仔細について、尊公とご相談申し上げたいのである』

真っ向から切り込んだ。

だが、海舟は、まだ疑っていたとみえ、曖昧な受け答えをした。

と、鉄舟は、大喝一声した。

『事は迫ってござるぞ。尊公はかりそめにも、軍事総裁ではござらぬか。なにをくどくど考えてござるか。……けしからぬ次第である』

『さようか』

海舟は、冷やかに外した。

『しからば、足下におたずねするが、この非常の際、幕府としては、どういう方針をとったら、よろしいか』

早い話が、人物試験だ、爺さんもずるいいて。

鉄舟は、たちどころに答えた。

『もはや、今の場合は、幕府がどうの、薩長がどうのと、そんな差別はござらぬ。挙国一致だ。一天四海だ』

こうやらかした。

ところが、海舟もさるもの、こやつ、なかなかやりおる。噂と事実とは大分違っている。よほどしッかりしたところがあるわいと、やつぎばやに、第二問を連発した。

『いかにも、貴説のとおりだ。しかし足下は、内命をこうむって、駿府へお越しじゃというが、どういうふうな手段《てだて》をもって、敵の陣営をお尋ねなさるか。ずいぶん困難なことであろうと存ずるが……?』

『されば、臨機応変、万事は胸中にござる』

鉄舟は、ポンと胸を叩いた。

ここが、彼のえらいところだ。なるほど、あの場合、前途のこと測るべからず。砲丸を冒し、白刃をくぐって、総督府へ到着するについては、こうという計画が最初から立つものでない。臨機応変でやるよりしかたがあるまい。

海舟も、のちになって、このことは口をきわめて賞めちぎっているよ。

『あの物騒な時にあたって、官軍の陣中へ入るなどとは、とても容易な業《わざ》でない。そのものすごいありさまは、座上の空論ではわかるものでない。臨機応変は胸中にあるという。これが本統《ほんとう》だ。もしこれが余の者だとすると、チャンと前から計画するに相違ない。そんなことでは、網を張って鳥を得んと思うの類、決して相手はそう来ると決まってはいないからな。ところが山岡のは、作戦計画はなさずして、自ずから作戦計画ができているから妙だ』

まさに、それに相違ない。

一問一答、豎子《じゅし》談ずるに足ると見てとった海舟は、ここで開きなおった。

『わしは、足下とは初対面のことゆえ、まだ足下の人となりを知らない。したがって一応は疑念をいだいたわけだが、もはやなにもかもわかった。そこで無遠慮に申し上げるが、実は、わしも足下のことについては、かねがね耳にしておった。山岡というものは、とても尋常のものでない。機を覘《ねら》って謀反を起こそうとしていると、聞いておった。現に、大久保（忠寛）などは、内々わしに注意して、山岡には接近いたさぬほうがよろしい、あれはおまえを刺し殺そうとしているとまでいうてくれた。しかし本日図らずも足下に会うてみると、なかなかもってさようのお方でない。これはまったく、わしが思い違いをしておった。わるかった。許してくれ。……だんだん足下の覚悟をうけたまわって、なにもかも氷釈した。その決心なら、よもや仕損じはあるまい。どうか十分やってくれ。ついては、ついでに西郷君にわしの書面を届けてくれい』

疑団、氷のように釈《と》け去れば、あとはなんでもない。一見、たちまち旧知のような間柄となった。で、その場で、西郷参謀宛てに一書を認めた。

しかし、山岡が使者となって、駿府に発向するについては、慎重のうえにも慎重にせねばならぬので、勝の屋敷におった薩州人益満休之助《ますみつきゅうのすけ》を随行させることにした。益満は、薩州人だったので、万事好都合であったのだ。

ここで、いよいよ、三舟が、轡《くつわ》を並べて、本舞台に出現してきたことになる。

海舟の智、泥舟の意、鉄舟の情、それぞれの長ずるところをもって、至純至正、国事に身をささぐる悲壮な劇的場面は、時日の切迫とともに、白熱化してくる。

風雲、大是《たいぜ》を定むる三雄の苦衷は、今日、想像してさえも、一掬《いっきく》の涙を催さしめる。事のついで、もう少し語ってみようか。

虎穴に入る好丈夫

南洲翁の癖

薩州人益満休之助が、どうして勝の屋敷におったか、これがまた妙。

維新政府が成立してまもなく、正院《しょういん》において、三条公その他歴々のズラリと並んでいる席上で、大西郷が、大声をあげて、板垣さんを呼んだ。

『板垣さん』

『はい』

『あなたという人は、恐ろしい人よ。薩摩の屋敷へ浪士をかつぎ込み、とうとう戦《いくさ》を始めさして、恐ろしい人……』

南洲翁は、こういって笑ってござる。

『これは近ごろ迷惑千万、浪士を取り締まっていたお人も、ずいぶん危険な人であったらしい。しかし、よい幕開《あ》きでしたね』

すると、翁は、巨《おお》きな口を開いて、頭をかかえて、ウハハハハハと笑った。なにか得意の出来事があるときには、翁は頭を掻いて笑うのが癖であった。

これはどういうのかというと、初め板垣退助伯が、江戸において関東浪士を集め、いざ事あるときには、これを率いて起《た》とうという謀《はかりごと》を立てていた。

ところが、風雲急にして、板垣さんが京都に出た。

『実は、そっくりあのまま浪士を置き去りにしてきたが、自分がいなくなると、はなはだ心もとない。貴藩邸に一時あずかってくださるまいか』と、西郷さんに相談に及んだ。

『よろしゅうごわす』と、西郷さんが引きうけた——それを思い出して、翁が板垣伯に述懐したのだ。

このとき、薩摩は、薩摩で、東西呼応して、兵をあげようという腹もあって、関西から江戸騒がせの志士を江戸へ送った。益満はその一人。状貌魁偉な快男子で、真影流の達人であった。

益満は鉄舟とも交際があり、かつ海舟の屋敷へ出入りしておって、なにかと画策しておった。

薩摩屋敷の焼き払い

そのうちに、怪賊龍造寺浪右衛門《りゅうぞうじなみえもん》の一列が破獄して、薩摩屋敷へ逃げ込む。所在に散らばっていた壮士が、みな屋敷へ引きあげてきて、江戸市中を大あばれにあばれだした。

慶応三年十一月二十二日には、江戸城の本丸が焼けた。

これもどうやら、浪士の仕業らしいと思っていると、市中取締の酒井左衛門尉の屯所へ鉄砲を打ち込んだものがあって、これを追跡すると、薩摩屋敷に入ったという。でなくとも、薩摩屋敷には、浮浪の徒輩が集合していると睨んだが、なにせ、相手は七十万石の大名、踏みこんで捜索することもできない。

そこで、厳重に交渉したが、留守居は、てんでうけつけない。

『弊藩にはさようなものはおりませぬ。たってご吟味あらば、留守をうけたまわるわれわれ、刀の手前、お相手を申すよりほかはない』

相手にならぬ。

よって、酒井の兵を先鋒に、上ノ山、龍野、鯖江、その他諸藩の兵、幕府の別手組などを合わせて、かれこれ七百の人数が、三田の薩摩屋敷を襲撃した。

薩摩の留守居役は児玉雄一郎、篠崎彦次郎、書役《かきやく》は柴山良助、関太郎、立花直記ら、それに江戸へ遊学にまいっておった書生が邸《やしき》におった。留守居、書役などは、みな戦死して、他は身をもって危急を脱した。益満は、水戸藩の浪士中村勇吉（一名、神崎行蔵）とともに、奮戦したが、ついに血路を開いて、海舟のところを頼って、一時、身を潜ませた。討幕論者のチャキチャキを海舟が自分の家にかくまったというのは、妙だが、そこがまた勝の勝たるゆえんでもある。

こうして、薩摩屋敷は、灰燼に帰し、今日では、『薩摩ッ原』という名が残っているにすぎない。

『しばらくのところでようございます。お屋敷の隅へなりと、抛り出しておいてください。決してお邪魔にはならぬつもりで……』

益満から頼みこむと、海舟は根があaいう御仁《ごじん》である。

『ウム、ウム』

幕末ごろの江戸薩摩屋敷（今の芝区薩摩原付近）

と、うなずいて、

『必ず、後日、なんらかのお役にたつこともあろう。貴殿らの身柄は拙者がおあずかりをしておきます』

勝が、ひそかにかくまった。

しかし、両人は、討幕論の急先鋒なので、容易に勝を信じない。

『勝は、官軍のためにならぬ人物じゃ。屋敷にこうして引き取られているのを幸い、やッつけてしまおうか』

秘かに、そう考えていると、勝は、うすうすその気配を覚った。

で、両人を前へよんだ。

『おまえさんがたは、わしの命が欲しいのであろうな。いよいよ、官軍も三道から江戸を総攻めにするということだによって、今、わしの首をとったら、恩賞にもあずかろうから、遠慮なく斬りなさるがいい。わしは逃げかくれはせぬ。このとおり毎日毎晩、おまえさんがたと寝起きを一緒にしている。隙だらけだ。欲しくはないかい』

こうやったものだ。

隙だらけだとはいうものの、隙がないのと、結局同じことで、勝が一命をやるというたからとて、それならちょうだいしますと、刃《やいば》を向けるわけにはまいらぬ。

両人とも、血気の壮士であるが、毒気をぬかれてしまって、手が出せなかった。

するうちに、だんだんと、勝のところへ主戦論者が押しかけてくる。

勝は、これに会って、いちいち、片っ端からその非を攻めたてる。

『はてな』

両人は、小首をかしげた。

(どうも、勝さんは、俺たちの仇じゃと思うたが、ああして意見を聴いてみると、決してそうではない。幕府のためも思うてござるが、同時にまた、天朝さまに逆らって、兵を起こすというような考えはない。つまり三方四方まるく治めようとする腹らしいが、それならなにも殺す段にはあたらない)

いつのまにか、勝の一身に同情するようになった。ところへ、山岡が、駿府へ使いにゆこうということになったので、勝は早速、益満を付き添いに同行させることにした。

『おまえさんは、薩摩者だ。どうか途中間違いのないように山岡を駿府までとどけてもらいたい。どうかな』

なにかのお役にたつといったのが、まったく意外なところに役立つことになった。

益満は承知した。

『必ず、無事にお届けする。拙者、身にかえても、山岡殿を保護いたします』

海舟に助けられたところの恩義をもって、鉄舟に酬いようとした。けだし、山岡にとっては、ひじょうな仕合わせであった。

そこで、鉄舟が、静岡へのりこんだ顚末だが、これは『西郷氏と応接之記』というものがあって、あれを読むと、すっかりわかる。

鉄舟の死生説

実に、きわどい芸当をやってのけたものだ。鉄舟だからうまくいったが、あれが余の者だと、きっとやり損なっている。その結果は、どうなったであろうかと思うと、この一個の好丈夫、どうして、江戸城明け渡しの幕では、千両役者じゃな。

なんでも、話にきくと、鉄舟はこのとき、死ぬか生きるかわからぬ。一寸先は闇だというのに、家にかえって、旅仕度もそこそこ、サラサラと茶漬をかッこんで出かけたそうだが、なアに品川沖へ釣りにでもゆくような気軽さだったとみえる。

それは、鉄舟が早くから、生死を超越していたからだ。その修養ができていたからだ。——俺《わし》は、そう思うてる。安政六年春に、鉄舟のかいた一文がある。それが生死いずれが重きかというので、なるほど、青年時代からして、こういうことを考えていたとすれば、『鉄舟』という人格は、石膏細工のように、突然ここにできあがったわけじゃない。

　鉄舟はいうてる。

『死の軽きこと鴻毛《こうもう》の如く、義の重きこと山岳の如しという語意を解するのに、なんでもかでも死を軽く見ることが武士道のように早合点する人が往々あるが、自分はそうは思わぬ。といって、いったいに死を怖れるは、いうまでもなく卑怯千万のことで、さればといって、死を急ぐというにいたっては、合点のゆかぬことである。この輩《はい》らの考えは、夜の九つ八つ時《どき》にて、寝言の文句なれば、志士たるものは、断じてこういう夢裡の床に寝込んではならぬ。ぜんたい俗人は、物に恐れ過ぐるがゆえに死を急ぐか死を懼《おそ》れるか、どっちかで、困りものだ。生や死に執着するものは、とても人生の大事を共にするわけにはまいらぬ。日本本来の武士道というのは、こんなものじゃないはず。しかるに戦国時代のころ、無暗に殺戮が流行したため、一長一短は自然の数にして、免れがたきものとみえ、一方には武士道の発達をきたしたが、他方においては見苦しき習俗も生じた。だが、どう考えても死を急ぎ、死を懼るるというのは、人生の道理に照らして、よいこととは思えない』

　彼の意見はつづく。

『無遠慮にいわしむるならば、どんな事変にぶつかっても、びくりとも動かず、その難に堪え忍び、綽々としてその境遇の座を占めこんで、その大事を処理するというにいたっては、その苦心惨怛の状は、とても死ぬくらいな手軽な業《わざ》じゃない。しかるを苦しいというままに、その難を逃るるのは、まずまず錬胆の実薄く、忠孝仁義の誠に乏しき証拠である。今国史を繙いて、楠公の湊川に戦死したありさまをみるのに、公は決して生死に執着して、その生命をはかなく葬り去ったとは呰《そし》られぬ。

公は死を急ぎ死を懼れる輩と同日の論にはあらず。また小松内府重盛《こまつのないふしげもり》が、その父清盛の不忠を見るに忍びずというて、熊野の社に詣で死を祈ったことがある。世間では大いにこれを罵っている。死を祈ったこともあるいはあったであろうが、さりながら、こはあまり歴史家として速断の議論ではなかろうか。公が形において死を祈るがように装うたのは、はたして無分別に死を急いだものであろうか。鉄太郎は内府の行蹟前後に照らして、そうとは思うておらない』

こういっている。

真の大丈夫としての心掛けが、この一文に現われているが、鉄舟が、万難を冒して、敵中へのりこんでゆくという勇気も、実はこうした覚悟から生まれてくるのだ。

朝敵山岡鉄太郎

さて、家を出た鉄舟だが——。

品川、大森とやって来て、六郷の渡しを越えると、もう官軍の先鋒が、ずらりと道の両側に並んでいるではないか。

どうするかと思うと、鉄舟は、この真ン中を大手をふって、しゃアしゃアと歩いていった。

この大事な一刹那、微塵《みじん》でも、こっちに恐怖心があったら、体《たい》に隙が出てくる。敵につけこまれるのは、ここだ。

ところが、鉄舟には、そんなものはない。一天四海だ。廓落として、雲の破片《かけら》一つ見えない清澄な心境だ。考えてみると、修養の力ほど怖ろしいものはない。「剣《つるぎ》は一人の敵を倒すのみ、学ぶに足らず」と、項羽《こうう》がいうとるが、奥妙の域に達すると、彼のように、一人《いちにん》もって万人に当たることができる。はたして、勝ち傲《おご》った官軍の将卒のほうが、手が出ない。

（こやつ何者じゃろうか）

それくらいな疑いはもったであろうが、見うけるところ、いかにも明けッ放しな態度なので、誰《すい》何《か》をする余地がなかった。

やがて、彼ら両人は、本陣の前に現われた。ここには、薩将篠原国幹《くにもと》が屯宿しておった。

『益満君、一応名乗ってまいろう』

鉄舟が立ち停まる。

『よかろう』と、益満も応じた。

門前につかつかとすすんだ鉄舟は、眉をあげ、胸を張って、大音声《だいおんじょう》。

『朝敵徳川慶喜家来、山岡鉄太郎、大総督府へまかり通る』

益満も名乗るのには賛成したが、まさかこういうずばぬけて奇抜な名乗りをあげるとは思わなかった。

朝敵の一語は、少なくも、官軍の将卒を苛立たせる。それを平気で名乗って行き過ぎようというのだから、ひやとした。

本陣には、詰め合いのものがかれこれ百人あまりもいたが、はたして、どよめきたった。

『なに、慶喜、慶喜』

二言三言、声がもれたが、躍り出してくるものもいなかった。ただ、じろじろと、鉄舟のようすを見つめたばかり。

これが、ほんのまばたきをするあいだのことだ。ハッというと、踵《きびす》をかえして、もう先を急いだが、追跡するものも見えぬ。

ここは、今の若い者がよく味わわねばならぬところで、机の上の学問じゃわかるまい。敵前において、朝敵徳川慶喜家来山岡鉄太郎と、堂々として名乗る胆度は、腹芸だ。

横浜をぬけて、神奈川にかかる。

また、官兵がひかえていて、宿場の入口には歩哨が立っている。

まえのは薩州兵だが、こんどは、長州兵だ。

同行の益満は、今まで鉄舟の跡からつづいたが、ここにおいて先頭となった。

『拙者は、薩摩人だから、名乗って通れば、なんでもござらぬ』

こういうので、鉄舟が後になる。

『何者だ』

哨兵が詰問した。

『薩州藩でござるぞ』

『ああ、さようか』

それで、手もなく片がついた。益満は、正真正銘の薩人であるので、薩音で高らかに名乗るのだから、疑《うたぐ》りようがない。

通行の手形もなにもないが、薩州藩と聞くと、行く先、どこでも、鄭重に取り扱って、通してくれる。さながら無人の野を過ぐるが如く、なんの苦もなく、小田原の宿にかかる。

鉄舟は、この宿まで来て、はじめて甲州勝沼方面に戦争の行われている風評を耳にした。これは、新撰組の近藤勇の手勢が、甲府の城を乗っ取ろうとして、江戸を脱走したのだ。鉄舟は出発前、それを承知していたので、この一味が官兵と衝突したのだろうと想像した。

小田原から、駕《かご》をやとって、箱根を越えることになった。

府中は、もう眼と鼻の先。

哨兵線も、今までとはちがって、大総督本営に近づいてくると、厳重になる。難関は、むしろこれから先にある。はたして、無事に通過できるかどうか、案内役の益満にも、実のところ自信はなかった。

山岡の乗った駕には、垂れをかけ、益満はそのままで、箱根の哨兵線にかかる。

と、毛頭《もうとう》をかぶった薩軍の哨兵隊長が、眼を怒らして突っ立っている。

益満が遠目で見ると、どうやら見たことのあるような顔、近づくと、無二の親友鈴木武五郎だ。

『おいおい』と、益満は、駕の中から大声をあげてよんだ。鈴木は驚いているようす。

『鈴木。俺だ俺だ』

『なんじゃ。益満か、まだ生きておったのか』

懐かしそうに、とんで来た。

彼らは、薩摩屋敷が焼き討ちされた当時、一緒に屋敷にいたのだが、ちりぢりになって、互いに消息がなかったため、死んだものだと思っていたのだ。

『む、おまえも達者でよかったな』益満も、喜んだ。

『ところで、益満、どこへゆくのだ』

『これから、西郷《せご》どんに会おうと思って、江戸から来た。ここを通せ』

『よか』

それだけだ。

官軍も、箱根の哨兵線は、よほど重く見て、関東から上ってくるものは、鼠一匹通すまいとしていた。そこを乗りきるのはこんどの行において、一番重大であった。しかるに、その哨兵隊長が益満の親友鈴木武五郎だときては、まるで小説以上の小説。あらかじめ約束したように、筋がぴたと都合よく運ばれている。

海舟の屋敷に逃れた益満も、中村も、のちに上野の戦争の際、奮戦して戦死してしまったが、江戸城開け渡しに対しては、益満の功も与っている。

さて、こうして最後の難関を突破した山岡は、三月九日いよいよ駿府に着いて、伝馬町《てんまちょう》にあった大総督本営において、西郷との会見となった。

海江田信義の話

俺《わし》は、海江田《かいえだ》信義の借家に住んでいたことがあるが、海江田がこういうことをいっている。山岡が、慶喜の旨を奉じて、駿河へ下る際、将軍に枕を献じた。

どういうのかと思うと、これは山岡の諷意《ふうい》だ。

《将軍に恭順のご意思があるなら、もう少しも心配はない。今後は、私どものなすところにご一任なされて、将軍は、枕を高くして、ゆっくり寝《やす》んでござれ》

山岡らしいやりかただ。同時に、これほど堅い覚悟をもっていたので、彼としても、今さらいうまでもなく、容易ならぬ立場にあった。

勝からあずかった手紙は、すぐさま西郷に出したが、はたしてなんというか。すべてのことは、西郷の一言できまる。

両雄の会見

一室に案内されて、山岡は、初めて西郷とあい対した。

『先生』

山岡は、西郷に対して、こういう尊称を用いた。このごろは、先生の相場が下落して、誰でも彼でも先生だが、山岡の腹の中からほとばしり出たこの『先生』の一語は、形式の尊称じゃない。十分相手の人物を信じて、意中を吐露しようという誠心があらわれている。

『このたび、主人慶喜朝敵となりましたについて、ご征討の軍を向けられましたが、そのご趣意は、是非を論ぜずして、ご進発遊ばさるるご決心でありますか』

さぐりを入れる。

『さよう』

西郷の眼が、ぎょろりと光った。

『拙者は、このたび、官軍に参謀として、これまで進撃いたしたが、もとより、是非にかかわらず、人を殺し国を騒がそうというのではない。不逞を謀るところの賊を鎮定するだけのもので、他に目的はない。して、先生は、どうして、そういうことを申さるるか』

西郷もまた、山岡に対して、『先生』の尊称を用いた。そして、こう逆に反問した。将棋でいうと、まず角道をあけてきたので、同じく角道をあけて、いざ来いと睨み合った形、平手勝負だ。

『いや、ご趣意はわかりました。ごもっとも至極でござります。それならお訊ねいたしますが、ただ今拙者の主人慶喜は、上野東叡山の菩提寺にとじこもって、朝廷のご沙汰を待ち申している。生かすとも、殺すとも、一に、天朝の思し召し次第である。なんらの反意はござらぬにもかかわらず、かくの如く大軍をもって、江戸をご征討なさるるのは、どういうお考えでござりますか』

どこまでも、攻め手に出る。

『先生は、そういうことをいわるるが、すでに甲州一円において、賊徒が官軍に向かって抵抗いたしたという報告がまいっている。恭順の、なんのと、それは信用することができ申さぬ』

西郷がまた、逆に攻勢をとる。

『主人慶喜は、謹慎し、恭順し、その実を示しているうえ、家臣に対して、厳しく命令は下しているが、騒乱の際とて、家臣の中には、主人の真意をもはかりかね、あるいは脱走し、あるいは出奔《そ》して、各処に反乱を起こしているものもござります。しかしこれは、すでに徳川家と縁を絶った鼠賊《ぞく》にすぎない。主人慶喜不取り締まりの罪は甘んじてうけるが、断じてこれに関係はござらぬ。先生の申さるる甲州の賊というのも、その仲間でござる。……こういうありさまじゃによって、拙者が使者となって、主人慶喜の赤心を天朝に聞こえ奉ろうとして、わざわざ虎口をくぐって、ご陣所へ推参いたした次第。どうぞ、先生からいたして、大総督宮へしかるべくお取りなしをお願い申しあげます』

こう下手に出た。

同じ使者としても、初手から、平身低頭して、憐れみを乞うのじゃない。平手押しに押して、潮合を見て衷情を訴えた。

西郷は、これに対し、黙々として答えなかった。ただ、腕をこまぬいて、小山のような巨《おお》きな体をどしっと落ちつけている。

参謀として、最も重大な職責にあるため、まずいことはいえない。それに、西郷は、大義名分を明らかにするためには、ぜひとも倒幕軍を起こさねばならぬ、慶喜の一命を奪わねばならぬという論者である。慶喜が憎いというような私《わたくし》の情からではない。そうしなければ、千辛万苦して、ここまで押し進めてきた王政維新の事業がぐらつく。

鳥羽伏見には勝ったが、全国諸藩の意向は、実はまだあやふやだ。二股大根だ。どっちでも都合のいいほうにつこうという洞《ほら》ケ峠の筒井順慶だ。こういうものを打って一丸とし、維新の土台をかためようとするには、一大英断を要するところ。

朝敵慶喜征討の軍を組織して、錦旗を東海の風にひるがえしたのは、深謀遠慮の結果で、いたずらに平地に波瀾を起こそうがためでない。したがって、今、山岡から、誠心誠意、天の理をもって迫られてみると、容易に返答ができない。

山岡は、ここぞと、膝をのり出す。

『拙者は、主人慶喜にかわって、礼を厚うして、先生に情を陳ぶるのであるが、先生がお聞き入れにならねばいたしかたござらぬ。ただ一死あるのみ。もし、そうなりますと、旗本八万騎のうち、痩せても枯れても、まだ身命を賭するものは、独り鉄太郎のみではござらぬ。意外な大変乱が出来《しゅったい》いたしましょうが、それがはたして、日本国の御為《おため》になりますか。はなはだ失礼な申し分であるが、それを押し切って、無名の戦《いくさ》をなさる思し召しなら、こはこれ王師と申すことはできませぬ。聖天子は民の父母である。非理をあきらかにし、不逞を討ってこそ、まことの王師と申すことができましょうが、謹慎して天朝のご沙汰を待ちうけている一個の王臣に対し、なんら寛典のご処分を遊ばされぬのであるなら、天下の大乱となるは火を睹《み》るよりも明らかでござる。この辺の事理がおわかりにならぬ先生でもござるまいと思うが……』

赤心、面《おもて》にあらわれて、必死の色が見える。

西郷は、ここにおいて、うなずいた。

『先日来、静寛院宮、天璋院殿のお使いがまいって、慶喜ご処分に対し、ご寛典を願い出たが、いずれも恐懼狼狽して、筋道が立ち申さぬ。先生、わざわざこれまでおいでくださって、だんだんのお話、江戸の事情もわかってはなはだ都合がよろしい。ともあれ、ご趣意は宮に言上して、何分のご沙汰を賜わることにいたしましょう。ついては、しばらくご休息なさい』

そういって、西郷は、座を立った。

山岡は、そのあいだ、どういうご沙汰があるであろうかと、頸《くび》を長くして待ち構えていると、やがてのこと、西郷は再び現われた。

大総督宮からは、五箇条の御書付が下がった。山岡が押し戴くと、こうある。
一、城を明け渡すこと。
一、城中の人数《にんず》は、向島へうつすこと。
一、兵器をわたすこと。
一、軍艦をわたすこと。
一、徳川慶喜を備前へあずけること。
『この五箇条の実効があい立ったなら、徳川家寛典のご処置もあるでござろうが、いかがであるか』

西郷が、念を押した。

『いかにも、ごもっともな仰せ。しかしこのうち一箇条は、拙者において、何分にもお請けいたすことはできませぬ』

山岡は、屹《きっ》となる。

『どの箇条か』

太い眉をぴくりとうごかせて、西郷が不審そうな顔をした。

『最後の箇条でござります。主人慶喜を備前へあずけることは承知できませぬ』

『どうしてな』

『この儀は拙者において承知できぬばかりでない。徳川家恩顧の者、一人として承知するものはござりませぬ。つまるところ、拙者どもに対して、なしえざるところを強《し》いて、兵端を開こうとなさるようなもので、これがため、数万の生命を絶つとあっては、王師の名の汚れ。そうなったら先生は、ただの人殺しでござります』

　語気が思わずはずむ。

『朝命でござりますぞ』

　西郷は、儼《げん》としてうごかない。

『たとい、朝命でござりましょうとも、拙者において、承知いたすことはできませぬ』

『これは、お言葉とも覚えぬ。朝命でござりますぞ』

　押っかぶせるように、西郷が重ねていった。

『よろしい』

　山岡は、くるりと態度をかえて、襟を正しゅうした。

『それなら、先生と拙者とが、今かりに位置をかえてみて、ご勘考願いたい。先生のご主人島津公が、もしあやまって朝敵の汚名をうけ、官軍が征討のため、鹿児島城下まで押しよせてまいったとして、当のご主人は、謹慎してござる。そこで、先生が島津公の名代となって、官軍方へお使いにまいり、ご寛典を願うとして、ただ今のような朝命が下った場合、先生は、恐懼して朝命を奉じ、速やかにご主人を他領へ差し出し、安閑として、手を袖にして、傍観しておいでなされますか。君臣の情は、江戸表においても、お国表においても、同然でござります。拙者が朝命といえどもお引き受けできぬと申すのは、これがためでござります。いかがでござりますか』

　ぐさと急所をついた。

これには、西郷も、よほど胸にこたえたとみえ、しばらく黙考していたが、

『心得申した』

きっぱりといった。

『先生のお説は、理がある。最後の一条は、吉之助において必ずお引き受け申す。ご懸念なさるな』

『その儀さえご承知くださるなら、余の箇条は、委細心得ました。早速、江戸へ引き返して、その仕度をいたさせます』

二人のあいだに、約束がなりたった。

『ときに先生』

話が終わったところで、西郷が調子を改めた。

『はい、なんでございますか』

『江戸からここまで、どうしてまいりましたか』

『やはり歩いて来ました』

『それはむろんじゃが、敵は見当たりませんでしたか』

『そうです。大勢の兵隊が行列しておって、たいそう立派に見えました』

実に洒落《しゃらく》なもので、さすがの西郷が煙《けむ》にまかれた。

これでは、まるで、練兵でも見物しているような調子なので、西郷も、一矢を酬いざるをえない。

『先生は、官軍の陣所を破ってまいったので、当然縛らねばならぬところだが、とくにお許しいた

します』

『縛ってもよろしい。覚悟の前でござる』

西郷は、莞爾《にっこり》として、

『酔わせたところで、縛りましょうか。……まず、一杯、召し上がれ』

酒の仕度をさせた。

西郷は、よほど山岡の態度に惚れ込んだらしく、のちになって、勝にこういうことを申しておる。

『あんな命も金も名もいらぬ人間は始末に困る。しかしこの始末に困る人でないと、共に天下の大事を語るわけにもまいりませぬ。あの人はなかなか腑のぬけたところがある』

実におもしろい言葉だ。

この名言は、『南洲翁遺訓』の中にも入っているので、始終翁が口にしたのだろうが、とくに山岡に対しては、そういう感じをもったものと思われる。

参謀の呼び出し

山岡らは、帰りには、西郷から通行手形をもらって、江戸へ引き揚げてきた。

神奈川までくると、乗馬を曳いてゆくものがいる。

『誰の馬か』

山岡がたずねた。

『韮山《にらやま》のお代官から、官軍へ差し出す御用馬でござります』

『それなら都合がよい。われわれは官軍の者じゃから、一頭ずつ貸せ』

そういって、山岡と益満とは、ここから馬に乗って江戸へ急ぎ、品川の宿までかけつけた。三月六日、江戸を立ったとき、官軍の先鋒は、六郷川の先にいたが、帰りにはもう品川の宿は、毛頭と錦切《きんぎ》れとで、いっぱいになっている。

馬を飛ばして、宿をかけぬけようとすると、歩哨線に引っかかる。

『停まれい』

番兵が、山岡を叱咤したが、火急の場合、一気に進もうとした。すると、三人の薩州兵が、火のように怒って、馬上の山岡を追っかけ、そのうちの一人、馬の平首に銃をあて、山岡の胸間をねらって、弾金《ひきがね》をひいた。

あッという瞬間だ。山岡は、てっきり射たれたなと思うと、不思議や、雷管が銃口《つつぐち》から発射されたが、弾丸《たま》が発射されなかった。

あとからつづいた益満が、びっくりして、馬からひらりと降りると、いきなりそいつの銃を叩き落とした。

『こらッ、なにをするかッ』

『なぜ馬を停めぬか。けしからぬ』

『いや、われわれは、参謀西郷吉之助殿に会見してまいった使者である。軍中通行の手形も持参しておるぞ』

『いかん。たとえ手形をもっていても、不埒な奴だ』

番兵が聞き入れなかった。そこへ、伍長が出てきて、番兵を諭したので、不承不承で、ぶつくさいいながらその場を退《の》いた。

山岡は、すんでのことに、一命を失うところだったが、弾丸が発射しなかったのは、天、いまだこの人を殺さずして、大任を授けようとしたためかもしれない。

『危なかった。しかし、ようございましたな』

益満もほっとした。

『天佑《てんゆう》だったと思ってる』

馬上にあって、こう語り合いながら、二人して無事に江戸城にもどってきた。

山岡が、駿府において、西郷と会えたかどうか、秘かに心配していた勝も、ここでやっと安心した。早速、上野にいる慶喜にも、この由を報告したので、ひじょうな満悦だった。義兄《あに》の泥舟はしてやったりと、鉄舟の功績を賞めたたえた。江戸市中には、要所要所に高札をたてて、この趣を市民に告げ、その動揺を防止した。

こうして、山岡は、立派に使命を果たしたが、江戸開城がすんでからのちになって、大総督府参謀から、山岡のところへ呼び出しがあった。

『急の御用有之《これあり》出頭せよ』

何事かと思って、山岡が出頭すると、薩摩の村田新八が出てきた。

『足下が山岡君か』

『さよう』

『実は、先日、官軍の陣中をみだりに通行したので、先鋒隊から報せがあった。そこで、拙者と中村半次郎（桐野利秋）とが跡を追いかけて、足下を一刀のもとに叩っ斬ろうとしたが、まにあわなかった。足下はもう西郷どんと会うていると聞いて、空しく斬り損じた。……どうも、あまり残念でたまらんので、本日呼び出して、これだけ申し上げることにした。ほかに何もご用はござらぬ』

村田は、よほど口惜しかったに違いない。山岡もさるもの、

『それは、そのはずである』

洒然としている。

『どうして、そういわれるか』

『されば、よう考えてご覧《ろう》じろ。拙者は江戸ッ子である』

『それは、今さらいわずともわかっている』

『まず聞かっしゃい。そこで、貴公は田舎者である。拙者は江戸ッ子なるがゆえに、脚が最も速い。貴公は田舎者なるがゆえに、のろま男だ。脚では、とても拙者に及ぶまい。なんと、さようではござらぬか』

『いや、これは一本まいった』

村田は、呵々と笑い出した。

鉄舟は、西郷との四箇条の誓約をもたらしたが、これにもとづいて、官軍と折衝する大役は、海舟の肩にかかっている。そこで、こんどは、海舟が当面の主人公となって現われてくる順番となるのだ。

伊地知正治の作戦

南洲の心中

いったい、南洲翁は、慶喜に対して、十分その罪を問わねばならぬという意見じゃった。明治元年二月二日、大久保（利通）に与えた手紙にもこういうてる。

『慶喜退隠の嘆願、はなはだもって不届き千万。ぜひ切腹させねばあいならぬ。ここまで押してきて、今、寛大な処置をとると、臍《ほぞ》をかむようなことにあいなる』

つまり、南洲翁としては、なにも慶喜をとくに残酷に取り扱おうというのではなかったが、中途半端では、王政維新の事業は完成しない。やるところまでやらんけりゃならない。でなくとも、諸侯の中からも、公卿《くげ》の中からも、なんのかのと軟弱な意見が出ている。

踏ん張るところは、あくまで踏ん張らなくてはならぬというので、慶喜切腹論を唱えていた。

駿府に到着するまでは、たしかにそう考えていたらしいが、鉄舟に会見して以来、心持ちがよほどかわってきた。

鉄舟の至誠のあるところに動かされたので、やっぱり情の人じゃな。

もし、あのとき、征東軍の参謀が、余人であったら、あのとおりにゆくまい。鉄舟はこれ一介の賊臣。木で鼻くくったような冷たい待遇をして、追いかえすこともできる。そして当初の目的をつらぬくこともできる。

だが、西郷は動いた。動かしたほうが偉いか、動いたほうがえらいか。それはどっちでもいい。剣花丁々、白刃相搏《あいう》つあいだにも、あたたかい涙がある。理窟をこねくることになれば、どうのこうの文句があろうけれど、こいつは理窟じゃない。人間のほんとうの魂と魂とが触着したのだ。臍《ほぞ》と臍とがぶつかったのだ。

『慶喜の一身は、不肖吉之助が引き受け申した』

こういいきったについては、事容易でない。敗者に苦悶があるのみでなく、勝者にもまた苦悶がある。西郷さんの苦悶は、この一諾から始まっている。

頭にチョン髷《まげ》をのせて、六十余年前のあのときのことを考えてもみなさい。いかに南洲翁が、討幕軍の重鎮じゃというても、あの場合、南洲翁の独断のみでゆくものでない。同藩の者は格別としても、長州人がなんというか。土州人がなんというか。その他勤王諸藩の者がなんというか。かつて、鋒尖《ほこさき》に敵の首《こうべ》を貫いて快《かい》を呼《よ》ばんとする幾千の壮士が、背後にひかえている。これらの血の気の多い手合いがなんというか。

こういう困難な立場にあって、断乎として、鉄舟に与えた『諾』の一言。

誰か、この苦衷を推すものぞ。臍下三寸、しッかりと力を入れて、史中の人物になりきってしまわぬと、ここはわからん。

俺《わし》が、討たるる三舟に苦悶があると同様に、討つ西郷さんにも苦悶があったというのはここだ。南洲が、この難境に立って、いかに善処したかは、のちの話。ともかくも、三月九日、鉄舟と袂を分かった翌日、翁は、駿府を進発して、江戸に向かった。

海舟と無頼漢

これより先、江戸城内では、鉄舟が駿府からもどってくると、有司は、南洲の渡した書付に対して、嘆願運動を起こそうとした。

『それには、勝君の手を煩わすよりほかに途《みち》はない。勝君は西郷参謀とも面識があるによって、ぜひ当方の意中を伝達していただきたい』

こういう次第。ところが海舟。

『いやいや、まだ早い』

『早いということはない。むしろ遅すぎるくらい。なぜ、さようおっしゃるか』

『敵軍が、ひしひしと、三道から迫ってくるまでは、おいらは動かないよ』

冷然としている。

『どうも、貴殿のお考えは解《げ》しかねる。嘆願するなら、今がちょうどその時』

『なにさ、まだまだ。……そうおっしゃるなら、意を打ちあけるが、向こうさまが、この江戸城さして乗りこんでくる。こっちもこれに対して備えを立てる。両方が歩みよって、今まさに最後の勝負を決しようという瞬間、いわば、のるかそるか、成否を天に任して、やッつけるというところまでゆかぬと、話はまとまらぬ。生きるか、死ぬか、その刹那は、こっちも、向こうも、本真剣だ。さアどうだというところで、ずばッと決めなけりゃア事はなりたたぬ。非常の時は非常な覚悟が必要。千番に一番の兼ね合い。早いというのはそこで、まだ機が熟しておらぬ』

これには、どうも、一同、海舟という男、どこまで、度胸がいいのか、あッけにとられた。

ここにおいてか、必死を期さねばならぬ。江戸市中の放火策は、この前後のことで、城から下ると、海舟は四手駕《よつでかご》にのって、市内のならず者を尋ねて歩いた。

臥煙《がえん》、博徒、なんでもござれ。そういう手合いの親分たちの家へのりこむ。

『おまえたちの顔を見こんで、たのむ。おまえたちは、お上《かみ》の威光や金の力でうごく奴ではない。よって軍事総裁たるこの勝が、わざわざ尋ねてまいったぞ』

こうやると、彼らは、すぐに呑み込む。

『へえ、わかりました。こんな面《つら》でもお入用ならいつでもご用にたてます』

『それで安心した。明日にもあれ、官軍が江戸へのりこむかしらぬが、いつぞやも頼んでおいた火つけだ。やるだろうな』

『へえ、旦那のお言葉がかかれば、いつでもやります』

『いよいよ、その時がきた。どうか、おいらのいいつけどおりやってくれよ。……だが、断わっておくが、おいらが、なんとかいうまでは、じっとひかえていてもらわねばこまる』

『それは、もうわかっております』

こういう調子で、一人一人、頭《かしら》だったものの家を尋ね、すっかり火つけの準備をしたので、命令一下、今やなんとでもなる。

そうかと思うと、一方、茶屋の女将《おかみ》とか、料理屋の主人とかいうものへもわたりをつけて、ちゃんと急所を抑えてある。彼らは、勝がかれこれいわなくても、至極悟りが早い。秘密任務についてくれて、いろいろな報告をもたらしてくる。こんな話があった、あんなことがあったと、気転を利かすので、そこは、それ、勝も苦労人だ。

金《かね》の五十両も、帳場へポンと投《ほう》り出して、

『おいらの名札だよ。よくよめるだろう』

これくらいな洒落《しゃれ》をいって帰ってくる。

一時、ほとんど無警察になった江戸市中を無事に鎮撫して、官軍の到来を迎えたのは、勝が、こういう社会の重だった者を操縦して、急所を抑えていたためである。おかしな話だが、火つけにしても、泥棒にしても、その親分が勝の顎《あご》一つでうごくような関係になっていては、手も足も出せないて。

だから、それらに撒きちらした金は、莫大なものであったろうが、この芸当は、泥舟にも、鉄舟にも、むつかしい。やっぱり、酸《すい》も甘いものみこんだ勝の独壇場だ。この引っかかりがあるので、なんでも、維新後、勝のところへは、さまざまな手紙が舞い込んだと聞いている。

杉亨二《すぎきょうじ》という学者がいたな。あれが、海舟とは別懇で、一度勝の部屋へ通ると、束になった手紙が数十本ある。

『なんですか、それは』

『まァ、見てごらん』

勝が笑っている。よく見ると、その上書きがおもしろい。殿さまとあるのもあれば、親方さんとあがめたのもある。先生と記したのがあるかと思うと、旦那さんと世話に砕けたのもある。いやもう各種各様の宛名で、中身は、どれもこれも無心合力だ。

『こんなものをいちいち、どうなさいますか』

『みんなくれてやる』

『たいへんでございますね』

『無い袖はふれぬが、あれば分けてやる。でないと、こういう手合いは、ろくなことはせぬからな』

海舟は、なにもかも承知していて、できるだけ求めに応じていたのは、いかにも器が大きい。また身分をかえりみず、こういう手合いに平気でつきあっていたところが、彼の彼たるゆえんかもしれない。

海舟は、この時のことを『解難録』のなかにおいてこういってる。

『官軍が、こっちの趣意をきかず、たって兵力をもって、戦いを挑むならば、首をのべて降伏するの理《わけ》はない。もしそうなれば、われ、江戸市民を殺すにあらず。彼、求めてこれを殺すのだ。よって、彼の進軍とともに、ただちに命を下して、市街を焼き、焦土となし、進退を立ち切る考え、これはこれ、魯都《ろと》において、那破崙翁《ナポレオン》の侵入を苦しめた策である』

俺《わし》は、西洋のことは知らん。また知ろうとも思わん。那破崙翁《ナポレオン》が、魯都《ろと》で火攻めにあって負け戦《いくさ》をしたくらいなことは聞きおるが、海舟は、早くから蘭学を学んでいたので、そういうことを知っていたものとみえる。

両者の攻防策

ところが、妙だ。このとき、東海道総督の参謀は南洲翁だが、東山道総督の参謀は、翁の親友伊《い》地《じ》知《ち》正治であった。眇眼跛足《びょうがんはそく》だが、名代の兵略家、鳥羽伏見の一戦は、天下大勢の分け目だったが、この人の作戦にもとづいておる。江戸総攻めに対しても、三道一気に、城に攻め入り、その来路に火をかけて、焼き払う作戦だった。

そうなると、進撃の兵士は、退くことができない。勢い、進むの一途あるのみ。かくして、一日のうちに江戸を陥れようという驚くべき戦法。守るところの海舟も、火をかけようといい、攻むるところの伊地知も、火をかけようという。両者の攻防策は、期せずして、偶然にも一致していたわけだった。

市民こそ災難、逃るるの道なく、老幼男女、ことごとく焼死して、江戸はたちまち焼野原とならねばならぬ。

危ういかな、禍機は眼前に迫る。

海舟、のち、窃かに、この謀《はかりごと》をきいて、慄然とした。

『伊地知の策、寡兵をもって大敵に勝つの法、最も恐るべし。彼もまた一世の豪傑だ』

そう賞めているが、それもこれも、所詮は西郷と海舟との会見の刹那にきまることで、つきつめていえば、西郷の唇頭をもるる一言によってきまることである。

南洲の立場は、いよいよ苦しくなった。

聞け。官軍の本営においては、すでに江戸城攻撃の命令を下したとみえ、なんとなくざわめきたって、トコトンヤレの謡《うた》が陽気に聞こえてくる——。

南洲、海舟の初対面

留守居役の南洲

海舟は、海舟で、これだけの準備をして、西郷の江戸に入るのを待ち構えた。心中、頼みにするのは、西郷だけ。

西郷にして、諾せんか、事は、水の流るるが如くに、把手談笑のうちに決まる。西郷にして諾せざらんか。やむをえず、城を枕に一戦、あえて辞するところにあらずと、断乎たる覚悟をした。

それなら、海舟は、彼が頼みにする西郷とは、爾《じ》汝《じょ》の親しみを重ねていたのかと申すと、決してそうではない。

後にも先にもたった一回しか会ってはいない。だが、一度でも、両心あい許せばすなわち知己となり、十年交わっても、双方あい許さざればすなわち路傍の人も同然である。

英雄、英雄を知るというが、南洲、海舟の初対面は、よほど味がある。年からいうと、海舟は南洲よりも、九歳の長、まず惣領の兄と三男坊ぐらいな間柄になる。したがって、南洲も前には諸先輩から、勝の噂話もチョイチョイ耳にしていたが、まのあたり会うのは、初めてだった。

これはちょうど、元治元年九月のことで、長州が京都へ押しよせてきて、一騒動起こしたのちのことであった。

西郷は、そのとき、沖永良部島《おきのえらぶじま》に流されていたのが許されて、京都へ上っていた。軍賦役《ぐんぶやく》という肩書きで、御留守居格であった。勝は、神戸に海軍伝習所を設けていたが、門下には、乱暴者もいた。浪士もいた。それに、幕府にとっては眼の仇の長州の書生もいた。尻《けつ》めどの小さい幕府の役人から見ると、勝の伝習所は、謀反人の巣窟のように思われていたが、当人はいっこう平気でいた時代である。

いったい、勝は、長州に朝敵の汚名を負わせることは反対で、閣老にも建議をしている。だが、こういう高所大処深処遠処から見た意見が、その当時、あわてくさってござる閣老の耳に入ろう道理はない。

『ぜがひでも、長州をやッつけねばならぬ』

えらい意気込みだが、さて、長州征伐をするにしても、その総督になりてがない。あれではいかぬ、これではいかぬと、内部でいろいろいがみ合っている。

西郷などから見ると、これがいかにもはがゆい。

『いったん、やるときめたら、さっさと長州のことは、一片づけなさるがよい』

真っ向からまくし立てたが、閣老はじめ、幕閣の大小役人どもは、のほほんと澄ましている。

『まア、長州も閉口して、国元へ引きあげたことゆえ、当分心配はない。ゆッくりとしかるべき総督をきめて乗り出しても遅くはない』

暢気《のんき》千万な話。

そこへ、こんどは、幕府の弱みにつけ入って、英国公使オールコックをはじめ、仏、米、蘭各国公使が、下関の海峡戦を終わって、兵庫へのりこんでくる。これは理由のあることで、安政五年の通商条約というものは、幕府の承認を経ただけにとどまる。

『日本には、山城《やましろ》に皇帝がいる。この皇帝の勅許を経なければ安心ができぬ』

よって幕府に迫るが、なんのかのといって、埒があかない。

『幕府にして勅許を得《う》ることがむつかしいということなら、英、米、仏、蘭四国艦隊は、摂海に入って、直接京都にかけ合って、勅許を得るのみならず、兵庫の開港を請求し、もし、京都において聴き入れぬとあれば、やむをえない。大砲をぶッ放して、お相手申そう』

まるで、威嚇《おどかし》だ。

『十月五日を期して、なんとか挨拶をせよ』

向こうから、こう切り出してきた。

幕府にとっては、長州征伐よりも、さしあたりこっちが重大問題となって、内治、外交、ともにともに困難な場合となった。

おりから、越前藩の堤《つつみ》五一郎、青山小三郎が薩邸へやってきた。

『海軍伝習所の勝安房守が、江戸へ下るというもっぱら噂である。さすれば、万事好都合ゆえ、この際、将軍の上洛をお願いいたそうではないか』

『それはけっこうだ』

すぐさま、南洲は大阪の宿屋に泊まっている海舟のところへ会見を申し込んだ。

『すぐ来い』

返事があったので、薩州からは、南洲と吉井幸輔《こうすけ》、それから越前からは青山小三郎、この三人が出かけた。

海舟のこの日の日記を読むと、堤の名は見えぬ。堤は同行しなかったのかもしれない。

西郷は御留守居格というので、轡《くつわ》の紋のついた黒縮緬の羽織をきて、ぞろりとした扮立《いでたち》だった。

さて、三人して、海舟を向こうにまわして攻めたてた。

『長州征伐の一条、いろいろご議論があって、今もって決定いたさず。関東においてもご混雑のようであるが、このありさまでは、またまた騒動も起ころうと思うが、どうでしょうか』

『いかにも、あなたがたの仰せのとおりでござる』

これには、三人も面くらった。幕臣である勝の口から、かかる一言を聞こうというのは、まことに意想外だ。

『しからば、なんぞ、お考えがござろうが……』

『なにしても、現今のところで、平たく申し上げると、幕府の有司は、からお話にならぬ。手のつけようがござらぬ。つまり、こんど、長州が京都へ押し出してきたが、これをば叩きのめしたので、閉口して引き下がった。それで、やれやれ一安心じゃと、もう早や身の禍《わざわい》を免れたつもりでいる。まずそういうありさまで、誰一人立ってこの難局に当たろうという者がいない。いずれも、みな小利口になって、お互いに責任のある地位をさけて譲り合っている。ただ一身の安固を期しているしまつでな』

『おたずねいたしますが、関東においてただ今、威権をふるっているさような優柔不断の奸人《かんじん》は、どういう面々でござるか』

西郷が問うた。

『それはな、閣老諏訪因幡殿である。正義の議論を申し立てると、いやごもっともでござると、表《うわ》面《べ》は同意の如く見せかけ、それとなくこれを退けているので手がつけられぬ』

『そういう奸人を遠ざける方法はないものでござるか』

『それはな、たかが一小人を退くるぐらいは容易なことだが、この議論を受け入れる相手がない。結句、排斥論を立てたものが倒れる。したがってどうにもならない』

長大息の態である。

『今までも、諸藩より力をつくしているが、そうなったら、このうえ、いっそう諸藩がふるいたって、肝煎をしたらどんなものでござろうか』

『さよう、その諸藩の正論を受けつくる者があればけっこうだが、ただ薩摩がこう申していると役人へ持ち出したところ、それはおまえが薩摩からいっぱい嵌められているのだと、けなしつけて相手にならない。だによって、諸藩から尽力をしても、無益でござるな』

『近く閣老阿部豊後守がご上京なさるが、あれはどうでござるか。やはり諏訪並みの人物でござるか』

『いや、阿部殿は頼みになる。幕閣においても随一の人物で……』

海舟は、阿部閣老をほめそやしたので、南洲も、それなら一度会見しようという心構えになった。話は、だんだんすすむ。勝の口吻には、一点の邪心なく、公明正大、是を是とし、非を非とし、その意見なるものが、毫も囚われておらない。南洲も、いたく敬服したが、話頭は、ついに条約勅許、兵庫開港の事案に及んだ。

『英、仏、米、蘭四国のこのたびの要求は、よほど重大と心得るが、どうであるか』

西郷が、こう叩く。

『わしは、格別、そう思わぬ』

勝が、あっさりうけ答える。

『すると、思し召しは、どうあるか』

『わしが、こんど、京都へまいると、多分、公儀からこの問題について、談判係でも仰せつかることになるのかもしれない。しかしその辺はもとよりわからぬが、あれは難件でもなんでもない。もしわしが談判の衝に当たったなら、外国の公使らにいうてやる。あなたがたは、山城の天皇をご承知かと。すると、彼らは知っていると、こう答えるに決まっている。それならなんでもない。天皇はこのことについて、ご心配なされているので、聖意を安んじ奉るためには、そう火急にご談判になってもいけない。時機到来まで、待っていただきましょうと、こうやるのさ。そうしておいて、こっちは、貴藩はもちろん、越前、備前、肥後、その他の諸大名を集め、会議を開き、その衆議をとって、闕下《けっか》に奏上して、国論を一定するということにいたせば、さしつかえござらぬ』

『なるほど、ご趣意はわかり申した。して、どう国論を一定なさる思し召しか』

『されば、外国人は、幕吏を侮《あなど》っているので、幕吏の談判ではいっこううけつけぬが、明賢の諸侯が四、五人もお集まりならば、そこに自ずから兵力も備わる。その兵力を土台にして、横浜ならびに長崎の両港を開き、兵庫のところは、筋をたてでだんだんと談判に及んだならば、納得するに相違ない。こうなれば、皇国の恥ともあいならず、外国人も条理に服して、国是も定まり国策も樹《た》つというもの。……この諸侯会議がものになるということなら、わしが受け合って、外国人を神戸に引き留めておくが、どうでござるか』

『ご名策でござる。……しかし、ただ今そういう議論を立てても、ちと早いかもしれませぬ。いよいよという場合でよろしいかと考える。ことに、幕府では、弊藩を恐れている模様で、なにかと猜疑の眼をもって見ているので、へたなことをいたすと、途中に邪魔が入る心配がござる。どうも、弊藩としては、迷惑至極であるが、事実そう見られているので』

するると、海舟、『それはそうかもしれない。だが、それは幕府のつまらぬ役人どもの狭い量見である。幕府とても、あえて人なきにあらず。そう見くびったものでもない。まアそういう手合いは抛っておくがよい。さようなこまごましいことに心配なされたり、憤激なされたりするのは、ご藩の大をなすゆえんではござるまい』

ぐいと一本釘を刺した。

『はい、さようでござる』

西郷は、思わず頭を下げた。

初めは、西郷のほうから、攻めたてて、海舟を打ち叩くつもりだった。ところが、案外にも、幕人である海舟の意見が、日月の皎然《こうぜん》たるが如く、さらに暗翳がない。

で、西郷も、ひじょうに、勝の人物に惚れこんでしまった。

その日は、それで別れたが、勝は上京を見合わせ、阿部閣老に会見するように、西郷のもとへ書面をよこした。

『勝という男、どれだけ智略のあるやら知れぬあんばい。まず英雄肌の人物。学問と見識とは、佐久間象山抜群であるが、この佐久間よりも事のできる点では、勝のほうがずっと上である』

会見後、西郷が大久保（利通）に与えた手紙の中で、こういうてる。

勝は、この鹿児島からポッと出の巨眼巨軀の田舎漢《いなかもの》に対して、どういう見方をしたであろうか。これがまた約束したように南洲の人物に惚れこんだ。

男に惚れられるような男になれと俺《わし》がよくいうのは、ここだ。女児《おなご》に惚れられても、こはこれ一片の情縁、ふかくいうに足らず。地に墜ちて、五尺の男児となる。男に惚れられる修行をせんけりゃ、なんにもならぬ。

勝は、なんというたか。

『俺《おれ》は、天下に恐ろしいものを二人見た。一は横井平四郎、他は西郷隆盛。横井は、西洋のことでも、別段たくさん知っているわけでない。俺から聞いて、知っているくらいのものだが、その考えがいかにも高調子《たか》で、梯子をかけても、俺は及ばぬと思ったことがたびたびある。西郷と会ってみると、意見議論において、俺は彼に譲らなかった。ひとり譲らなかったばかりでなく、彼に教えてやった。だが、彼の器量は天下の大事を負担するに足ると思うた。そこで、横井は自ら手を下してなす人ではないが、もし西郷の如き人物が、横井の言を用いて立つことになると、これは一大事、天下すでに定まるといってよろしい』

いかにも、眼が鋭い。

海舟は、閣老に向かっても、この二人のあること、そしてこの二人の行く末には十分注意を怠ってはならぬことなどを、それとなく進言したが、笑っていてうけつけなかった。

のち、閣老はいうた。

『先達《せんだつ》て、そのほうは、二人の人物について、かれこれいうたが、だいぶ眼鏡が狂っている。横井は今蟄居を申しつかっている。西郷はたかが御用人。家老とかなんとかいう高い身分ならともかく、かかる小身者がなにをなしうるか』

一言のもとに、けなしつけた。

『そうですか。まア、見ていてご覧《ろう》じろ』

以来、これに言及しなかったが、勝は、たちまち嫌疑がかかって、江戸へ呼び戻され、軍艦奉行の職を奪われた。

こういうなりゆきで、二人は、ただ一度の面識があった。

風々雨々、五年の歳月は、油のように流れた。

戦機熟す

そして五年目の今、第二回目の会見をすることになった。先の軍艦奉行勝安房守は、徳川政府の全権大使となり、先の薩州の軍賦役大島吉之助は、征討官軍の代表者となり、白刃のあいだに、あい見《まみ》えようとしている。

双方、人物才幹の凡ならざるところを看ぬいて、尊敬し合ってはいるが、時が時、官軍はすでに江戸城総攻撃の軍令を下した時である。

参謀西郷南洲は、早くも、十二日、本営を池上の本門寺に進めた。

危機一髪の呼吸。

江戸城攻撃は、来たる十五日と決定。おりしも、東海道の先鋒は品川に着し、中仙道の先鋒は板橋に屯《たむろ》し、甲州街道の先鋒は内藤新宿に陣し、三道の官軍、江戸をぐるりと包囲してしまった。

官兵、意気軒昂、口々に叫んでいう。

『徳川をやッつけろ』

『将軍の首をはねろ』

眼中、何物もなし。しかも、江戸は鳴りをしずめて、火を消している。闘志あるが如くなきが如く、和、戦、いずれとも判じかねる。

卒伍の兵はともかく、一軍の指揮官としては、多少の不安もあったに違いない。はたせるかな、後年、大久保利道は、勝の屋敷をおとずれた際、いうてる。

『いや、あの時は、俺は京都にいたが、実にもうハラハラした。官軍が駿府につくと、幕兵の隻影を見ずとの報せ、箱根を越えると、またしかり。これよりただちに江戸に進撃するという西郷君の報せを手にした時には、しまったと思うた。こりゃ、てッきり西郷君が、勝君の策に乗って、肝心なところで大事を誤まると考え、すぐさま使いを飛ばした。その時の心配というものは、鳥羽伏見の一戦どころじゃない。ほんとうにびくびくした』

ちょっと見ると、そう見えたかもしれない。

なにしろ、ジリジリと双方から詰めよせた土壇場である。

満城、一夜あけて、なお瓦の波が続くか、それとも火の海に化するか。

いよいよ西郷来たると聞いて、勝は、会見を申し入れたのが十二日、翌日、田町の薩摩下屋敷でお目にかかろうという返事がきた。

一身万城、両雄は各自重大なる責任を双肩に荷うて、明日を待った。春寒うして、花の開くにはまだまのある三月上旬、知らず、両雄、その夜の夢や、いかに。

西郷南洲翁の登場

友達同士の口吻

芝の薩摩ッ原の電車分岐点、あそこに旧式の土蔵が一棟残っていたが、震災後どうなったかな。あの土蔵は、もと薩摩の下屋敷の建物で、ほかはみな取り払われたが、不思議に、あれだけ昔のままで、大正になるまで保存されていた。薩摩の上屋敷は、このとき、焼き払われていたので、ここが、勝と西郷とが会見した記念すべき場所である。

この日、勝は、継肩衣《つぎかたぎぬ》をきて、馬に乗って出かけると、先駆の官兵が、関所を設けていて、どうしても通さなかった。

海舟は、さそくの機転。

『西郷は、どこにいる』

大喝した。

西郷を呼び捨てにしたので、彼らは、にわかに態度をかえ、馬上の海舟にも敬礼した。

そこで、なんなく通過して、下屋敷に入った。

西郷は、戎服《じゅうふく》といって、上衣《うわぎ》は羽織のようなものだが、下は太いズボンをはいて、すでに待ちうけていたところへ勝は通された。

『いや、先生』

勝の顔を見ると、なんの屈托もなさそうに、西郷は、にこにこしている。

決して、戦勝者が、戦敗者を見くびるというようなそぶりは少しもない。五年前《ぜん》、大阪で会ったときと同じだ。それのみでない。西郷は、勝に対しては、幕府の重臣として、十分の敬意を表し、あの肥った体で、窮屈そうに正座したまま、きちんと手を膝の上にのせていた。

『これは、西郷さん、しばらくであった』

勝も、親しみのこもった砕けた調子になる。

『こんどは、さすがの先生も、おこまりでごわしょうな』

『それは、あなたが、わしと地をかえてみないことには、わかりますまい』

『はッははは、まったくそのとおり』

西郷は、たわいなく笑いこけた。

『だが、西郷さん、あなたが参謀になって来てくれるというので、わしは安心をしていた。あなたがまいったなら、よくこっちの事情も呑み込んでもろうて、江戸の市民も助け、かつはまた、ご征討のご趣意も通るように頼もうと思っていた。ねえ、そうじゃないか。西郷さん』

『はい、それもよかことでごわしょうが、せっかくここまで兵をすすめてきて、一戦《ひといくさ》もせぬちゅうと、人気にかかわります。お互いに武器なり、兵糧なり、足らんものは貸し合うて、先生は徳川勢を指揮し、あたじは官軍を指揮し申して、どこか小金が原あたりで、一合戦やって、その勝負次第でどうとも片づけましょうか』

笑いながら、冗談話をもちかける。

『あなたまでが、そんなことをいうては困る。そうわしを苛《いじ》めるものでない』

まるで友達同士の口吻だ。

勝は、それからだんだんと、慶喜恭順の事情を述べて、最後に、静寛院宮、すなわち関東にご降嫁遊ばされたる、孝明天皇のご皇妹和宮のことに言及した。

『まことに、宮様はただ今のところ、お気の毒なお身の上である。もしものことが起こった際、どうして宮様を、ご安泰の場所にお移し奉るべきか、たやすいようで、これはなかなかむずかしい。あなたがたもこの点は、十分考慮を費やして、一策を定めてもらわねばならぬ。……今日《こんにち》は、内会見のことゆえ、なお明日《みょうにち》委しいことを申し上げようと思うが、その辺とくとご勘考を願いたいと考えている』

『はい、よく承知しております』

あとは、また世間話にうつる。

そのとき、勝のふところが、いやに膨れ上がっているので、なんだろうと、座に列なったものが不審に思った。

すると、やがて、勝が、懐《ふところ》から風呂敷包みをとり出した。

『はてな』

みな、これに見入っている。

勝は、笑いながら、包みをあけると、竹の皮包み、中からは上等の握り鮨が現われた。

『西郷さん、陣中のお見舞いだ』

『いや、これはどうも』

一座は、この鮨をつまんで、また談笑をつづけた。南洲の僕《しもべ》、熊吉の口にも、この鮨が入ったそうな。

鉄舟は、この際、どうしたかというに、なにしろ、市中一般に殺気だっている。今にも、戦争が始まるというので、恭順論に不平の幕士は、いたるところに剣を按じて機をうかがっている。ひょっとして、西郷の一身に間違いが起こってはならぬと、本門寺から田町まで、西郷の往《ゆ》き復《かえ》りを護衛した。

万一にも、西郷に不慮の変ある際には、鉄舟も西郷とともに死のうと悲壮な決心をした。だから、この席にも列なっていたのはいうまでもあるまい。

とまれ、かくまれ、十三日の会見は、海舟が懸念したほどでもなく、相手の西郷が、誠心誠意を披瀝したので、ほっとした。

襟度宏大の南洲

これに比べると、長岡の河井《かわい》継之助《つぐのすけ》などは、まことに憐れむべきで、あれは、官軍の参謀がわるかったようだな。

河井継之助

継之助は、小千谷《おじや》の慈眼寺へ、軍使として局外中立の嘆願に出かけたのだが、官軍の参謀、意気盛満、眼中河井なし。ほとんど軍使としての待遇を与えず、侮辱を加えたため、結句、あんな騒ぎになってしもうた。

これがもし、西郷だったら、必ず事をまるく治めたであろうが、不幸にして、西郷のような大器大材は、そうザラにあるものでない。十年に一人、いや百年に一人、出るか出ないかの人物だ。

うつ人もうたるゝ人も味気《あじき》なや　同じ皇国《みくに》の人と思へば

これは、戊辰の年、勝が西郷に贈った歌であるが、意驕《おご》り気昂《たか》ぶると、そういう考えは起こってきやしない。なにはかまわず、やッつけろと出かけたのだろうが、あれでは、わるくすると私闘になる。感情の争いになる。

海舟の相手が、南洲であったことは、まったく天幸といわねばならない。

なにせ、明十四日の正式の会見でないと、まだハッキリは決定しかねるが、西郷の意中が那辺にあるかは、ほぼ勝にも了解された。

西郷は、空々寂々《くうくうじゃくじゃく》、無為無策の態度で、海舟を迎えたが、実をいうと、翁の背後には、やかましく主戦論を唱えている者がたくさんいるのだ。

これらのものを、どう納得させるかが問題。江戸城の明け渡しは無事にすんでも敵はなお奥州にひかえている。一軍の士気を沮喪させてもならぬ。あれや、これや、西郷としても、胸中の苦慮は容易でない。しかも、笑って敵将を迎え、笑って敵将と談じ、笑って敵将を送る。その襟度の宏大なる、まさしく一世の雄。

和か戦いか風雲動く

頑固なパークス

話は、ここで、またかわる——。

おりしも、肥前大村藩の兵隊を率いて、東海道征討軍中に参加していた同藩の雄渡辺清左衛門（昇の兄）は、途中鎌倉方面に廻って、探索をこころみたが格別異状はない。よって、江戸総攻撃に参戦の目的をもって、急遽藤沢へ引き返したのが、三月十二日。

ここで、大総督府の命をうけてきた参謀木梨精一郎にバッタリと出会《でっくわ》した。

『いいところで会った。ぜひ足下を煩わさねばならぬ』

木梨がこういいおる。

『なにか起こったのか』

『いや、江戸城を攻撃するについては、幕軍も必死でかかってくる。負傷者も自然多いだろうが、どうして、その手当てをするか、今のところ方策がたたない。で、幸い、横浜に英国公使パークスがいる。あれに会って、英国管轄の病院があるなら、これを一時かりうけ、かつまた医師もたのみたいという総督府の考え。ついては足下と同道して、拙者に談判にゆけという命を承《う》けてまいった。すぐにこれから同伴してくれ』

『それはもっとも至極だ。それなら一緒に出かけて、談判してみようか』

清左衛門は、自分の率いる兵はそのまま、まっすぐに江戸へ送って、木梨と横浜へ出張した。

パークスという男、剛直な、頑固な公使で、そのころ、外交団の牛耳をとっていた。なんでも、支那に長らくいたとかで、漢字もいくらかよめるところから、日本へ廻ってきた。日本のひいきをしていろいろ世話をやきおったが、ときには、ずいぶん癇癪玉を破裂させて、政府の役人をいじめくさった。まことにやっかいな男じゃった。

このパークスが、なんというか知らぬが、木梨、渡辺の両人は横浜へのりこむと、通弁をたのんだ。

十四日の午前中、尋ねてゆくと、パークスはいた。

『なんのご用か』

『いや、あなたもご承知であろうが、官軍は、明十五日を期して、江戸城を包囲攻撃することになっている』

木梨が、主として口をきいた。渡辺は、付き添いとしてひかえていた。

『む』と、パークスは、うなずく。

『ついては、負傷者を収容する病院が必要であるが、官軍にはその準備がない。大総督府では、あなたにお願いして病院の世話をしてもらってこいと、われらに命ぜられた。どうか一つ骨を折っていただきたい』
　すると、パークスが、妙な顔をして、じろじろと二人を睨《ね》めまわす。
『官軍が江戸城を総攻撃するというのは、それは真実《ほんとう》か』
　パークスが反問した。
『それは、もう決定している』

英国公使ハルリー・パークスとその自署

『ふう、おかしなことをうけたまわるものじゃ。自分らの聞くところによると、徳川慶喜は恭順をしているということである。つまり降伏しているということである。日本では、相手が恭順しても、降伏しても、戦争をしかけることになっているのか』

　突っ込んできた。

『あなたは、外国人である。そういうことは、今日《こんにち》、あなたの関係するところではござるまい』

『いや、そうはいかない』

『われわれは、どこまでも戦えという朝命をうけている。したがって、戦争をしさえすればよい。どうか病院について骨を折ってもらいたい』

『そんなことはできぬ』

パークスは、はねつけた。

『どうして、できぬか。それでは、今まであなたが官軍に味方をしてくださったご厚志は、あれは偽りであったのか』

木梨も負けておらぬ。

『貴国には、わが国が特別に好意をもっていることは、かわりはない。だが、筋道のたたぬ援助はできない。恭順すなわち降伏している相手に向かって戦いをしむけるなどと、そんなばかなことはない。……いったい、貴君らは、誰の命令をうけて、拙者のところへまいったか』

『むろん、大総督府の命令だ』

『その大総督は、誰の命令をうけているのか』

『朝廷』

『朝廷とは、なにか』

『山城におらるる天皇さまである』

『はア、さようか』

パークスは、空《そら》うそぶく。

『自分は、貴国にはただ今のところ、政府はないものと思っている』

『そんなことはない』

『まず聞け。元来、居留地にいる外国人は、どういうものか、ご存じであるか。その国に戦争が起こるならば、第一に、この居留地の外国人の生命および財産を保護するために、護衛の兵隊も出さねばならぬ。また、これこれだという通告もまいらねばならぬ。しかるにどうだ。われわれは、いまだかつて、貴国内に戦争の起こったことは承知しているが、政府から護衛もうけず、通告もうけず、いったい、これはどうなるのか。はなはだ心もとない。一方、貴国の兵は、官兵といわず、幕兵といわず、どんどんこの横浜へ押しかけてくる。いつどういうキッカケになって、双方がここにおいて衝突せぬともかぎらない。しかたがない。われわれは、われわれ自身によって、居留地を保護せねばならぬ必要に迫られて、軍艦から陸戦隊を上陸させたようなしまつ。きみがたは、ここへ来る途中、赤い軍服をきた兵隊を見たであろうが。あれがわが国の陸戦隊だ。世界中、こんな乱暴な国はありはしない』

こういわれると、一言半句の音《ね》も出ない。

また、あの際、官軍にしても、そこまで気を配るものはいなかったに相違ない。

『おい、渡辺、もっともなことといいおるな』

木梨は、渡辺をふりかえる。

『なんといわれてもいたしかたない。こっちに弱味がある。しかし、それはそれとして、謝ってしまって、病院のことを頼んでみたらどうか』

『そうするよりほかはあるまい』

木梨は、言葉を改める。

『あなたから伺って、われわれもまことにあいすまぬと思っている。いかにも大総督府の手落ちであったが、いずれその辺の手続きは取ることにするから、一つ病院のことだが、もし怪我人ができた場合は、ぜひ、お骨折りをいただきたい』

こう頼みこむと、パークスは、返事もしない。いきなりぷいと椅子から立ち上がって、さっさと次の部屋へ行って、扉《ドア》をぴしりと閉めてしまった。

『無礼な奴』

『これほど、われわれが事情をつくして依頼しても、返事をせずに立ち上がるというは、なんということだ』

二人とも、烈火のように苛立ったが、さればといって、相手は英国公使。どうとも手のつけようがない。

やむなく、すごすごと、立ち去ったが、さて二人の相談。

『この調子では、明日の総攻撃は、見合わせなければなるまい』

『そうだ。大総督府から各国領事に通告の手続きをとって、あのパークスのご機嫌をとり結んでおかぬと、まずいことになりそうだな』

『足下は、すぐにこの旨を大総督府へしらせてくれぬか』

木梨がいうた。

『よし、心得た』

渡辺は、その場から馬にのって、品川へ飛ばせた。

彼が、池上へついたのは、十四日の午後二時前後であった。

『西郷さん、とてもパークスがきかない。これこれのことをいっている。いかにも道理あることとで、明日の攻撃は、見合わせねばなりますまい』

委細報告をした。

ところが、西郷、黙って聴いていて、いっこう心配そうな顔つきをみせない。

『そうか』

大きくうなずいた。

渡辺は、心中、不審に思った。西郷は大賢《たいけん》の如く、大愚《たいぐ》の如く、茫漠としているが、戦争は明日に迫っているやさき、かような重大な国際問題をもたらしてきても、さらに動じない。あきれたものだと考えた。だが、ほんとうのことをいうと、その瞬間まで、南洲翁は、今日の勝との談判において、局面は展開することになるが、味方の紛糾をどう鎮撫しようかと思い煩うていた。

そこへ、端《はし》なくも、渡辺のこの報告が到着したので、本来なら、しめたと、膝を打って、喜ぶところであった。これで、やっと味方の主戦論者に対して攻撃中止の口実ができたわけなので、肩の重荷が下りたのも同然、ところが、驚かず騒がず、焦らず迫らず、悠々としている。

もっとも、勝のほうに、こういうことが、少しでもわかったら、いっそう腰が強くなったろうが、このときはこんないきさつがあろうとは夢にも思っていない。

この刹那の南洲翁の腹のどん底をさぐると、どうして、容易なものでない。翁は、成算ことごとく胸に蔵し、光風霽月《こうふうせいげつ》、落々たる心境をもって下屋敷に臨んだ。

『勝が来ている。足下も一緒にゆけ』

渡辺も、その席へ同行することにした。ほかに、村田新八、中村半次郎が、介添えとして、談判に列することとなった。

二度目の正式会見

南洲翁は、佐藤一斎の『言志録』を愛読したそうじゃが、その中にこういう言葉がある。『やむをえざるの勢いに動けば、すなわち動きて括《かっ》せず。枉《ま》ぐべからざるの道を履《ふ》めば、すなわち履《ふ》みて危うからず』と。とかく、無理をしてはいかん。小智小才を弄してやる仕事には、必ずゆきづまりが起こる。自然の情勢に見、天地の公道に稽《かんが》え、こうあらねばならぬというところを看取して、これを実行する場合、途中多少の邪魔があろうとも、障害があろうとも、きわめて、すんなりと、雲の行くが如く、水の流るるが如く、自由自在、少しもあぶなッかしいところもなく片づくものだ。

南洲が、鉄舟の談判に応じ、さらに海舟の希望に応じようとする一挙一動は、すなわちこれやむをえざるの勢いに動くものだ。また海舟が、徳川の天下を代表して、席あたたまる暇もなく奔走しておった一進一退は、すなわちこれ枉ぐべからざるの道を履むものだ。

この日、海舟が田町に出かけようとすると、有司は、兵隊をつれてゆけとすすめた。

『いや、独りでいい』

勝は、きかなかった。

『そんなことをいうが、実は、幕士三、四百人の者が連署して、勝と西郷と二人を討ち取れ、この二人が国家の大患をなすものだによって、会合の席で片づければ、あとは天下無事だという妄論《ぼうろん》を吐いた建議が出ている。途中があぶない。ぜひ兵隊をつれてゆきなさい』

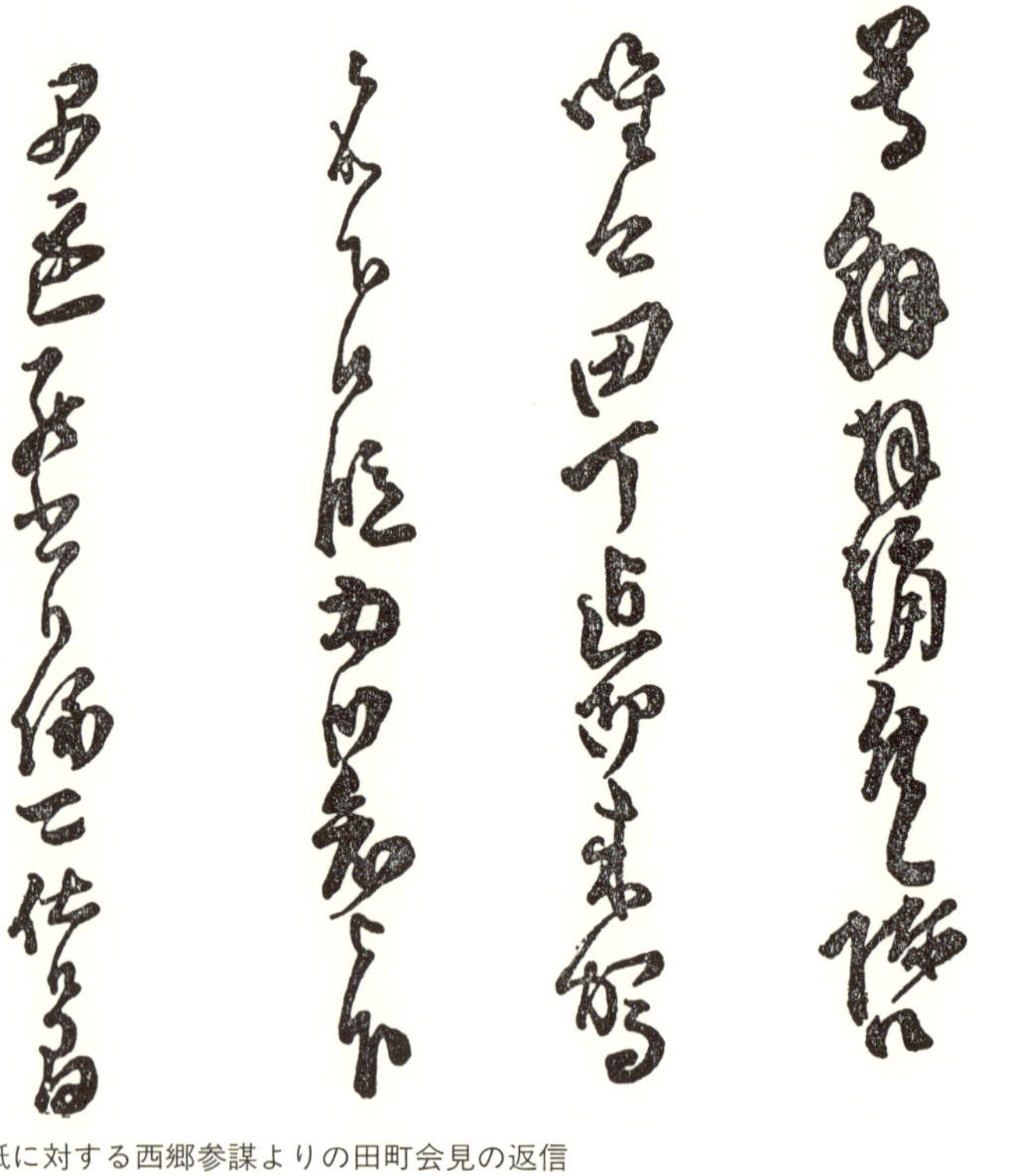

手紙に対する西郷参謀よりの田町会見の返信

『しかし、こっちから兵を率いてゆくと、先方でも必ず疑いを起こすに決まっている。それがため意外な変事をかもしてもならぬ。わしの一命はすでに抛出《なげだ》してある。来るなら来い。恐るるところでない』

『それで大丈夫か』

『懸念するな。勝を必要とするあいだは、天はこの勝を殺さぬ』

　傲然としていって、あいもかわらず、単騎、馬を高輪にすすめた。

　ここにおいて、両雄あらためて、二度目の正式会見となった。海舟に従うもの

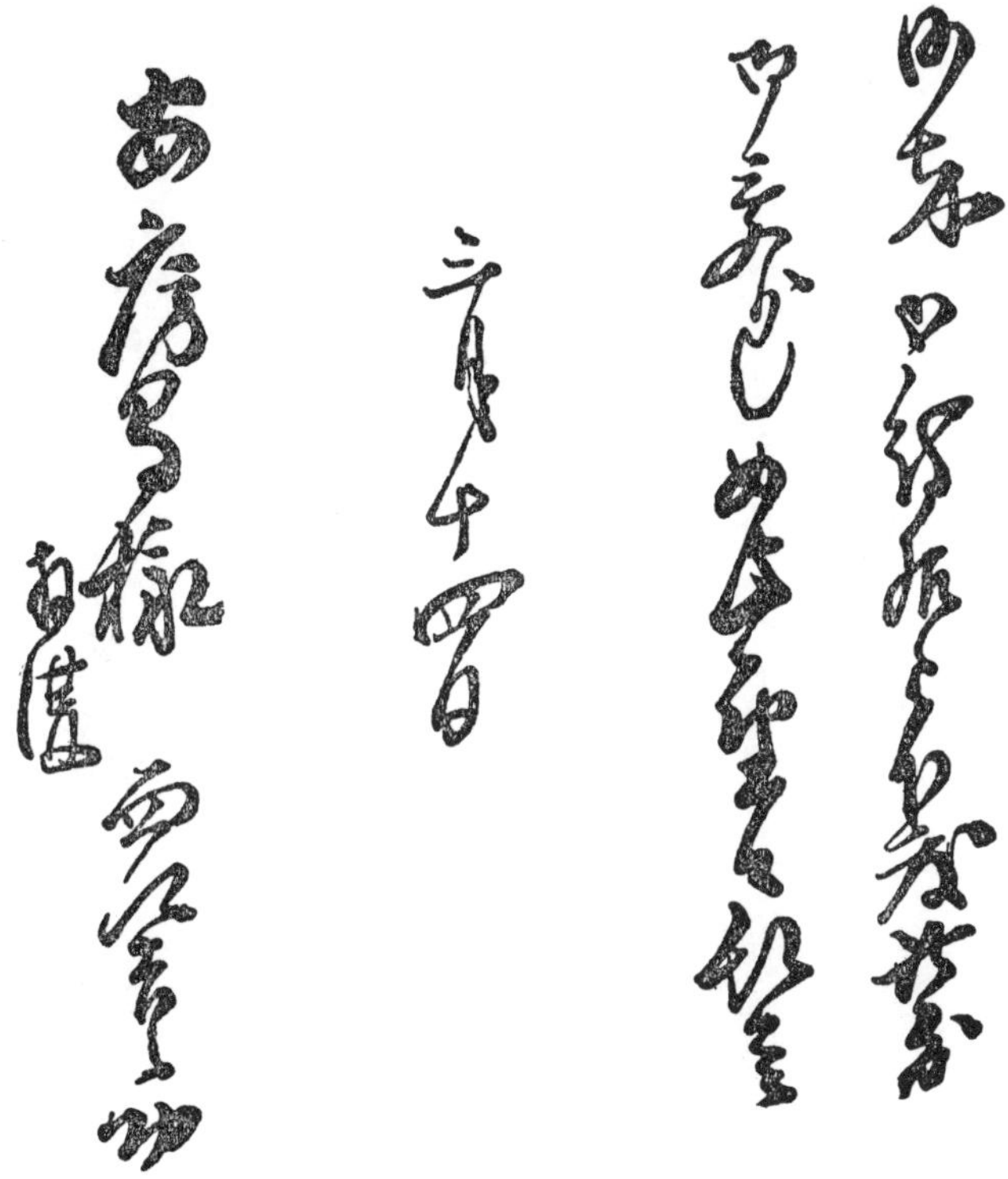

江戸城明け渡しにつき勝安房守より差し出したる

は、鉄舟一人。南洲に随うものは、村田、中村、渡辺の三人。

『昨日も、だんだんと申し上げたが、慶喜公の恭順というものは、すでに大阪城を引き払って、江戸にかえったということだけでも、ご高察を願わねばならぬ。

　われわれにしても、ひたすら、この慶喜公の意志に従って斡旋いたしておるが、いかにせん。旗本八万騎と申しても、その数莫大である。なかにはずいぶん過激の者もおって、公の意中をはかり

西郷参謀より田町会見の返信について勝海舟自記の所感

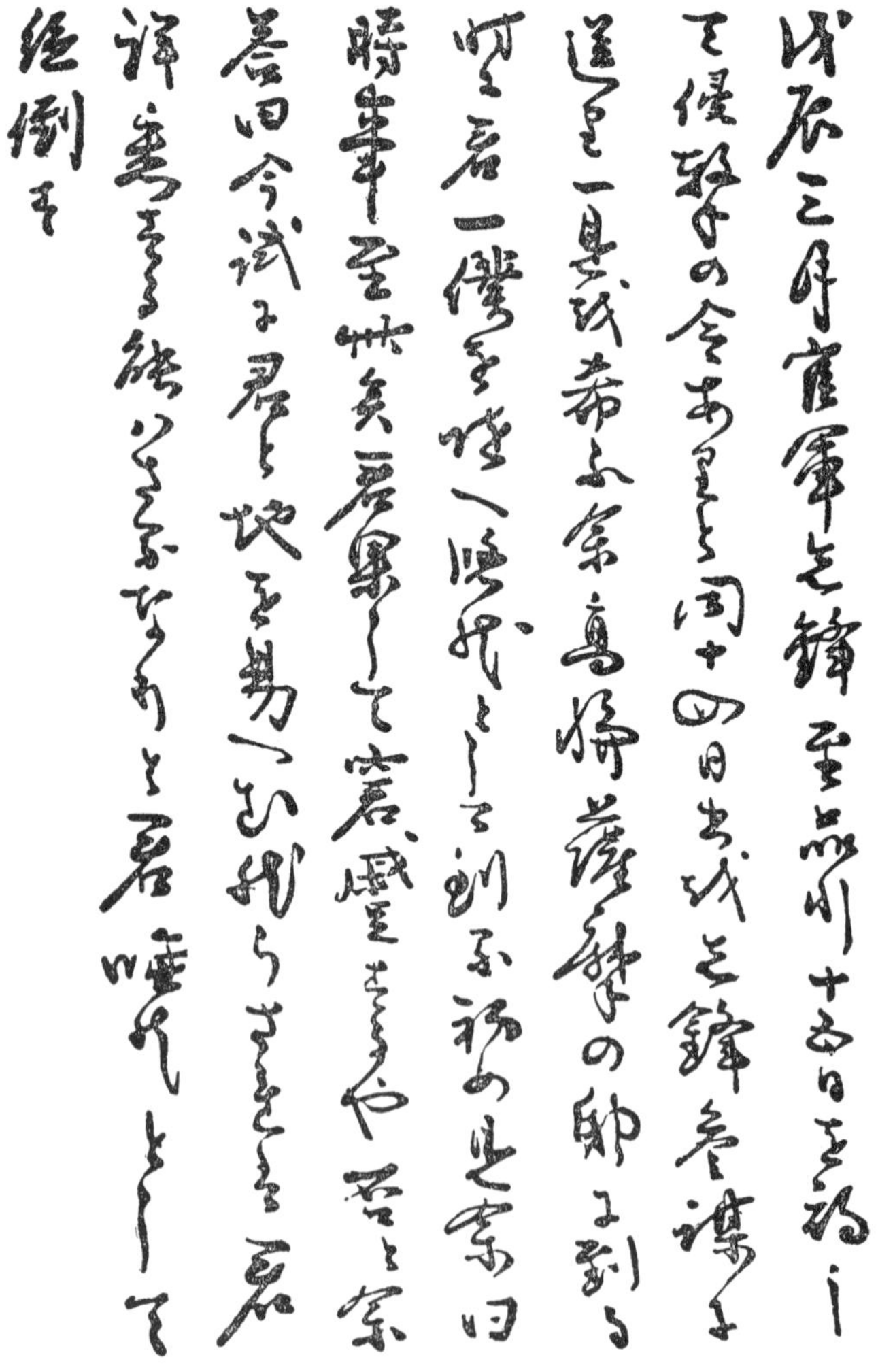

かねて騒ぎたつものが多い。それらのものを鎮撫するだけでも、なかなかたいへんな仕事である。どうか、西郷さん。わしの苦衷も察してください。ここで、お互いが下手なことをして、同胞相食《あいは》むようなことになると、その結果は、印度《インド》や支那の二の舞を演じて、外国のためにしてやられる。徳川家は、決して一徳川家の興廃のために、日本の首府に立てこもって、百万の生霊を亡ぼすようなことをする意志は、毛頭ない。兄弟喧嘩はやめにして、外国に笑われるようなことはしたくないと思っている』

勝は、誠意をこめていった。

『はい、先生のおっしゃることは、吉之助心得ております。して、先般、山岡さんにお渡しした御書付のことは、ご承知くださるか』

『それだ。実はな、それについて、嘆願書をこれへ持ってまいった』

ふところから、書付を出した。

『山岡にお渡しになった御書付の第一には、慶喜公を備前へお預けになるということで、これは、山岡からその節お願いしたはず』

『はい』

『そこで、幕府の重臣どもの考えでは、慶喜公は水戸表において謹慎をいたすようなことにしたい。これが一つ』

『城は、明け渡しになりますか』

『よろしい』

『軍艦軍器のところは……』

『それは、いずれ御寛典のあった際、相当の員数だけ取り除《の》けて、あとは残らずお引き渡し申すことにしたい。これはわれわれ一同の考えである。ただ軍艦のことは、榎本（釜次郎）が取り扱っている。あれの意見は、拙者どもとことごとく同意見だとはいいかねるが、官兵に対して、なにも疎暴のことをいたすようには見うけられぬ。時日をおいて、本人にもおいおいと吹き込んだら、円《まる》くおさまると、わしは思っている。……それから、ここにもかいてあるが、城内に住んでいるものは、城外へ引き移って、謹慎を申し付けることにいたさせるによって、今まで慶喜公を助けた各藩のものは、この際、格別の思し召しで御寛典の処置を願いたい。……まだある。西郷さん、なにしろ、この江戸の混雑はたいへんなもので、わしなども、幾度か暗殺されるところであった。だが、わしのほうで、せいぜい勉強して鎮撫することにしているゆえ、もし手に余ったような場合は、あらためてお願いに出ます。そのとき、官兵の手で鎮撫をしていただきたい。……嘆願の筋は、こういう次第。わしにしても、またわしと志を同じゅうしている者にしても、なにも、今さら命は惜しいとは思っていない。しかし今死んでは、徳川家ばかりでない、天下の一大事と考えているが、いやもうなんのかのと疑いをうけてな。そのあいだに挟まっているわしだ。また、そのあいだに挟まって天朝に誠意を示そうとしている慶喜だ。さればといって、今のところでは、君公の力をもってしても、自由にならぬような破目になっている。官軍は、明日江戸城の攻撃をなさるそうだが、そうなると、この慶喜の精神も、わしどもの努力も、みな水の泡となる。万事休して、事は破れる。明日の攻撃だけは、なんとしても中止してもらわねばならぬ。西郷さん、どういうものだろうか』

一言半句、無駄がない。海舟のつきつめた談判には、南洲もなんら言辞をさしはさむ余地はなかった。また、一点疑わしいところも見出せなかった。

『先生の意中は、よくわかりました。しかし、嘆願のご趣意に対して、吉之助この場において独断で、ご返答はいたしかねます。早速駿河へまいって、総督宮のお指図をうけてのち、あらためてご返事申し上げるが、なにしても、ご安心なさい。この吉之助が、一身にかえてお引き受けいたします』

きっぱりといいきったときには、海舟の眼蓋《まぶた》は熱くなった。

『いや、それで安心しました。では、明日の進撃は、どうなりますか』

『中止を命じます。しかし、勝先生、私のほうで中止しても、あなたのほうはどうなりますか』

『大慶至極。わしは、君公のもとへ引きあげて、公の号令をもって早々鎮撫にとりかかる。これはひとつ、拙者におまかせください』

『承知しました。では、明日の攻撃は中止します』

そういって、西郷は、傍らにいる村田と中村とをふりかえった。

『明日の攻撃は中止じゃ。各隊への命令は、おはんたち、しなはるがよか』

その場で、こう命令を下した。

海舟も、鉄舟も、この一言を聴いて、ようやく連日の苦心が酬いられたように感じ、同時に南洲翁の果断なやり口に驚嘆した。

海舟はいうてる。

『鳥羽伏見の一戦、われ、過激にして、事を速まった。天下の人心の向背も察せずして、空しく今日の大事変を惹起したが、今どうだ。薩摩の一、二の小臣は、上天子《かみ》をさしはさんで、諸藩に軍令を下し、出師《するし》迅速《じんそく》、さながら猛虎の群羊を駆るの勢い、なんぞそれ英雄なるかな』

われとわが身にひきくらべて、無限の感慨を起こしたものとみえる。

ちょうど、そのとき、徳川家の脱走兵であろうか、武装をしたものが五十人ばかり、七、八艘の小舟にのって、屋敷の後ろの海辺に浮かんでいるのがチラと見えた。

小舟は、屋敷へ押しかけてくるようなので、護衛の兵卒たちがさわぎ出した。

『はてな』

海舟も、鉄舟も、不審に思った。

だが、西郷は、あいかわらず、神色自若。鉄舟をふりかえって、

『先生、心配は要りません。あたじが殺されると、かえって兵隊がふるいます』

高らかに笑った。

そのうちに、この小舟は、いずれへか姿をかくしてしまった。

よって、勝は、西郷と別れて、帰城することになった。

攻撃中止の命令は、即刻、三道の各参謀に達せられた。しかるに明日は一気に、江戸城を屠《ほふ》らんと勢いこんでいるところへ、突然、この命令に接したので、果然、官軍将卒のあいだには、不平の声が起こった。

『今になって、けしからぬ次第』

怒髪、天を衝くが如き勢いで、いの一番に田町の下屋敷へかけこんだのは、東山道軍の参謀、土藩の精鋭を率いる板垣退助だ。板垣さんは、そのころ、乾《いぬい》と名乗っている。

『西郷参謀はいるか』

語気が、すでに荒い。

『まだ、当屋敷におります』

『取り次げ』

血相かえているので、取り次ぎの兵卒も驚いていたようす。

西郷に通ずると、ハハア、ござったなと、莞爾《かんじ》とした。

『西郷さん、あなたは、欺《だま》されましたな』

『いや、そんなことはない』

『勝が、総督府へまかり出るということは、うすうす聞いておったが、あの狸に、まんまといっぱいだまされましたな』

『まア、板垣さん、落ちつきなさい。わしも西郷じゃ。そんなことはないつもり』

『いいえ、なんというても、それに相違ない。明日の進撃を中止するというのは言語道断である。勝に泣きつかれたからというて、あなたが承《う》け引くというのは、あきれた話である。そういうことで、大総督府の参謀がつとまりますか』

はげしく喰ってかかる。

『まア、お聞きなさい。あなたが怒るのも当然だ。だが、これここにいる渡辺どんじゃが……』

傍らにひかえている清左衛門をさす。

『渡辺殿がどうなされた』

『実は、明日の攻撃にかかると、幕兵も、死にものぐるい。窮鼠かえって猫を嚙むの類、相当手向かいするであろうから、怪我人も多いと見なくてはならぬ。ところが、ご承知のとおり、手当てをする病院がないので、横浜へ出かけてもろうて、パークスに談じこむと、パークスは、もってのほかの激怒。おまえの国には、政府はない。政府があるなら、戦争を起こす前に、居留地の領事にも通告し、居留地を保護する兵隊も送らねばならぬはず。それがなんらの手続きがしてないということでな、もってのほかツムジを曲げている。これは、いかにもパークスの申し条に道理がある。われにかかる一つの欠点がある以上、遺憾ながら明日の戦《いくさ》は中止せねばならぬ。そこへ勝からの申し込みがあって、わしが会見したのじゃが、なにも勝にだまされたつもりはない。まア、さようなわけがらで……』

パークスの一言をもち出したので、板垣にもうなずけたらしい。

『そういうことなら、どうもいたしかたない。異存はござらぬ』

板垣の怒りがやっと解けた。

座におった渡辺清左衛門は、このとき、ハハアとうなずいた。

『西郷さんは、自分がパークスとの会見を報告した際、別に心配をするようすが見えなんだが、これじゃア無理がない。パークスが故障を申し出《い》でたのは、かえって心中、うまいことをきいたと、喜んでいたに相違ない。殺気だった味方の紛糾をおさえるには、いい口実になるわい』

はじめて心中を洞見することができたといっている。

思うに、この十四日の会見は、今の時間にして、午後三時過ぎもしくは四時過ぎのことであったろうかな。渡辺が、本門寺へかけこんだのが、午後二時前後だとすると、ちょうどそうなる。ところで一方、江戸城中に詰めかけた幕士らは、いずれも、頸を長くして勝の帰りを待ちうけている。和か、戦いか。運命は、一瞬にきまるのだが、雀色時となっても、容易に勝の姿が見えなかった。

江戸城内の嘆息

田町の下屋敷を出た海舟は、馬を打たせて、城内に急いだ。

赤羽根橋にかかった際には、もう日がとっぷりと暮れてしまった。

何事ぞ。このとき、轟然として一発。

『ハッ』

瞬間、銃丸は、海舟の横鬢《びん》をかすめて飛んだ。

『またか』

毎度のことなので、彼は驚きもしなかったが、しかし、今の場合、死んではならぬ。重大な任務を帯びているので、ひらりと馬から降りると、自ら轡《くつわ》をとって馬の蔭にかくれるようにして、しずかに、その場を過ぎた。

つづいて一弾また一弾——弾丸《たま》は、三発飛んできた。

何者が、射撃したのかはわからない。敵にも、味方にも、官兵にも、幕兵にも、双方から睨まれていたので、これくらいなことは、お茶の子前。飯倉の四辻まで来たところで、はじめて再び鞍上の人となる。

海舟に、そういうことがあったとは、夢にも知らぬ江戸城中の面々、およその数五、六千、いずれも必死の覚悟。

『いよいよ、明日は一戦と覚ゆる』

みな、徳川の社稷《しゃしょく》と運命を共にしようと、固唾をのんで待ちうけた。

だが、海舟帰らず。ついに、夜となる。高張提灯がつけられて、満城、ぎっしりとつめかけた壮士は、一語を発するものもなく、密林のような静けさ。

星光闌干、夜沈々。

おりしも大手先に聞こゆる馬蹄の響き、戞々《かつかつ》として、夜の静寂を破る。馬乗提灯が、人魂のように、ゆらゆらとゆらめく。

『勝さんだ』

それッと、刀欛《とうは》をとって、立ち上がる。

城内に詰めて、勝のかえりを待ちうけていた田安中納言、松平確堂をはじめ、倒れかかる徳川家を支えている重臣らは、いずれも大玄関に迎え出る。

慶喜は、大政奉還後は、将軍にあらず、一個の大名にすぎずと称して、旧幕府の職員を家職の組織に改め、老中、若年寄らの分担していた職務を免じて、国内御用取扱とした。勝などの、総裁職もそれである。

田安、松平は、慶喜謹慎中、城内の留守をあずかっていたにすぎない。

今し、勝は、馬の鞍壺にのしあがって、数千の壮士に向かって、大音声に呼ばわった。

『一同聞かれよ。明日の官軍攻撃は、参謀より差し止めになりましたぞ。徳川家に対するご処置は、参謀自ら駿河に至り、大総督宮に言上して、お指図を仰ぐことになりましたぞ』

するとこのとき。

『ハーッ』

なんともいえぬ沈痛悲壮な溜息がして、誰一人頭をあげるものがなかった。

この溜息は、一人の口から洩れたのじゃない。ひしひしとつめかけた何千という人々の腹の底から、期せずして発散された。張りつめていた気が俄にゆるんだのだろうか、そのものすごさは形容のしようがなく、ただ、海舟の肺腑に沁みわたったとある。

海舟はいうてる。

『関東人というものは、一時はパッと情に激するが、ネバリがない。徳川の旗本は、もと三河の生まれで、耐忍不抜、ネバリのある人物も相当におったが、泰平二百余年、華美に流れ安逸に堕し、ぐにゃぐにゃになってしもうて、先祖の遺風などは、とうになくなった。だから幕末の難局にあっても、ただもう玩具箱《おもちゃばこ》をひっくりかえしたような騒ぎ、がやがやわいわいいうてるだけで、なんの役にもたたない。たまさか、剛直のものがあるかと思うと、いたずらに死を急いでご恩に報いんとするが、腹を切ったからとて、この難局が収拾できるものじゃない。もしそれ、腸《はらわた》の腐った奴にいたっては、一身一家の安全をはかるのみ。俺《わし》が、あの時、城中へ引きかえした際、数千のものが集まっていたが、このうち、ネバリのある者が幾人いたかわかったものでない。むろん、死を覚悟していたであろうから、俺が、事情をつくして参謀に説明したが、参謀は聞き入れぬ、明日は官軍の攻撃じゃ。官軍を向こうに廻して戦うことは君公の思し召しにかなわぬ。さればといって、このまますみす生きてはおられぬ。むしろ城を枕に腹かっさばいて死のうではないかと、こういって、腹を切れば、まずこのうち半分は、俺と一緒に死んだかもしれない。ネバリ強く、もう少しなんとかしてこの社稷を持ちこたえようではないかということになると、このうち、残るものはなく、チリヂリバラバラになるに決まっている。関東人というものは、だいたいこれだ。ただ一朝、憤激せしめんか、水火も辞せざる気骨があるので、こういう手合いを率いて、間違いのないように、正道を踏ましめようとなると、これは至難事中の至難事。俺の立場の苦しさは、今から考えてもゾッとする』

事実、それに相違なかった。

海舟とか、泥舟とか、鉄舟とかいう人物は、けだし、当時の旗本にあっては、まったく珍しい型の材器である。

彼らは、忍ぶべきを忍び、堪うべきに堪え、終始一貫、全力をささげて、最後までふみこたえている。

泥舟の忍耐力

泥舟が、慶喜の側に侍して、上野に引き込んだなり、少しも顔を出さぬので、ここへ引き合いに引っぱり出すが、俺《わし》は、こういうことを聞いている。

能登の總持寺管長をしていた奕堂禅師《えきどうぜんじ》が、なんでも明治の初年に、わざわざ東京へ上ってきた。西洋の文物が、日本へも流れこんで、みな毛唐の真似ばかりするというので、心配になってならない。僧侶まで、不行跡をしでかして、平気でいては、どうともならぬ。今のうちに彼らを覚醒させねばならぬとあって、泥舟のところへも尋ねてきた。

『けっこうなことでござんす』

泥舟は賛成した。

『僧侶もみな腐ったというわけではなく、なかには立派なものもいる。こういう手合いを集めて、一ツ運動を起こそうと思います』

『それは、まことに好ましいことで、ぜひおやりなさい』

奕堂禅師は、それから、手をつけたんだろうな。しばらくすると、また、泥舟のところへ来おった。

『先生、いけません』

『どうしましたか』

嘆息している。

『いや愚衲《わし》は、もう国元へかえります。だんだんやってみると、俗人の腐敗はまだしも、いやしくも人を済度すべき僧侶までが、まったく腐敗しきっている。これじゃアどうにもなりません』

すると、泥舟が威丈高になって開きなおった。

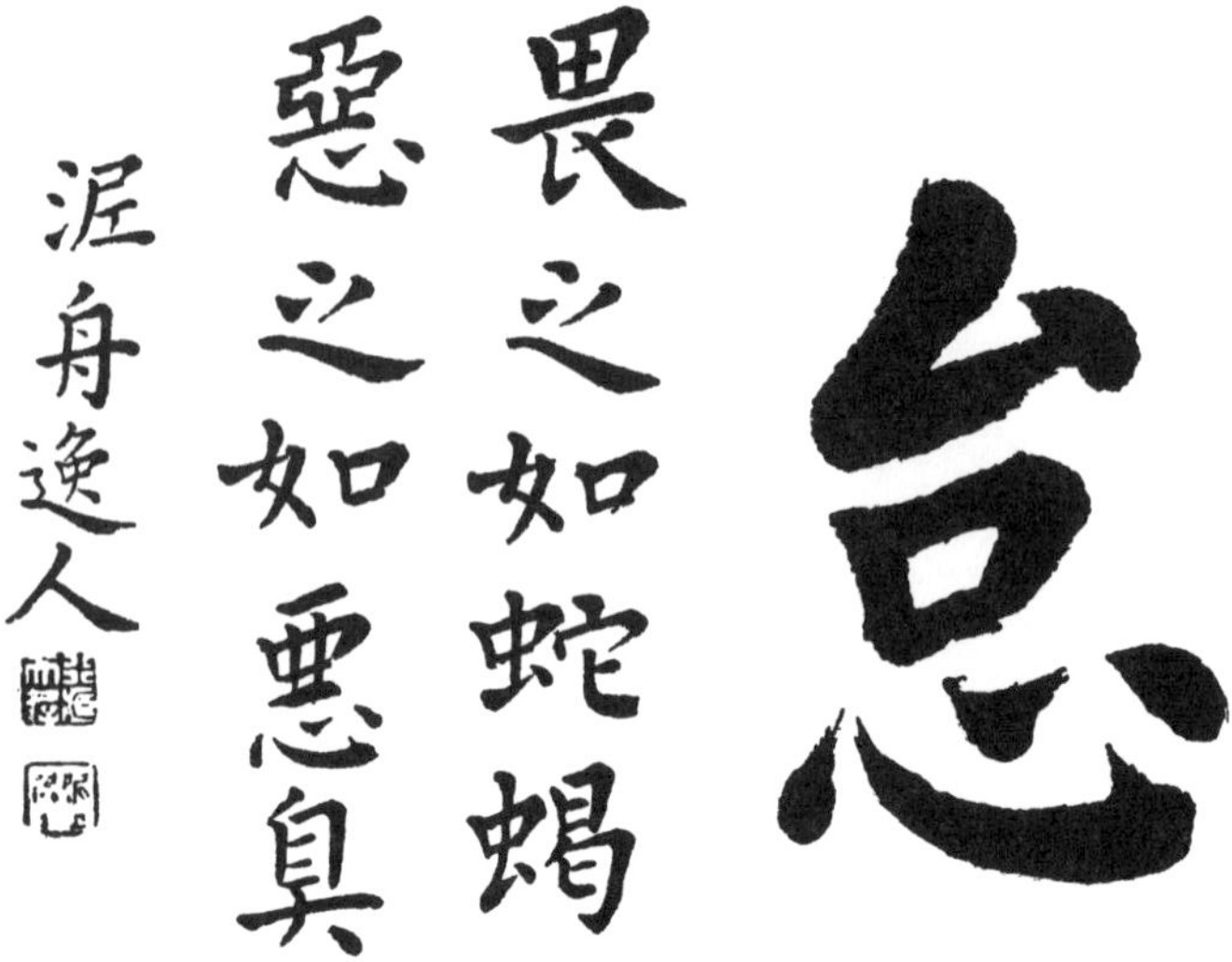

高橋泥舟遺族高橋道太郎翁秘蔵

『貴僧は、なにをいっているのか。そんな薄弱な志でどうするのか。それでは、貴僧が世道の堕落を憂慮して、東京へ出てきたなどというのは、まるで嘘の皮だ。口先のでたらめだ。貴僧は天下の名僧とうけたまわったが、そんな按排《あんばい》では、貴僧も五分五分のものだ。世道が腐っておるので、これを救済しようとして出かけてきた貴僧が、あまり腐っているので、手がつけられぬと、そのまま国元へかえるのは、この一事をやり通そう、やりぬけようという気力がないのだ。わしが貴僧にこういうのは、坊主に説教の類だが、宗祖の釈迦や、達磨はいわずもあれ、わが国においても、弘法、親鸞、日蓮、その他諸宗の開祖は、いかなる辛苦艱難に堪えて、仏日《ぶつじつ》のまさに地に堕ちようとするのを救われたまいしか、ご存じないか。ましていわんや、末世の貴僧の如きものが、わずか一月や二月の日月のあいだにおいて、大功を樹《た》てようなどとはもってのほかの量見。不肖が仮に貴僧であったなら、そういうことは断じていたしませぬぞ。とっくりと考えてご覧《ろう》じろ』

えらい権幕でやりこめた。ところが、奕堂もそこは天下の名僧。

『泥舟さん、愚衲《わし》がわるうございました。先生のご説法で眼がさめました。なるほどおっしゃるとおりでございました』

そういって東京にとどまった。

その後、相当の成績をあげて、引きあげていったということである。

これ、申すまでもなく、泥舟が幕末難局のあいだに嘗めた苦《にが》い体験があるところから、名僧奕堂を向こうにまわして、耐忍力の説法ができたというもの。

いずれにせよ、三舟当時の苦心は、想像のほかである。

三条実美卿の斡旋

陣幕の駕

西郷は、勝と会見した翌十四日、駿河に向かった。ところがあのとおりな大兵《だいひょう》肥満な身体《からだ》、とても普通の駕《かご》に乗って、昼夜兼行の旅行には堪えられるものでない。

『どうしたものだろうか』

あげくのはて、やっと薩摩のお抱え力士、横綱陣幕《じんまく》久五郎の乗る駕をかりうけることにした。陣幕と南洲とが、一度、体格くらべをしたが、どっちも身の丈六尺豊かで、肉づきも同じ、肩幅は南洲のほうが広かったといわるるが、まず似たりよったりなので、この駕は時にとって、大助かりだった。

しかるに、南洲ひとたび江戸を去ると、官軍からは、なんのかのとやかましいことを持ち込んでくる。やれ城内へ胸壁を作っているの、やれ地雷を伏せたのと、流説が盛んに現われる。

それをまた、いちいち、官軍のほうでは、真にうけている。

ただ、戦争をしたい一点張りなので、幕府方に少しでも落ち度があったらいいがかりをつけろという按排、海舟も、よほどこれには難渋したとみえ、自分から品川の薩州先鋒隊に出かけた。で、隊長に会っていった。

『あなたがたは、われわれが江戸城に立てこもるように思っているが、それはたいへんな誤りである。つまらぬ道聴途説《どうちょうとせつ》を信じてくださっては、はなはだ迷惑のいたり、もとより幕臣の中には、城も、兵器も、のこらず官軍にお渡し申すというので、これが不平でならぬ者もいる。そういう手合いは、夜ひそかに、あるいは土堤《どて》をつくり、あるいは濠《ほり》を掘り、つまらぬことをしているようだが、これはわれわれの知ったことでない。見つけ次第、厳しく誡めているが、まだ眼の届かぬところもある。それをいちいち挙げて、われわれに敵意があるように見られてはまことに心外である。……ついては、こっそりお出かけくだされて、城外の模様をごらんになったらどうですか』

先鋒隊の者にも、これでどうやら納得できたらしい。

南洲は、こうしているあいだに、十六日、駿府について、総督宮に復命した。宮は、南洲をさらに京都に遣わして、朝裁をもとむることになった。

京都の三職会議

そこで、三月二十日、京都太政官代の広間において、三職会議が開かれた。

集まるもの、三条実美《さねとみ》、岩倉具視《ともみ》、木戸準一郎、広沢兵助、大久保市蔵、——それに西郷さんの六人。

南洲翁は、海舟の嘆願書を所持していたので、これを議題にして、徳川慶喜の処分が論議された。

『謹慎している慶喜を島流しにするというような処分は、苛酷である』

というような西郷さんの意見がキッカケで、火の出るような論争だ。そりゃそのはず、みな慶喜討つべしというのが当時の論である。そこへもってきて、慶喜を助けよというのだから、大分距離がある。みな、ムッとした。

『賊魁《ぞくかい》の助命などは、思いもよらぬ。この際大義名分を明らかにせずして、何をもって天下に号令するか。徳川幕府はいったん取りつぶして、朝敵たるものは重罪なることを天下に示し、徳川代々天朝を軽侮しおる不臣の罪を正さねばあいならぬ。いわんや奥羽その他の賊軍、いまだその非を悟ったようすも見えぬ今日、彼らをして幕府の大勢力をもって抗するも、天威はついに犯すべからずという実蹟を示すは、時機に適する処分案である』

長州派の主張だ。

これが最初からの出発点なのでもっともな次第、主意は通っている。だが、南洲翁は、ただ一人、この慶喜助命反対の気勢を前にして、彼らと戦った。

『その非を悔いている者に対して、これに苛酷の刑を科する必要がどこにある。いやしくも十五代の武将に任ぜられた身分ある者、朝廷一視同仁の聖恩に浴せしめて、なんの不可がござろう。卿ら、幕臣の身になりかわりて考えてみなはれ。主君が切腹に処せられたなら、臣下たる者の心緒はどうあるか。現に長州征伐のとき、長州侯の蟄居謹慎に激して、長州藩士は禁闕をさえ犯したじゃアございませんか……』

南洲翁は、うまいところをついた。

『鳥羽伏見に打って出たものは、内実会桑《かいそう》二藩並びに少数の旗本らで、必ずしも慶喜の真意じゃない。俺《おい》が今日まで朝廷のために尽くし申したは、畢竟私門を経営するに腐心して、日本という大厦《たいか》の傾覆をばかまわんという政府を倒し、日本全体を天皇の大御稜威《おおみいつ》のもとに固めるつもりである。ところが、朝廷のなさることが、やっぱり旧幕府のしたことと同様なりや、王政維新のご趣意はどこにごわす。この吉之助は、ただ今かぎり辞職して国へかえります。鎮将府への復命は、おはんがたしなはるがよか』

激して、西郷は座を起ち上がった。

『まア、ちょっとお待ち』

三条公がびっくりして遮った。

『まだなにか、ご用がごわすか』

中腰になっていて、西郷は坐ろうとしない。で、三条公は自ら立って来て、西郷を席のそばへ手をひいてつれて行った。

『西郷さん』

『はい、はい』

『そないに怒らんで。主席の麿《まろ》が裁決するから、今日と今夜だけ、麿に預けてくださらぬか』

条公は、自分を麿といった。その他の公卿《くげ》は、必ずしも、そうはいわなんだということだ。

『すると、どうなりますか』

と、南洲がきいた。

『あなたも、国家のために論じていられる。ほかの人々も同じように国家のためを思うていなさる。そこで麿が双方の意見をようきいて、ゆき違うているところを切りとって、あなたの論もたち、ほかのかたがたの論もよいところは採用するということにして、聖裁を仰ぐことにします。まア、そう怒らずと……』

情理をこめて、親切にいうので、南洲はそのうえ、争う気にもなれない。

『承知しました』

西郷も承諾して、引き退《さが》った。

そのあとで、木戸がいうた。

『西郷は今、辞職して国へかえるというたが、あれは脅喝でもなんでもない。またそういう卑劣な手段をとるような人物でもない。ほんとうに、国へかえるつもりじゃろうが、かえられてはどうもならぬ。……先年薩長連合の決断の場合にも、一切のことを石川清之助に任せ、自分は下関へ立ちよりもせずして京都へ行った。敵として戦った長州人でも、一面識の石川でも、少しも疑いをかけない。その大度量から推すと、なるほど恭順謹慎している慶喜を助けて、一視同仁の皇徳を天下に知らせたいという真意でござろう。かつまた、主魁《しゅかい》さえも寛大のご処置ぶりであるから、まして枝葉をやというので、東奥諸藩を招撫する基礎をつくろうという腹もござろう。こりゃ一ツ折れ合うてみざアなりますまい』

こういい出したが、これに対して、また激論がわいた。

結句、その晩の十二時。

慶喜は八丈島へ流罪、家族は水戸家へお預け、祖先の祭祀料一万石家族へたまわること、鳥羽伏見の首謀者は切腹、その他の重役、老中、若年寄の首謀に準ずるものは、家名断絶、蟄居謹慎、――これだけの案がまとまった。

翌朝早々、南洲翁の手元へこの提案が差し廻された。翁は長大息をもらした。すでに駿府において鉄舟と黙約がしてある。その手前、この案でけっこうでござると、頭を縦にふることはできぬ。またやりなおしとなって、案を練りなおしたあげく、最後になって、南洲の賛成できるような程度に達した。

『これでよろしい』

ついに、ご裁可を得た。すなわち今海舟の嘆願書にもとづいていうならば、こういうことになる。

一、慶喜隠居の上、水戸表へ慎み罷在《まかりあり》候《そうろう》様《よう》仕《つかまつり》度《たく》候《そうろう》事《こと》。

これに対しては、

『謝罪実功相《あい》立たば、深厚の思し召しをもって、慶喜の死一等を宥《ゆる》し、書面のとおり、水戸表において、謹慎するがよい』

こういう決定だ。

二、城明渡《しろあけわたし》の儀《ぎ》は手続取《てつづきとり》斗《はからい》候《そうろう》上《うえ》、即日甲州《そくじつこうしゅう》へ御《お》預《あず》け相成《あいなり》候《そうろう》様《よう》仕《つかまつり》度《たく》候《そうろう》事《こと》。

これに対しては、

『総督宮の思し召しに任せる』

妥当の指示だ。

三、軍艦軍器《ぐんかんぐんき》の儀《ぎ》は残《のこ》らず取収置《とりおさめおき》、追而《おって》寛典《かんてん》の御所置《ごしょち》仰付《おおせつけ》られ候節《そうろうせつ》、相当《そうとう》の員数《いんず》相残《あいのこ》し、其余《そのよ》は
御引渡申上候様仕度候事《おひきわたしもうしあげそうろうようつかまつりたくそうろうこと》。

これに対しては、

『いったん処分がついたなら、そのとおりにいたす』

こう答えている。

四、城内住居《じょうないじゅうきょ》の家臣共《かしんども》、城外《じょうがい》へ引移《ひきうつり》慎《つつし》み罷在候様仕度候事《まかりありそうろうようつかまつりたくそうろうこと》。

これに向かっては、

『書面どおり差し許さるる』

別に反対はされなかった。

五、慶喜妄挙《けいきもうきょ》を助《たす》け候者共《そうろうものども》の儀《ぎ》は、格別《かくべつ》の御憐憫《ごれんびん》を以《も》って、御寛典《ごかんてん》に被成下《なしくだされ》、又邸《またやしき》に移《うつ》り候様《そうろうよう》
仕度候事《つかまつりたくそうろうこと》。但《たゞ》し万石以上《まんごくいじょう》の儀《ぎ》は、本文御寛典《ほんぶんごかんてん》の廉《かど》にて朝裁《ちょうさい》を以《も》って仰《おお》せ付《つけ》られ候様仕《そうろうようつかまつり》
度候事《たくそうろうこと》。

それに対しては、

『だいたい書面のように取り計らうが、会津、桑名の如きは、いったん、問罪の軍兵差し向け、降伏すればそれでよし、拒戦においては速やかに屠滅《とめつ》する』

この一項はきびしく断じている。

六、士民鎮定《しみんちんてい》の儀《ぎ》は、精々行届候様仕《せいぜいゆきとどきそうろうようつかまつ》るべく、万一暴挙致候者有之《まんいちぼうきょいたしそうろうものこれあり》、手《て》にあまり候《そうら》わば、
其節改《そのせつあらた》めて相願可申候《あいねがいもうすべくそうろう》。官軍《かんぐん》を以《も》って御鎮圧下《ごちんあつくだ》され候様仕度候事《そうろうようつかまつりたくそうろうこと》。

これは、書面どおりで通過した。

南洲は大喜びだ。この御沙汰書をうけて、いったん藩邸に引きあげると、ちょっと休息したのみで、二十二日、京都を出発して、東下した。

海舟邸深夜の密使

大原侍従の使者

時も時、折も折、江戸において、南洲の帰るのを待ちうけている海舟の家へ、意外な訪問客がおとずれた。

夜、もう大分遅くなって、家人も床につく時分である。

『先生に、内密にお目にかかりたい』

家人はぎっ、、、くりした。

『また怪しいものがまいりましたが……』

『どんな男かい』

『官軍とみえて錦切《きんぎ》れをつけております』

『おかしいな。言葉に訛はあるか』

『九州弁らしゅうございます』

『はてな。どうもわからんが、とにかく、鄭重にしてお通し申しな』

『大丈夫でございますか』

『む、かまわんよ』

心配しながら座敷へ案内した。訪れたのは、海軍先鋒総督大原侍従俊実《としざね》の密使島団右衛門だ。当時は、海軍軍監であった。島は、佐賀の鍋島藩で、維新後、義勇《よしたけ》と名乗ったが、江藤新平とともに、明治七年斬に処せられた男である。

『夜中お騒がせ申して、恐れ入りますが、実は内密に申し上げたいことがござって、とくに参上いたしました』

『はて、どういうことでござるか』と、海舟は眉をひそめた。

『拙者は、海軍の軍監であるが、先鋒総督大原侍従様のお言葉をお取り次ぎ申すと、侍従様は、あなたの精忠無比なことをよくご承知になっている。ついては、この際、幕府の軍艦を率いて官軍にご降伏くださるならば、朝廷におかせられても、あなたの功勲をご賞美遊ばされるはず、かつまた、あなたが官軍におられたならば、なにかと徳川家の幸福にもあいなろうかと存ずるによって、勝のところへまいって内々伝えよという仰せでござります』

意外な申し条。勝も、胸とどろかせたが、さりげなくあしらって、

『ああ、よくわかりました。ご厚志は義邦幾重《よしくに》にもお礼を申し上げます。しかしここで、おまえさんにご返事することはこまる。わしは、この二十七日は、横浜へ出かけて、英国公使パークスに会見したうえ、旧幕府関係の事務の引きつぎを、したいと思っている。その節、大原様にもお目にかかって、じきじきに申し上げることにしたい』

『畏《かしこま》りました。それでけっこうで、……では、必ずお待ち申しております。ご如才はござるまいが、この一事は、どこまでも密々にお願いいたします』

『委細、心得ました』

島は、人の眼をさけるようにして、勝の家を辞した。

西郷参謀と掛け合い中で、それがまだどうとも決まっておらぬやさき、不思議なところから不思議な密使が来たものだと、勝は、狐につままれたような形だった。

銃剣のふすま

その日海舟は、蟠龍丸《ばんりゅうまる》にのって、横浜に向かった。艦内の士官は、なにかしら事が起こりはしないかと危ぶんで、いずれも武装した。横浜居留地は、前にもいったように、パークスが自国の陸戦隊を上陸せしめて、警備していたため、その出入をきびしく取り締まった。英国の切符を持参せぬものは官軍の兵士でも通さなかったくらい。

海舟は、従者《とも》もつれず、ただ一人、ひょッこりと、戸部にある海軍先鋒総督の陣所に赴くと、門前に、ずらりと並んだ官兵、いざといわば、海舟を突き殺そうという身構え、殺気早くも彼らの眉宇にみなぎっている。

危険千万な話だが、彼は、悠々として、その銃剣のあいだを過《よぎ》って名札を差し出した。すると、肥前の夏秋又三郎が出てきて、

『勝先生、どうぞこちらへ』

先へ立って案内した。

大原侍従の面前に通ると、侍従は威儀おごそかに控えている。

『おう、勝か、おまえがくるなら、定めし慶喜の暴挙に加担した輩の首を土産に持ってまいるだろうと待っていた。いかがいたした』

『これは、どうも恐れ入ったご挨拶でございます。主人慶喜はすでに恭順と一決してこのかた、臣下の中には、あるいは脱走して事を起こし、あるいは死をもってこれを諫《いさ》め、いろいろにして主人の謀反をすすめておりますが、断乎として動きませぬ。……あなたは、慶喜に加担した者の首を持ってこいと仰せらるるが、主人におきましては、罪は罪、自ら負うべきものであって、区々たる臣下のものに、その罪を負わせて、自身はこれを免るるような卑劣な挙動はいたしませぬ。今や、海外の交通開けて、日本としても大いになすあるの時、かような忌わしい内輪もめは、一日も早くやめて海外の災いを招くようなことはいたしたくないという主人の存念。その真意を天朝に聞こえあげ奉ろうと骨を折っている次第でございます』

『もっともである。……しからば、先日おまえに朝廷の内意を伝えたが、あれは、速やかにお受けいたすであろうな』

『そのことにつきまして、今日は推参いたしましたが……』

『聞こう。なんとあるな』

『軍艦を率いて、官軍に降伏いたせというありがたい思し召しでござりますが、軍艦はもと幕府のものであって、もとより私のものではない。ことに不日《ふじつ》朝廷のご処置のつき次第、これを献納することに西郷参謀と約束してございます。そういう場合に、この私が主家のこの軍艦をひきいて降伏することはできませぬ』

堂々として、侍従を前に、激論を吐いた。

『それなら、おまえは朝旨に背くではないか』

『あるいは、そういうことになろうかもしれませぬが、自体、その朝旨にご無理がございます。断じてお引き受けはできませぬ』

『そうか』

大原侍従は、海舟のようすをじッと見ていたが、急に言葉をやわらげた。

『勝よ、おまえは、天下の大任を帯びていながら、恐ろしく激論を吐くようだが、少し興奮しているようじゃ。まア落ちつけ。……一杯つかわそうから、気を大きく持て』

『まことにかたじけないお言葉をいただいて恐れ入ります。かつまた、至極寛大な思し召しをもって、義邦をご優遇くださることは、ありがたいことでございます。さりながら拙者が、当陣所へおとずれてまいると、ご門前の兵隊ども、いずれも殺気満々、今にも拙者を突き殺さぬばかり、拙者が御前を退出してご門前を出たら最後、この分では必ず一命は助かりませぬ。で、せめて、息のあるうちに、申すだけのことは申し上げておかねばなりませぬ。決して切迫するの興奮するのと、そういうわけではございませぬ。いったい、海軍先鋒隊の兵隊どもは拙者から見ると、あまり意気地がなさすぎる。拙者は、一人でござる。従者《とも》もつれず、銃も持たず、ごらんのとおりの扮立《いでたち》。かくの如き拙者に対して、なにもそうびくびくする必要はござりますまい』

いうたりな、海舟。彼は、敵地に入って、敵の弱点をぎゅッと抑えるコツを心得ている。

こういわれると、殺そうと思っても、殺すわけにはまいらぬ。

『いや、大きにわるかった。おれが気づかなかった』

総督のほうから兜をぬいだ。

おかげで、帰りには、二人の護衛兵がついて、軍艦まで見送ってきた。

パークスと剛情くらべ

もちろん、海舟が横浜に出張したのは、大原侍従に会見するのが主なる目的でない。いよいよ西郷が帰ってくると、江戸城の明け渡しをせねばならぬが、それに先立って、旧幕府の外交事務の整理をせねばならなかった。

それには、どうしてもパークスをたずねなければならない。

彼は、翌日、再び上陸して、ひょッこりとパークスを叩いた。

パークスは、居合わせたが、勝をばかにしていて、会おうとしない。

前にも会見しているのだが、今や、彼は敗余の将とあって、パークスのほうで相手にしなかった。

通弁のツループが、気の毒そうに玄関へ出てきた。

『公使は江戸政府の閣老でないと、お目にかからぬといっておりますが、どういうご用件で』

『むろん、国事についてである』

ツループが引っ込んで、また出てくる。

『公使は申しました。あなたは軍艦奉行である。国事について談判する資格はないとおっしゃいました』

『それは、公使の誤解である。今日《こんにち》は、江戸政府は、瓦解して閣老はおりませぬ。不肖拙者が一切のことを引き受けている。よって今までは、一軍艦奉行にすぎなかったが、今日では閣老も同然、国事を談判する資格は十分にある。このことはあらかじめご通告を申し上ぐるとよろしかったかもしれぬが、政権はすでに江戸から京都に移ったのちであるので、なんとも申し上げなかったが、ぜひお目にかかりたい。』

『そうですか』

また、通弁が退く。やがてのこと、出てきての挨拶。

『公使は、会わんとおっしゃっております』

『旧幕府の事務の引きつぎをしなくてもよろしいのですか』

『そんなことは知らんといっています』

『これは驚き入った。会わぬとおっしゃるなら、会うまで待ちましょう』

こう捻《ね》じ込んだ。普通のものならここで怒気心頭に発するところだろうが、さすがは海舟、顔色にも出さなかった。

『待つのは、あなたのご随意だが、公使は、ああいう人ですから、食事は出ませんよ』

『飯は喰わんでもいい。日本のサムライは、腹がへっても、我慢する習慣を養っている。ほっておいていい。どうしても会うのだ。会わぬうちは帰らぬのだ』

『ほう』

ツループがびっくりして、姿をかくした。海舟は、応接間にただ一人取りのこされたまま、じっと動かなかった。だが彼も、感慨無量だったに相違ない。勢いが衰えるというものは、いかにも残念、あのパークスめ、昨日までは徳川政府の軍艦奉行じゃとあって、対等の位置で応接したものが、今になって、この冷遇は、あまり現金すぎる。よし、その分なら、たとい二日でも三日でも、ここを動かぬぞと、えらい意気込みだった。

待つこと、ほとんど一日。

剛愎《ごうふく》のパークスもとうとう我を折ったとみえ、ツループがまた顔を出した。

『勝さん、まだですか』

『会うまでは帰らぬ』

『そうですか。公使はあなたにお目にかかるといっております』

『そうでしょう。会うのが当然だ』

そこへ、パークスがむつかしい顔をして出てきた。どかと椅子に腰を下ろすと、勝とあい対した。

『勝さん、用事は』

至極、ぶッきらぼうだ。

『いや、今日、お伺いしたのは、ほかでもござらぬ。いよいよ政権は、江戸から京都へ移ることになり、江戸城も近く官軍へ引き渡すことになり、日本はここにおいて、まったく一定されることになります。ついては、自分は、徳川政府を代表して、貴官に申し上げるが、先般来、海軍教師として貴国人雇い入れの約束がございました。しかるに右様のありさまで、徳川政府においては、もはやその必要はない。京都政府が引きつづき雇い入れの約束をいたすかどうか、これは自分の関係するところでない。ゆえに雇い入れてある貴国人は、ひとまず帰国していただくよりほかはない。給料はすでにお渡ししてあるが、なお雑費等もお渡し申すつもりである』

まずお雇い教師問題から始めて、灯台建設のこと、耶蘇教徒の始末のこと、かれこれと、逐一、明細に事務を引きついだ。

パークスは、黙然として聞いていたが、たまりかねたとみえ、

『いや、すべて承知しました。……して、あなたは、これからどこへゆきますか』

『各国公使を歴訪して、いちいち、この旨を通告する考えでいる』

『それなら、私から伝えます。あなたはたいそう疲れている。ゆっくりお休みなさい』

こんどは、たいへん親切になる。

『定めし、空腹であろうから、一緒に晩餐をたべなさい』

夕飯の仕度し、その場へ英国軍艦アイオンジューク号の艦長キッフルをよびよせて、ともに卓をかこむという待遇《もてなし》かた。

それから、三人のあいだに話がはずんだ。

『あなたが官軍と約束をして、江戸城を引き渡すというが、もし朝廷において、あなたがたの嘆願をお聴き入れがなかったら、どうするつもりか』と、パークスが突っ込んだ。

『それは、西郷参謀が、一身に引き受けて承知してまいった。そういうことは断じてない』

『しかし、朝廷には、西郷参謀のような好意をよせる者ばかりはおらぬ。万が一、談判が破裂した暁はどうなさる』

『死を賭して戦います』

『将軍は、そのとき、どうなるか』

『さて』

そこまでは、海舟も考えておらなかった。

勝海舟軍艦奉行（咸臨丸にて渡航米国桑港にて）

『拙者としては、そうなったら、君公は外へお移し申す覚悟、して、どこまでも、お身柄をお助けせねばならぬと思っている』
『それなら、勝さん、将軍は倫敦《ロンドン》へ送りなさい。私が引き受けます。ここにいるキッフル君に頼みます。もし戦争が起こりそうであったなら、こッそりと将軍を軍艦にのせ、外国へつれ出してしまえば、将軍は、なにも戦争に関係しないことになる。朝廷に対して、はじめから恭順しているという申し開きがたつ。将軍は本国内におれば、どこにいても、戦争には関係がないということはいえますまい』

勝は、喜んだ。

『それは、ありがたい。あなたが、そこまで張りこんでくだされば、実にお礼の申し上げようがない。どうかいざというときは、お願い申し上げます』

『よろしい。私の国の軍艦は、これから一か月横浜に滞在していて、ようすを見ることにいたします』

艦長のキッフルも承知した。

最初は、冷遇したパークスが、勝の心情を察して、たちまち無二の味方となる。そこで、万々一、事起こらんか、慶喜を倫敦《ロンドン》へ脱走せしむる密計が、三人のあいだになりたったのだ。

いや、もう勝も、これですっかり安心したが、このうえは待たるるのは、西郷の帰陣である。西郷については、まったく信じきっているが、パークスのいうような、あるいは朝廷において慶喜の処分に対し、異論をさしはさむものがおらぬとはかぎらぬ。いや大部分は、慶喜斬るべしと高唱するに相違なかろうが、西郷がはたしてこれを屈服せしめて、当初の処分案のご裁可を願うことができるかどうか。心配なのは、この一点。

ちょうどこの時刻には、南洲は駕にゆられて、駿府を出発し、箱根にさしかかったころであった。心せくままに、飛ぶようにして、一路、江戸へ向かった南洲は、三月二十九日に、田町の薩摩屋敷に到着した。

『西郷かえる』

さア、そうなると、また、勝の首をねらうものが多くなった。最も勝を憎んでいたのは、味方の幕士中の主戦論者、敵方では板垣の率いる土州藩の兵隊。これが絶えず、隙をうかがっているという噂。

上野に謹慎している慶喜の耳にも、また警衛している泥舟の耳にも、ぼつぼつそういう風説が伝わってくる。

『今、勝に間違いがあってはならぬ。警衛をつけさせよ』

とくに、慶喜のお声がかりでその日から勝には、五人の護衛がつくことになった。かくして、新旧両時代を画する江戸城明け渡しの幕は開かれることになる。舞台はもう用意がととのって、今はただ人物の登場を待つばかりとなる。

江戸城明け渡しの前後

南洲翁の刀

慶喜恭順の真意は、天朝に達し、江戸城は、いよいよ、円満のうちに、官軍に引き渡さるる運びとなった。春四月四日、早天、市中一般、窓戸《まど》を閉じて、静まりかえっているあいだを勅使橋本実《さね》梁《むね》、柳原前光《さきみつ》、両卿が入城した。

これに従うものは、西郷吉之助、海江田武次（信義）、木梨精一郎、吉村長兵衛の四人、他は随従の者で、兵隊はわざと引率しなかった。大目付織田和泉が、大手門外に迎え出《い》で、田安中納言らは玄関に迎え出た。ここから大久保忠寛（一翁）が先導し、大広間上段に案内した。おもしろいのは、西郷さんだ。

当時の作法としては、玄関式台に上がると、佩刀《はいとう》を脱《と》って、他《ひと》の手に渡さねばならぬ。これを自ら手に提《さ》げて、中に入るのは、国主大名の格式あるものでなければならぬ。

さア、困った。西郷は、なんといっても、陪臣に相違ない。

『どうしたものじゃろか』

旧江戸城西丸大手、今の宮城二重橋

刀を渡せばいいようなものの、手ぶらで入るのは、この場合、多少危険だ。よほど困ったらしいが、あげくのはて、脱《と》った刀を他《ひと》の手にもわたさず、また手にも提《さ》げず、どうしたかと思うと、いきなり赤ン坊でも抱くような恰好で、胸に抱えこんだ。実に、西郷さんの人物が、眼の前に浮かんでくるな。たとえ陪臣でも、大総督府の参謀、ことに勅使の随員として、堂々としてのりこんだ使節の一人、国主大名同然の格式じゃないか。平然として、刀を手に提げて入りそうなものだが、そうでない。抱えこんだところは、誠実な南洲翁の心持ちがよく現われている。しかし、自分でもあとで考えてみて、よほどおかしかったとみえ、顚末を大久保へ報せた手紙の中において、

『書院へ刀持ちながら座へつき、陪臣のかようの体たらく、初めてのことかと、あとにて大物笑《おおものわらい》に御座候《ござそうろう》』

といっている。

勅使が、上段に着座すると、二の間には、田安中納言をはじめ平岡丹波守（若年寄）、浅野美作守（若年寄）、川勝備後守（若年寄）、服部筑前守（若年寄）、大久保一翁（会

計総裁)、織田和泉(大目付)ら幕臣が、ずらりと居流れる。

高家は衣冠《いかん》、そのほかの諸役は、服紗袷《ふくさあわせ》、麻上下《あさがみしも》の扮立《いでたち》。

勝は、とくにこの日は、遠慮したものか、席に列しなかった。

やがて、勅使から田安中納言に御書付がわたされた。で、朝命伝達の式は無事にすんで、来たる四月十一日をもって、城明け渡しのご沙汰を賜わった。

ところが、式がすんで、勅使は座を立ち上がったが、西郷が泰然自若として動かない。

『はてな』

大久保一翁が、ちらと見ると、ふらりふらりと舟をこいでござる。

驚いたのは大久保、そばへすりよって、戎服《じゅうふく》の上衣《うわぎ》の端を引っぱった。

『西郷さん、西郷さん』

『はい』

西郷は、大きな眼をむいて、きょとんとしてござる。

『もう皆さんお引き取りでござる』

『ああッ、さようで……』

とぼけた顔をして、悠然と立ち上がった。

『どうも、西郷というのは、ふてえ野郎だ。疲れていたもんだから、入城の隙を見つけて、居眠るとは恐れ入る』

大久保が、あとになって、海舟にこう語った。ふてえ野郎だの一句、なかなか味がある。

いよいよ、こうなると、主戦論者はいきり立ってきたが、なかんずく、海軍副総裁の榎本釜次郎（武揚《ぶよう》）らは、承知しない。

『たとえ、どうあろうとも、軍艦は、俺の眼の黒いうちは、官軍にわたさぬ』

脱走の下心だった。

かくと聞いて、陸軍所属の幕士も、じっとしていない。伊庭《いば》八郎、人見勝太郎（寧《ねい》）らは、榎本のところへ相談に押しかけた。

『あなたは、軍艦をわたさぬとがんばっているそうなが、ほんとうか』

『いかにも』

『一戦おやりなさるつもりか』

『もちろん』

『それなら、われわれも、一緒にやることにいたします』

勢いの向かうところ、血気の壮士ら、なにはかまわず、事をあげようとしている。

都下の物情、騒然として、殺気がみなぎってくる。

『これは、今のうちに、なんとか手加減を加えぬと、無事におさまるまい。最後になって、事の破るる憂いがある』

慶喜は、心配して、海舟に旨をふくめ、池上の大総督府へ懇談せしめた。

総督府でも、意のあるところを諒として、開城当日は、兵を率いず、ごく少数のものが入城して、あっさりと事を運ぼうという約束がなりたった。

一方、慶喜は、泥舟に命じ、秘《ひそ》かに榎本らを諭さしめた。

泥舟は、旨を承けて榎本に会った。

『足下は、軍艦を率いて、事を起こそうとしている趣であるが、その志は十分わかっている。しかし、せっかく、事を挙げても、今となっては、どうにもなるまい』

『そんなことはない。われわれは、死を賭しても、軍艦を官軍へわたすことはできぬ』

『そういうが、上様は、それについてことのほか心配なされてござる。今、天朝に対して、恭順しているやさき、足下らが事を起こすのは、あたかも刃をもって、主君の腹に擬するが如き結果となる。ぜひ思いとどまってもらいたい』

切々として、衷情を吐露した。

榎本も、諒解したようだが、といって、確答を与えかねた。

『高橋君の話は、諒とするが、ついては、もう少し考えさせてくれぬか』

『この期に及んで、考える余地はあるまい』

『いや、そういうが、なにしろ、自分ばかりではない。たくさんの同志がいる。それらの面々が、どういう意見でいるか、一応相談せねばなるまい。待ってくれぬか』

『それももっともだ。しからば事なきように、足下から諭してくだされば君公もご満足であろうと考える』

『委細、心得た』

榎本は、こういったが、事実は、騎虎の勢い、いかんともすることができなかった。

城外見廻りの海舟

総督府から海舟が寛永寺へもどってきたのは、開城の前夜だった。大慈院内四畳半の一室、この部屋は、今もなおそのまま残っている。海舟は、そこへ伺候すると、慶喜は、その労をねぎらって、佩刀《はいとう》を授けた。

『前日来の斡旋、ご苦労である。おかげで徳川家も無事、予《よ》も無事、かつまた、予の赤心を天朝に聞こえあげ奉ることができて、なによりも満足である。明日の開城、何卒このうえとも、一段の力添えを頼み入る』

『はッ』

平伏した海舟は、やがて、面《おもて》をあげて、慶喜を見ると、髪も梳《くしけず》らず、髭も剃らず、夜となく昼となく、苦悶していたとみえ、すっかり憔悴している。

海舟の胸は、いっぱいになる。

『明日《みょうにち》のお城引き渡しの儀は、一大難事にござりまするので、拙者もただ一死をもって上意に報答し奉る決心でござります』

すると、慶喜は、眉をひそめて、じっと勝の顔を見入った。

『房州よ』

『はッ』

『事を早まらずに、十分熟考して、取り計らわねばならぬぞよ』

『それは、もう胸にたたんでありますが、およそかくの如き難事に臨んでは、一大果断が必要かと心得ます。どうなるかわかりませぬが、義の存するところ、都下の住民を殺さねばならぬものならば、共に死し、活かすことができるものならば、共に生き、その成否は天に任せ、あたかも疾風迅雷、耳を掩《おお》うに暇《いとま》あらざるが如く、てきぱきとやってのけぬと、かえって不測の変が起こります。ぐずぐずしていたなら、そこに疑いが生じ、迷いが生じ、機をあやまることになります。信じて疑わずんば、一気に事を運び、君公のご趣意を貫徹いたそうと考えております。したがって明日は、無事に終われば格別、万々一、非常な大変が起ころうとも、いちいちご指命を仰ぐことはできませぬ。どうぞそのお含みにてお任せおき願いとうござります』

涙をうかべていった。

慶喜は、黙然としていたが、

『もとより、自分にも異存はないが、くれぐれも間違いの起こらぬように頼み入る』

重ねて、念を押した。

いざという瞬間において、事が敗れては、今までの労苦も水の泡になる。慶喜主従が胸を痛めていたのは、ここだ。

海舟は、慶喜と別れて、上野を出ると、その夜は、屋敷へかえらなかった。

ただ一騎。城外を見まわっておったが、いよいよ、この城も、明日《あす》は官軍の手に帰して、主人慶喜は、水戸へ退隠することになるのかと思うと、無限の感懐が、わいてくる。朧《おぼろ》にかすむ春の夜は、しらじらと花にあけて、十一日の朝となる。

海舟は、そのとき、もう三度、城外を見まわったところだった。

桜田を出て、新橋にさしかかったときである。錦切れを肩につけた官軍の一隊が歩武堂々として乗りこんでくるのと、バッタリと出会《でっくわ》した。

毛頭をかぶった小頭。いきなり馬の轡《くつわ》をしッかと抑えた。

『何者だ。名乗れ』

威丈高に叫んだ。

『拙者は、勝安房守でござる』

『いずれへまいる』

『昨夜よりいたして、非常をいましむるため城外を見廻っておるところでござる』

『ああ、さようでござったか。……わかりました。お通りください』

丁寧に会釈した。

海舟は、不審であった。

つい昨日、官軍の参謀と打ち合わせの際、今日は官軍の兵隊は、一人たりとも、入城させぬということになっておる。それに、どうして約束に背いて、兵隊を市中に入れたのか、これはうッかりできぬと、心中、一点の疑いが起こった。その脚で、急いで海軍所に立ちよってみると、はたして、榎本釜次郎をはじめ、海軍の士官一同、火のようになって怒っている。

『実に、けしからぬ。なんのため、官軍は兵隊を差し向けたのか。……これでは、あなたとの約束を無視しているではないか』

勝の顔を見ると、こう怒鳴った。

『まア、待ってくれ。おいらは、昨夜から馬に乗り通しなのですっかり疲れてしまった。馬もぐったりとなった。粥でもすすってから、ゆっくり相談に応ずるよ』

海舟は、困ったことになったわいと思ったが、そんな気振《けぶ》りは少しも見せず、馬をいたわり、自分も粥をすすって、ほっと一息入れているところへ飛び込んできたのは、益満休之助。

『勝先生は、ござるか』

『おう、益満か。どうした。ここにおるぞ』

『ああ、先生、ずいぶんさがしました』

海舟は呼びかけた。

『どうした』

一同、ぷんぷんしているところへ、益満を通した。

『拙者は、昨夜から先生のあとを追っかけて歩いたが、どうしても行く先がわからず、今ようやっと探し当てました。これで安心だ』

『なにか起こったのか』

『いえ、西郷参謀からの言伝《ことづけ》を頼まれてまいりました。参謀の申さるるには、昨日、池上で先生とお約束をして、兵隊は一人も市中へ入れぬということでござりました』

『む、そうだ』

『しかるに、昨夜来の人気《にんき》、とかく殺気立っておるので、本日、入城の官軍参謀に怪我人でも出して、それがため、無事にまとまるものがかえって破れることになっては、はなはだ心外千万である。よって、途中の警衛として、自分が一部隊を率いて市中にくりこむことにしたが、これは、一に西郷の専断の取り計らいである。もしこの違約一条によって変事突発するような場合は、吉之助一人《いちにん》においてその罪を引き受け、決して徳川家にはご迷惑をかけぬつもりである。勝先生に会って、この旨、至急申し伝えてくれよとのことでしたが、なにしろ、先生のいどころがわからなかったので、遅れてしまいました。どうかお含みおきくださいい』

「それはご苦労。……実は、今出会ったよ。どうも妙だと思ったが、そういうことだったのかい』

『はい、……では、これで失礼します』

益満は、ぷいと立ち去った。

眉をあげ、肩を怒らして、益満の口上を聞いていた榎本ら一同。

『フーム』

感嘆の声を発した。

『西郷という男は、わかった奴だね。信義があるね』

あいかえりみて、釈然とした。

いよいよ開城

さて、開城となる。

この日、官軍から選ばれた使節は、海江田武次（薩藩）、木梨精一郎（長藩）、水野彦三郎（尾藩）、渡辺清左衛門（大村藩）の四人。大手門を入ると、作事奉行竹内大隅並びに大小目付がこれを迎え、無事に城明け渡しをすました。

西郷は、城に入らずして、自ら兵を率い、市中をいましめ、勝は勝で、部下のものを海軍所の屋上に立たしめ、城の方《かた》にあたって、砲声が聞こえやしないかと、ハラハラしておった。

真に、危機一髪のところだ。

満々一、異変が起こったなら、海舟は直ちに官軍の陣中にかけ入り、その罪を一身に引きうけて、自刃しようと覚悟していた。だが幸いにして、砲声は起こらなかった。大慈院における慶喜も、前日まではじいっと安坐しておられず、部屋の入口に立ったままであった。

そばについておる泥舟は泥舟で、城明け渡しがすむまでは、同じように気がかりであった。

海舟が、その一身を片桐且元に比していたように、泥舟は、自ら小宮山内膳をもって任じていた。内膳は、武田家の家臣であったが、勝頼のとき、遠ざけられて蟄居していた。天正十年三月、勝頼、敗れて、郡内に走った際、行《ゆ》いてこれに謁した。主家の滅亡に臨んで、この一忠臣は、奮然蹶起、身を挺して、難に殉じたのであるが、泥舟の境遇、まさにそれ。だから、鉄舟が、駿府へ使者として差し遣わさるるとき、泥舟は、付き添いの益満にいった。

『足下は、西郷参謀と相識の間柄であるということなら、ぜひ、拙者の一言を伝えてもらいたい』

『なんでも、お伝えします』

『徳川には、高橋伊勢守と申す小宮山内膳がおる。西郷参謀にして、わが主君の誠意をうけ入れず、来たって江戸を攻むるならば、誓って背は見せませぬぞ。——これだけいうてくれ』

『畏《かしこ》りました』

益満は、そのとおり、西郷にうけついだ。

『そうか』

西郷は、いった。

『高橋というものは、徳川の忠臣にして、また尊王攘夷の誉れがある。今自ら小宮山に比するのは、やや当たっておるようじゃが、あたいじから見ると、小宮山以上の人物じゃよ。……どうか、おはん、高橋さんにいうてくれ。ここに吉之助がおる。念とするなかれとな』

『はい』

益満は、帰ってきて、西郷の言葉を泥舟に伝えた。

したがって泥舟にしても、今日の開城に当たって、官軍の参謀西郷吉之助は、必ず事を敗《やぶ》るような愚劣なふるまいはいたすまいと堅く信じておった。

で、万事は、西郷、勝、両人に一任し、自分は慶喜の護衛としてこの日の暁、水戸表に出発することにした。実は、もうとうに水戸へ引き揚げる予定になっていたのだが、十一日明け渡し当日まではでは、なにかと心配になって出発を見合わせていたのだ。ここにおいて、小宮山内膳も戈《ほこ》をとって難に殉ずる必要もなくなり、大慈院を出ることになった。

まだ四辺《あたり》は薄ぐらい。慶喜は黒木綿の羽織に小倉の袴をつけ、麻裏の草履をはいて、清水門を出る。泥舟は遊撃隊中の精鋭隊士百有余名をひきい、粛然として前後をいましめながら出発した。

昨日にかわる今日のありさま。沿道の市民、土下座をして顔をあげえなかった。なかには、泣いているものもあったという。

煙るような東叡山の花の雨、――行列は、黙々として、つづいた。

精鋭隊の壮士

いったい、泥舟は遊撃隊に属していたが、伝うるところによると、この遊撃隊は、三派に分かれてしまった。つまり恭順派、これが泥舟、および鉄舟派で、別に精鋭隊と名乗った。それから、伊《い》庭《ば》八郎および人見勝太郎の隊で、のち函館に脱走した者、もう一つは、上野の山に残った一隊で、彰義隊の中に加わった。

泥舟と鉄舟とは、これら血気の隊士の昂奮するのを抑えるのが一役だった。すでに、江戸城明け渡しの前、三月中旬には、隊士和田三兵衛が主盟となって、秘かに同志を募っていたのだ。

『どうも、このまま泣き寝入りは、いかにも残念。小田原へのり出そうではないか』

三兵衛は、当時、二十一歳の青年じゃったから、血の気の多いころだ。なにはかまわず、官軍に一泡吹かせてくれんずと、同志をかり集めたのだが、隊中、これに応ずるものかれこれ七十余人に達した。

『これだけ人数が揃うているならば、もうよい』

三兵衛は、脱走して小田原へのり出そうとした。

手筈を定《き》めて、いよいよ、明朝進発という内約ができた。

三兵衛は、愉快でたまらぬ。行《ゆ》きつけの酒屋の暖簾《のれん》をくぐる。

『おう、亭主』

『いらっしゃいまし』

と、亭主は奥へ招じ入れた。

『ちと内談がある』

亭主を呼んで、さて声を秘《ひそ》めた。

『実は、余の儀でもない。このたび、江戸が関西九州の田舎侍に占領さるるというについて、われわれは腹が煮えくり返りそうだ。で、明日、小田原へ押し出して、箱根の峠で一戦交えようとしている。……ところでだ。先だつものは軍資じゃが、今その持ち合わせがない。そこで若干金の借用をいたしたいのじゃが、どうか』

『へえ、よろしゅうござります』

と、亭主は三兵衛に金を渡した。ところが、どこで何者が聞いていたか、それがわかって、出発前《ぜん》に鉄舟の耳に入った。

鉄舟は、ぎっくりとして、この三兵衛を招きよせ、その不心得を叱責した。

『今、上様が恭順遊ばされている際にあたって、おまえらが一時の憤激にかられて、事を起こしたなら、徳川家はどうなる。余のことと違って、このたびの一儀は、許すわけにまいらぬ。孔明泣いて馬謖《ばしょく》を斬るのたとえもある。わしは、おまえに腹を切ってもらいたいと思うが、どうか』

『心得ました。もとより死は覚悟している。自分が隊規を破った以上、その責任を逃れようとはせぬ。よろしい。切腹します』

従容として、びくともしない。

あたら好漢、殺すに忍びざるところではあるが、隊士への見せしめ、彼を犠牲にせねば、おさまりがつかない。で、三兵衛を殺すことにした。

彼は、刀を拝して、自ら腹を屠《ほふ》って、壮烈な最期をとげた。鉄舟は明治二十年中、この事蹟を石に刻して伝えようと、蒲生重章《がもうしげあきら》に撰文を依頼した。全生庵に建っている表忠碑がそれである。

銘には、こうある——。

『東台の北、喬木鬱葱《うっそう》たり。ここに一寺を創《はじ》む、浄きこと仙宮の如し。碑を建てて功を表す、その人純忠。従容として死に就く、古烈士の風あり。わが文華ならざるも、碑は則ち穹窿《きゅうりゅう》なり。九原知るあらば、その恩洪に泣かん』

この和田三兵衛を血祭りに供したので、隊内は、一時おだやかになった。だが、ほんとうに隊士の胸中をさぐってみると、いずれも幕臣であるだけに、決して満足してはおらない。

ただもう、将軍家大事と思いこんでいるので、じっと辛抱していたのだが、いよいよ水戸引き揚げとなってのち、さてこれらの壮士はどうなるのか。

『おい、これで天下は一定したようだが、俺たちはどうなる』

『一円、方角が定まらぬ。……智恵者の勝さんに会うてみろ。なんとか分別があるであろう』

そういうので、城明け渡しの直後に、ドヤドヤと海舟邸へのりこんだ。

この手合いには、精鋭隊中の剛の者中条《ちゅうじょう》金之助、大草多喜次郎、松岡万らの面々だ。

『このたびのことは、実に残念でたまらぬ。われわれも、君公の思し召しに従って、恭順ということに決めておったが、いよいよお城が敵の手にわたったとなってみると、居ても立ってもおられぬような気持ちがする』

中条が、憮然としている。中条もそうだが、大草も松岡も、みな腕利きの剣客、腕をまくって海舟につめよる。

『それは、おまえさんがたにいわれなくても、みな同じだ。……だが、国のためには、小忿を忍ばなくてはならぬ』

海舟がいった。

『でもあろうが、なんとしても、生きておられぬ』

『では、どうするつもりかい』

『われわれ、同志百余人、お城へ入って、一同切腹しようと申し合わせてきた』

こういうた。

ところが、海舟、少しも驚かない。

『それはよかろう。おまえさんがたの仲間は五百人ばかりあるが、そのうち百人ぐらいは死んだってかまいやしない。早速やるがよい。おいらが検分してあげる』

ぴたとやった。

こういう思いつめた手合いには、なまなか意見をしても、聴くものじゃない。死ぬという、そんならお死になさいと、高飛車に出るあたりのコツは、海舟ぐらい腹がすわっておらぬと、いいうるものじゃない。

『そうですか』

はたして、彼らは、取りつく島がないので、そのまま引きあげた。

翌日になって、熱がさめたころ、海舟はあらためてこの中条と大草とを屋敷によんだ。

『昨日、おまえさんがたは、お城へ入って腹を切って死ぬといわれたが、まア考えてみなさい。こうして、いったん、城を明け渡してしまって、さて、新政府がどうするか、そこが見ものだよ。ことによると、静岡あたりへ追いやってから、徳川家というものをつぶすつもりかもしれない。そうなると、今、おまえさんがたが死ぬのは、犬死にだよ。いっそどうだい、久能《くのう》あたりに引っ込んで、ゆっくりと時勢の動きを見ていたら……』

『そいつは、けっこうなお考えです。ようございます。一同に申し伝えてみます』

二人は、引きとって、隊士の意見をまとめ、こんどは恐縮して海舟のところへ来た。

『どうだね』

『いや、皆、至極賛成ですが、ただここに一つ困ることがございます』

『なんだい。そりゃ』

『なにぶん、食扶持《くいぶち》がございません』

『おいらのいうとおりになって、あっちへ引っ込むというなら、食扶持は、なんとでもしてやるよ』

『それならありがたい、すぐにまいります』

彼らは、大喜びで、江戸を引きあげ、静岡に向かった。

血の気の多い手合いを巧みに丸めこんで、五百人切腹しようというのを喰い止めたところは、人心の機微を巧みにとらえている。はたして維新後、二年ばかり、彼らは、仕送りをうけて、太平無事の日を送っていたが、坐食していると、仲間が喧嘩ばかりしていて、手がつけられぬ。よって、中条、大草の二人がまた海舟のところへ来て、結局、金谷原《かなやはら》の開墾を申し出た。

政府でも、一時厄介者扱いにしていたようだが、開墾事業は、思いのほかに成功して、しまいには、明治天皇からお褒めの言葉を賜わるようになった。

榎本武揚の作戦

それは、のちのこと——。

さて、開城に不服の榎本釜次郎らは、なんとしても、海軍を引き渡さない。遊撃隊中の脱走組は、上野にあった兵器弾薬をそれとなく、品川へはこんで、船につみこむ。今にも幕府の軍艦をひきいて、品川をのり出そうという気配が見えた。

西郷は、西郷で、江戸開城がすむと、そのまま、京都へ向かった。

『今、あなたが、京都へゆかれては、あとの仕末に困ります』

総督府の参謀が、そういうと、西郷は、いっこう澄ましたもの、

『あとのことは、勝先生がなんとかしてくださるだろう』

開城後の難局を一束にからげて、海舟に押しつけてしまった。

これには、さすがの海舟もまいったとみえ、幕府すでに去り、新政いまだ起こらず、あたかも無

政府のありさま。しかるに西郷の大量なる、どうかよろしく頼みますには降参した。この漠々茫々たるダロウには閉口した。大閉口したといっている。

そういう場合なので、事あれば則ち海舟の一身に集まってくる。

榎本らは、そんなことに委細頓着なく、所期の目的を遂げようとして、旗艦開陽艦をはじめ十余隻の艦《ふね》が、四月十五日に、品川沖を脱走してしまった。これには、陸軍の脱走兵が乗り組んでおるので、いずれも一戦を交える覚悟。

当時の榎本の作戦によると、この幕艦を率い、大阪に乗り出し、兵庫を根拠地とするつもりだった。しかして、本隊は兵庫にあって、関西方面を牽制し、一支隊を馬関に送って、長州を討伐して、九州から中国にわたる咽喉を扼する計画、また他の一支隊を鹿児島に遣わして、薩州を衝く予定。それがため、房州館山に碇泊し、薪水糧食を積みこんでおった。

幕艦が、品川沖を逃げ出したとなると、先鋒総督府は、田安中納言に向かって、厳重なる請求を開始した。

『軍艦は、武器弾薬はいうまでもなく、水兵にいたるまで、官軍に差し出すことに約定《やくじょう》がしてある。しかるに、品海《ひんかい》を逃げ出すというのは天朝を欺くものである。のみならず、格別のご仁恵をもって、寛典の取り計らいをしたことが、今となっては水泡に帰するわけ。海軍先鋒には、これと対応すべき艦《ふね》はないが、このうえは、一死をもって請求に及ばんとする意見も出ている。こはもとより当然のことであるが、そうなると、徳川氏の家名を傷つけるはもちろん、万国一般からも賊徒と見なされて、まことに不憫のいたりである。ついては、勝義邦、大久保一翁に命じて、至急、軍艦を呼び戻し官軍へ引き渡すようにいたされたい』

文面はこうである。

とうとう、勝は、また引っぱり出された。いやでも応でも、逃げ出した榎本らを品川へ呼び戻してこないと、せっかく、今まで無事に進捗している徳川家対官軍の関係は、ぶちこわされる。泥舟の意見にも動かなかった彼らである。一死を賭して、官軍の弱所をつこうともくろんでいる彼らである。

勝が一世の智勇を推倒しても、その言葉を素直にうけ入れるかどうか、はなはだ疑問だ。といって、この際、勝がのり出すよりほかはない。血に飢えた狼にひとしき群れのあいだに、海舟は単身乗りこもうとした。めざすは館山沖。風も起こらず、波もたたず、油を流したような春寒の海に、浮かび出した十八挺艪《ちょうろ》の押送り舟、辷《すべ》るがごとく進んだが、海舟の心中は、少しも穏やかでない。榎本が、自分の要求を聞き入れなかったら、死んでもまにあわないせっぱつまった難関、海舟の苦衷は、思いやらるる。

殺気みなぎる東叡山

赤毛布の海舟

『おやおや』

開陽丸に乗り組んでいた脱走組の人見勝太郎がひょいと見ると、十八挺艪の押送り舟が眼にとまった。

『なんだ』

『向こうを見ろ。あの押送りを見ろ』

『この船へ来るのじゃな』

『そうらしい』

よって集《たか》って、噂をしているうちに、舟はだんだんと近づく。乗っている男は、赤い毛布《ケット》をすっぽりとかぶって、日傘をさしている。まことに異様の扮立《いでたち》。

『はて、わからぬ』

遠目鏡で見ると、なんだ、海舟だった。

『や、麟太郎が来たぞ』

『む、いよいよ来たか』

満船の脱走兵は、さっと顔色をかえた。実をいうと、いずれ勝が追いかけてくるだろう。勝に会ったらまた厄介なことになるだろう。一時も早く積み込みを終わって、勝の姿の見えぬうちに錨を抜こうということになっていた。

そこへ、先手を打たれて、勝に来られたので、少しく狼狽した。狼狽したのみならず、殺気だってきた。

『大義、親を滅するの例えもある。不憫だが、やッつけろ』

『よしきた』

一同、刀の目釘を潤《しめ》して、勝がこの船へのりこんだら最後、軍門の血祭りにしようと身構えた。

押送り舟は、今、舷門へつく。すると、赤ゲットをかなぐりすて、日傘をさした海舟が、大声をあげた。

『釜さんはいるか』

日傘をさして、海舟が怒鳴ったのはおもしろいことで、田舎の盆踊りの音頭取りがやっぱり傘をさしかけている。あれは、声が散らぬためだそうじゃが、海の上で叫んで榎本に聞こえるように声を通らせるには、こうせぬとまずい。

一小些事だが、さすがに、苦労人の海舟だ。手がこんでいる。

『釜さんはいるか』

開陽丸艦長榎本釜次郎

という勝の声にも、多少、怒りの調子が含まれていた。

船の上では、脱走の面々。

『くそッ、釜さんも鍋さんもあるか。上がってきてみろ。首がとぶぞ』

なかには、もう手廻しよく一刀の鞘をはらって、白刃《しらは》の襖《ふすま》をつくる。

『さアこい』

舷門では、また海舟の声。

『釜さんはいるかッ』

それが、榎本の耳にも聞こえたとみえ、のこのこ舷門へ来ると、みな血眼《ちまなこ》になって、刀をぬいている。

『これ、なにをするか』

『勝を斬るのだ。姦物《かんぶつ》を軍門の血祭りにするのだ』

『いけない。この船に乗ったうえは、指揮官たる拙者の命令に従わねばならぬ。勝もし刺し殺すべくんば、拙者が命令を下す。それまで手をふれてはならぬ。刀を鞘におさめろ』

榎本にいわれて、みな不平だが、どうもしかたがない。

榎本も、そこへゆくと幕末の一人物。十分、勝に対する敬意を表《ひょう》そうとして、水兵に捧銃《ささげつつ》を命じた。

『勝さん、榎本はここにおります』

『おう、釜さん、いたか』

『さア、上がってください』

『承知した』

海舟は、舷門を上がってデッキに出る。すると、脱走兵が、ぎッしり詰めかけて、いずれも白い眼を向けている。

『勝さん、意外なところでお目にかかります』

人見らが出て、恭しく挨拶すると、海舟はじろと見すえた。

『なんだ、おまえ、ここに来ているのか』

『はい』

『なんのため、やって来たのか』

叱りつけるようにいうので、釜次郎は心配そうに海舟をぐんぐんと引っぱって、勝の一身を庇《かば》うような形をして、艦長室へ案内した。

『拙者が、勝さんと話をする。諸君はどうか入らんでくれ』

榎本は、脱走兵の重立ったものをも、中へは入れなかった。そして、扉《ドア》をぴたと閉めてしまった。

海舟は、このとき、榎本に対していうた。

『釜さんは、わし同様、徳川家の臣下であったな』

『むろん』

『しからば、徳川家は、大切だと考えているだろうな』

『大切と考えるからこそ、自分は、薩長軍を向こうにまわして、最後の一戦をこころみる所存である』

『それもよい。人おのおの見るところを異にする。おいらは、恭順を唱え、釜さんは開戦を唱えているが、たとえていえば、紙のうらおもてだ。紙そのものにかわりはない。そこでだ。今ここで、おまえさんが幕艦をひきいて脱走することになると、せっかく徳川家に対して寛典のご処置をしてくださるという天朝様を欺き奉るわけだ。官軍の参謀がたが心を痛めているのはこの一条。釜さんの脱走によって、万々一、徳川家が違約の罪を責めたてられることになると、なんとも申し開きがたたぬ。あげくの末、徳川家に罪が及ぶであろうが、それでもかまわぬと、こういうわけかい』

海舟に詰められて、釜次郎もほとほとてこずった。

徳川家を安全な地位に置きたいのはやまやま、同時に、薩長に対しては、火蓋を切って、雄図《ゆうと》を争わんとする闘志が、烈火のように燃えさかっている。

二人は、三十分も意見を交換したが、とど、海舟の切々の哀情は、榎本にも通じた。

『しからば、いったん、引きあげることにいたします』

兜をぬいだ。

室外の脱走兵は、談判がどうなったかしらと、気が気でない。

やがて、それから三十分余も経つと、艦長室の扉《ドア》があいて、榎本がぬっと顔を出した。

『諸君、もう中へ入ってもよろしい』

『しめた』

そこで、人見をはじめ重立った者が数名、どやどやと押しかけると、海舟は先刻《さっき》とは打ってかわって、にこにことしている。

『さア、おかけよ』

椅子をすすめる。みな、なんだか薄気味わるくなった。

『まア、なにしろ、若い者は元気がよくてけっこうだよ。だがな、どうか前途の方向を誤らんようにしてくれなくては困る。なにもかも今釜さんに話しておいたから、あとでよく聞きなさい。軽はずみをしてはならんぜ』

そういって立ち上がる。なにかしらぬが、狐に憑《ば》かされたように、一同きょとんとしている。

海舟は、も一度榎本をふりかえる。

『じゃア、釜さん、いいね』

『わかりました』

『では、これでお暇《いとま》だ』

さっさと室《へや》を出て行くと、榎本が背後《うしろ》からつづく。乗り組みの水兵が、また捧銃《ささげつつ》の礼をして、提督の待遇をした。海舟は、赤毛布《ゲット》にくるまり、日傘をさして、押送りでかえって行きおった。

（こりゃ、榎本は勝に説破されたな）

脱走兵らは、そう見てとった。で、再び艦長室へ引きあげると、はたして、榎本から話があった。

『この際、ぜひ諸君に曲げて忍んでもらわねばならぬ。しかし自分は、決して諸君との約束に違背するわけではないが、懇々と勝から事情を訴えられてみると、やはり一ぱいや二はい、艦は、官軍にわたさねばならぬ、でないと、申し訳がたたぬといっている。そこで品川へいったん、引き返すことにして、あらためてまた脱走することにした』

『それはけしからん。それでは、われわれの当初の目的とそわない』

一同、反対した。

榎本は、榎本で、これをやっと説きつけて、官軍が船がなくて困っている。その弱みにつけ入るのは、関東男子の面目にかかるというような理由のもとに、艦は館山からまた品川へもどってきた。そして、富士、翔鶴、朝陽、観光の四艦だけ、官軍に引き渡し、それでひとまず江戸城引き渡しの結末がついた。

榎本らが五稜郭に脱走したのは、そののちのことである。

海江田参謀の苦衷

しかるに、そのころ、一つの流言が行われた。

《勝、山岡らは、勤王を唱えているが、あれは嘘の皮で、腹の中では、徳川家を再興せんとして、頻りに陰謀をめぐらしている。ことに官軍の参謀海江田《かいえだ》武次《たけじ》は、彼らに味方して、頻りに斡旋しているが、実にけしからんことである》

こういうのだ。ちょっときくと、いかにも、真実らしくうけとれるので、それからそれへと噂は伝わった。こうなると、勝の一身も、山岡の一命も、自然危くなる。

江戸城に大総督宮がご入城遊ばされたと聞いた勝は、とりあえず、参謀海江田をたずねた。

『拙者は、宮様にお目通り願いたいと心得るが、足下お引き合わせを願えぬだろうか』

海舟がいうた。

『いかん』と、海江田が答えた。

『どうして、いかぬか』

『理由は申し上げることはできん。ただいかんと、ご承知願いたい』

『宮様にお目通りを願っても、宮様のお許しが出るかどうかはわからぬが、それはそれとしてとにかく、お伺いしてくださらぬか』

『いかん。たとえ宮様のお許しが出ても、拙者が遮ってごらんにいれる』

『これは、どうもわからぬ話だが……』

勝は不平だった。

『なんといわれても、今はいかん』

海江田は、断乎としてはねつけた。というのは、ほかでもない。海江田は、このごろ勝がねらわれていることを知っている。もし総督宮にお引き合わせなどしたら、これら官軍中の反対者は勝という奴、なにをしでかすかわからぬ。いっそのこと叩き断って禍根を断てということになる。そういう気配が見えているので、海江田は承知しなかった。

で、いたしかたなく城を出たが、このとき、早くも海舟が、大総督宮に謁を賜わったというような話が城内にひろまった。

勝の一身が、なんとなく危いので、海江田はいうた。

『そこまで、お送り申す』

親切に、自分と、ほかに屈強な腹心の部下とで、海舟を桜田門外まで送った。海江田は海江田で、またぷんぷんしていた。

当時、彼は総督府の参謀だが、江戸開城後、軍務官判事として、京都から乗りこんだ大村益二郎と、とかくそりが合わなかった。事ごとに、大村と争ったので、総督府の参謀局は、おのずから薩長がいがみ合った。したがって、噂の出どころも、おおかた、そんなところから出たろうと、海江田は、そう考えていたらしい。

『俺は、もうやめる』

彼は、とうとう一封の上書をふところにして、参謀局へ現われた。

『大村さんはおらんか』

『今日はお見えになりません』と、局員は、こう答える。

『俺が、勝、山岡らに与して、謀反をはかっているというような流言が、当参謀局から出たそうだが、誰がそういうことをいいふらしたか』

『いっこう、存じませんな』

みな、知らんといいおる。

『きみらは知らんというちょるが、俺にはわかっている。だが、ここでいう必要はない。流言が行われた以上、一応弁解だけしておくが、勝も、山岡も、徳川家の忠臣にして、天下の大義に通じている。もし徳川家に、彼らのような人物がおらなかったならば、江戸城は無事に官軍の手に入らなかったかもしれぬ。それがため天下の一大騒乱となったかもしれぬ。今日、江戸が無事平和を保っているのは、一に彼らの力が与っている。俺は彼らの心中を看ぬいているので、隔意なく往来しているので、密謀といい、密計といい、そんな野心があってどうなるものか。しかしだ、諸君が彼らの心事を疑うているならば、俺が即刻出かけて行って捕縛してくる。彼らもまたこれを忌避するものではない。……俺はここで諸君に誓うことができる。もし彼らが、俺の信認を裏切るようなことがあったら、俺はいさぎよう腹を斬って、諸君にお詫びをするぞ』

激語を放って、その場を退いた。

海江田が、こうして一身を賭して、海舟、鉄舟を庇護していたので、官軍中彼らを誤解しているものも、容易に手を下しえなかった。

そこが、男だ。海江田の態度は、はなはだいい。だが、小人というものは、とかく御《ぎょ》しにくいもので、両舟が幕臣であるという、ただそれだけの理由をもって、なにかと僻眼《ひがめ》で見ている。

《うっかりできない》

そういうので、両舟にうたがいをかけていたのだから始末がわるい。

会津の広沢富次郎すなわちのちの安任《やすとう》は、勤王家であったが、幕府に睨まれて、獄にとらわれていた。慶喜、いよいよ恭順となって、彼も海舟に助けられて、その屋敷に引きとられていた。すると、会津は賊藩となったからたまらぬ。広沢も、官軍に睨まれて、身の置きどころがない。

海舟は、知己であるところの海江田に交渉した。

『足下も、ご承知のように、広沢は会津人であるが、勤王家として知られている。しかし今は会津人といえば、見さかいなく首をはねられることになっている。わしは、広沢を将来見どころのある奴じゃと思うから、ぜひこの際助けたいが、ほかにこれという策もない。足下の手元に引きとっていただけぬか』

『よろしい。広沢の人物は、俺も知っている。すぐに引き取る』

言下に承知して、自分の寓所に置いた。

官軍の参謀海江田武次のもとに寄食しておれば、誰もなんともいう者はあるまい。広沢は安心して、自由に外出しておった。

ところが、ある日両国橋で、ばったりと巡邏兵《じゅんらへい》にぶつかった。

『会津藩広沢富次郎』

正直に名乗ったから、巡邏兵は愕然とした。

『どこにいる』

『海江田参謀のお世話になっている』

『これはけしからぬ』

彼らは、広沢を拉《らっ》して、海江田の家に押しかけた。

『参謀はいるか』

海江田は、何事ぞと、出て見ると、巡邏兵が広沢をかこんで勢いこんでいた。

『どうしたのか』

『実に、あなたは驚き入る。官軍の参謀という重職にありながら、朝敵をかくまっておくとは何事か』

『それは、どういうわけか』

『これにいる広沢富次郎を、本日両国橋付近において、捕らえてみると、貴官の世話をうけていると答えた。そのとおりであるか』

『いかにも、俺のところにいるが、広沢は、諸君のうたぐるような男でない』

弁解したが聞き入れない。

『たとい、いかなる人物にせよ、朝敵である会津人を庇護するというのは奇怪至極である。ただちに首を斬って捨てようと考えたが、参謀の名が出たので、これへ同伴した。貴官はどう処分するか』

血相かえてつめよった。

『わかった。俺がわるかった』

海江田は、率直にいった。

『なるほど。きみらのいうように、まだ会津の始末がつかぬうちに、広沢を勝手に外出させたのは、いかにも手落ちであった。……俺は、広沢の人物はうたぐってはおらぬが、会津が朝敵である以上、俺の家に置くべきものでない。いずれ会津の始末がつくであろうが、それまでは入獄を申しつけねばならぬところであった。俺は、参謀として、あらためて広沢に入獄を命ずることにする』

こうやった。

もし、このとき、海江田が参謀の職権を笠にきて、へたに巡邏兵に反抗したなら、殺気だっている彼らは、広沢を刺したかもしれない。はなはだ危険を感じたので、とっさの場合、機転を利かせ、広沢に下獄を命じた苦衷は、味のあるところだ。

巡邏兵は、これで満足した。で、すぐさま、牢屋へぶちこんだが、おかげで、広沢は助かった。

そういうこともあって、なにせ、海舟、鉄舟の立場は日に日に苦しくなった。

半蔵門外の狙撃

ちょうど、そのころだ。海舟は、馬にのって、半蔵門外にかかった。日が、とっぷりと暮れたので、人通りは途絶えている。

と、背後にあたって、バラバラと足音がした。

『待て』

ふりかえると、官軍の兵士三、四名、すでに銃口《つつぐち》を擬している。

ハッと思った瞬間、轟然として、銃声が夕闇にとどろく。弾丸《たま》は、頭上をかすめて飛んだが、銃声に驚いて、馬が棹《さお》立ちになってしまった。

その隙に、海舟は、鞍から落ちて、どうと倒れた。

ひやりとしたので、海舟は、ふいと意識をとりかえした。気がつくと、夜の空に星がチラチラとまたたいている。

『はてな』

彼は考えた。

『さっき狙撃されたとき、馬から落ちて、後頭部を石にぶつけたことだけは覚えている。それからどうしたのだろうか……』

手脚をうごかしてみた。なんともない。怪我をしているかと思ったが、別に血糊も感じない。

彼は、そっと起き上がった。

あたりは、暗くなっていて、官兵の姿も見えなかった。

『ははあ、俺がやられたと思うて、あのままゆき過ぎたのだな』

初めて気がついた。いいあんばいに、すぐ傍に乗りすてた馬が、草を食《は》んでいる。海舟は、再び馬に跨って、その場を脱したが、真に危いところだった。

したがって、たえず白刃に脅かされていたが、都合のわるいことには、江戸は静謐に帰したようなものの、まだ上野には彰義隊ががんばっていて、なんとしても動かなかった。

これは、初め慶喜が鳥羽伏見に敗れて、朝敵となって江戸へもどってきた際、幕臣の者が五、六十名、四ツ谷鮫ケ橋の円通寺に集合した。

『主君は、このたび朝敵となられたが、よくよく吟味してみると、鳥羽伏見の戦いは、もともとこっちから仕向けたものでない。薩長軍から仕向けたものだによって、その辺の事情を訴え出て、朝敵の名をそそぎたい』

そういう相談だった。

二月になって、この手合いが、浅草の本願寺に集合して、哀訴嘆願運動を起こそうとすると、だんだん、それからそれへ聞き伝えて、参加するものが増加した。で、かれこれ五百余人となった。

『なんとか、名がなくてはゆくまい』

阿部林景《りんけい》が、そこで、彰義隊とつけた。初めは、照義隊とやったが、さしつかえがあって、彰にかえたと聞いている。

そのうちに、慶喜が上野に謹慎となったので、寛永寺に立てこもり、これを守護することになったが、そのときは一千人ばかりになった。

慶喜が、水戸表へ引きあげると、こんどは、公現法親王（故北白川宮能久《よしひさ》親王）を奉じて、なんとしても解散しない。

みな、血の気の多い手合いだが、この牛耳をとっていたのが、寛永寺の執当覚王院義観《ぎかん》、竹林坊光映《こうえい》であった。二人ともよほど豪邁な坊主であったそうな。

覚王院と竹林坊とは、ときどき、意見の衝突があったようだが、佐幕という点については、まったく一致していた。

そのうちに、彰義隊は、おいおい人数がふえて、山内に二千余人も集まってくる。勢いづいてくる。路で、官兵に出会ったりすると、理由もないのに、突っかかって、争論をする。はては官兵と見ると、すぐさま叩っ斬る。広小路でやる、団子坂でやる、動坂でやる、出会い次第にやる。

最初に集まった同志の目的というものは、そういう乱暴狼籍を働くことじゃなかった。だが、多数集合したため、調子づいてきたのだな。

隊士の中でも心あるものは、覚王院に会って、諫言《かんげん》を呈した。

『こんな調子では、しまいには、官軍と衝突するであろうが、それでは君公の思し召しにかないますまい。かつまた都下百万の市民が戦火の禍をこうむることになって、まことに心配である。……それに、よしんば、戦《いくさ》を開くとしたところで、こんなところではどうにもなりますまい。むしろ日光山へ引きとって、徐ろに計をたつることが、策の得たものである』

こういっても、意驕《おご》り、気昂《たか》ぶっている覚王院は、聞き入れない。

『心配さっしゃるな、天下のことは、ここにござる』

法衣の袖から掌《て》を出して見せる。

ここまで自負していては、いかんともしようがない。退いて、竹林坊を説いてみても、同じことである。

『この寺には、恐れ多くも後水尾天皇が寛永寺とご染筆遊ばされた御額がある。中堂には、霊元天皇御筆の瑠璃の御額がある。とくに、輪王寺法親王が管理なさるる梵刹。官軍といえども、そうめったに攻撃できるものではない。よしんば討手を向けたからとて、なんの恐るることがござる。一山二千人の壮士、お相手申すに不足はない』

えらい権幕だ。

かくの如きありさまでは、なんとしても、一騒動起こらざるをえない。

しかし、勝にしても、山岡にしても、ここで戦争を引き起こすことになっては、彼らがせっかくの努力も、空《くう》に帰するので、もっぱら鎮撫の方法をとった。

大総督府においては、西郷吉之助、海江田武次らは、最初から海舟、泥舟と折衝しているので、よく両人の意のあるところを斟酌していた。そして、できることなら、なんとかして円満のうちに、山内にこもった彰義隊を解散させようとした。

また、隊士の中のあるものは、彰義隊の挙動が、当初の主張を忘れて、ともすると過激に走るので、海舟のところへ秘かに相談に来た。

『官軍では、もっぱら上野を攻撃するという風評であるが、どうか、あなたの尽力で、もう少し控えていてもらいたい。そのうちには、われわれの手でしかるべく解散をさせるつもりでいる』

海舟も、むろん、これに対して、異議のあろうはずはない。

大総督府にそれとなく斡旋していたが、いかにせん。統一のない彰義隊の壮士は、錦切れ憎さのあまり、暴虐のふるまいがあった。

官兵はもう我慢できなくなった。

『もし、総督府の命令がなければ、われわれだけの力で、上野を攻撃し、賊徒を一掃してごらんにいれる』

単独行為を申し込んでくる藩もあった。

ここにいたって、西郷も、てこずってしまった。

『まア、まア』と、味方を慰めておいて、一方、彰義隊をなんとか解散させようとした。荒療治はいつでもできるが、なるべく穏便のうちに解決しようとしたので、そこに容易ならぬ苦心がある。

西郷は、鉄舟を魔《きしまね》いて、意中を打ちあけ、鉄舟をして、覚王院を説破せしめ、かつまた隊長を訓諭せしめようとした。決死の壮士が、銃剣を閃かして、いざ来たれと構えている上野山内、この渦中に躍りこんで、かくの如き大使命を果たさんとするには、鉄舟よりほかに適当の人物はいなかった。

海舟には、海舟でなければならぬ彼独自の働き場所がある。同じように鉄舟には、鉄舟としての働き場所がある。勇あり、胆あり、識あり、加うるに、一誠をもって貫くところの熾烈なる熱情漢であるところの鉄舟が、この任についたのは、けだし適材を適所に用いたものである。

覚王院義観も、尋常一片の緇徒《しと》ではない。はたして鉄舟の言辞を採用するかどうかわからない。傑僧と剣豪との一大舌戦が、ここに展開される段取りとなった。

剛柔使い分けの舌戦

覚王院上人

鉄舟にしても、同じことであった——。

上野に立てこもる彰義隊の勢力が、日に日に募るにつれて、どうぞして、これを無事に解散させたいという希望じゃった。

それには、第一、彰義隊の牛耳をとっている覚王院を説破せねばならぬ。この大役をうけたまわった彼は、単身、上野へのりこんで、覚王院に会見した。このときの模様については、鉄舟が、明治十六年に『覚王院上人と論議の記』というものを書いて、双方の掛け合い談判を眼に見、耳にきくように記述している。

それによって、話を進めようか。

まず、覚王院が口を開いた。

『山岡さん、今日はどういうご用向きでお越しじゃな』

『されば、ほかでもござらぬ』

と、山岡は開きなおる。

『今日は、拙者は公命を帯びて推参したので、私人の山岡としてご坊にお目にかかる次第ではない。その点はあらかじめご了承を願いたい』

その立場を明らかにして、さて、話頭一転。

『君公におかせられては、すでに朝廷に対し奉りて、恭順謹慎を表せらるるために、水戸表へご隠退にあいなった。しかるに彰義隊は、何者の命を奉じて、この上野に立てこもっているのか一円合点がまいらぬ。総督府においても、疑いの眼をもって見ておらるるので、事変の起こらぬ前に、速やかに解散をいたすように、ご坊のお取り計らいを煩わしたいが、どうであるか』

短兵急に突っ込む。

『貴殿は、何者の命令をうけて、彰義隊士がここに集まっているのかと、お訊ねじゃが、どこからも命令はうけておらぬ。徳川家の危急存亡をうけたまわって、旗本の者が、誰いうとなく、十人集まり、五十人寄って、隊をなしたにすぎない。かつまた、将軍家は水戸表へお引き揚げになったが、当山には、東照神君以来歴代の神霊が奉安してござる。同時に輪王寺宮様が御座遊ばしている。さすれば、神霊を守護し、宮様を警衛することは、さしあたって必要欠くべからざるの一事、解散などとは思いもより申さぬ』

覚王院はポンとはねつけた。だが、鉄舟もそのまま引っ込んではおらない。

『すでに、勝房州《あわ》が、大総督府参謀と応接をいたして、江戸城明け渡しもすんでござる。これというのも、天位を尊び国体を重じたからであって、徳川家が、祖先以来の功業を維持しようとするならば、この際、君臣の名分を明らかにし、庶民の艱苦を救わねばあいならぬ。君公のご趣意もここにあることは、ご坊もご案内のはず。ゆえに今の場合は、君公の守衛を除いては、各自各個が勝手に、兵隊を組織することは断じてまかりならぬ。ただちに解散の公命を奉じてしかるべきでござろうが、どうであるか』

辞気するどく迫る。

すると、覚王院は顔色をかえて、屹然となる。

『フフム、さような譫言《たわごと》は聞きたくもござらん』

『なんと仰せらるる。譫言とは何事でござる』

『愚衲《わし》に問うまでもない。とくと考えてご覧《ろう》じろ。なるほど名は朝廷じゃが、実は薩長である。朝廷という面をかぶっているが、その面を剝ぎとれば、正体は薩長である。貴殿らが、官軍の参謀に応接したというても、洗ってみると、薩長軍の参謀と談判をいたしたわけである。地体《じたい》、貴殿はなんじゃい。幕臣ではござらんか。代々徳川家の恩顧をうけていながら、たちまちこれを忘却して、それで祖先にあいすむと思わっしゃるか。徳川家祖先も、後代に至ってあらかじめこういうこともあろうかと思し召して、当山を経営し、皇族お一方をもって法灯をつがせらるるようにいたしたのは、そもそもなんのためか。貴殿がたにはおわかりになるまい。……昔から日光山には、一旒《りゅう》の錦の御旗《みはた》が奉じてあるが、これ残暴者のために天日地に墜ちたる際、当宮《みや》をもってこれに易《か》え奉り、万民を安泰ならしめようという深慮がこもっている。今日の時勢は、愚衲から見ると、薩長その他の諸藩は、幼君をさしはさんで、自ら天下に号令しようと企んでいる。天日の光、ともすると、雲にさえぎらるる時である。さすれば、徳川家の幕下たるものは、神君以来のご遺訓にもとづき、不惜身命の覚悟をもって、国難にあたらねばあいならぬ。かくの如き存意のわからぬような恩知らずは、徳川の賊臣でござるぞ。腰抜け武士でござるぞ』

ハッタと睨《ね》めつけた。血気の鉄舟、ここで腹を立てたら、喧嘩は負けじゃ。だが、彼も苦労人、相手の覚王院が大上段にふりかぶって、真っ向二つ割りとばかり打ち込んできた舌剣を、すらりとかわす技は心得ている。

『ご坊のご議論は、朝命に違い、国体を乱すものだ』

受け流して、すぐさま構えを立てなおす。

『それのみでない。ご坊は、今の時勢をご存じない。万国との交際多事であるがゆえに、一朝事《こと》起こらば、国内だけの問題ではあいすまぬ。薩摩がどうの長州がどうのというのは、畢竟これ私情である。一時の憤りである。私情にとらわれ憤りを洩らそうがために、国を亡滅に導くことは、臣子のとらざるところ。たとえご坊がなんと口を極めて拙者を罵倒しようとも、是非はすでに明らかである。彰義隊は解散いたさねばならぬ』

『ハハア、なるほど貴殿は大目付じゃ。眼光濶大《かつだい》にして、世界の大勢に通じておらるるだろうが、愚衲《わし》は当山に引きこもっているので、山中また暦日なし。世界万国のことは、少しも知らぬ。また知ろうとも思わぬ。ただ徳川家を回復するのが目的であって、余のことは問うところでござらぬ。また東照権現の神慮を忖度《そんたく》すれば、愚衲が人間界にあらんかぎりはこの一事に執着して、誰がなんと申そうとも聴く耳はもたたぬ』

大刀をからり投げ捨てて四ツに組んだともいおうか、覚王院の頑固一徹は梃子《てこ》でもうごかない。

『よろしい、あいわかった。だが仏者と申すものは、人を救い乱を治むるのが、慈悲の本願としてある。君公はこの江戸を兵火の災いより救い出そうと遊ばされておるにもかかわらず、ご坊一人のみが、我意を張って、東照神君の思し召しをかれこれと粉飾いたしておるが、神君の思し召しはそれで適うとしても、その末裔はどうなってもさしつかえないとおっしゃるか』

『さよう、愚衲《わし》は輪王寺宮様にお仕え申しているので、慶喜殿のことはどうなろうと格別考えてはおらぬ。彰義隊のものもそうである。したがって将軍家の命令をもって、隊を組織したものではござらぬ。当宮を守護し奉れば、それが本願である。貴殿は、二言目《ふたこと》には、大総督宮大総督宮といわるるが、大総督宮様が宮様なら、当宮様も宮様でござる。宮様に二通りあるわけではござるまいが……』

こう依怙地《いこじ》になっていては、さすがの鉄舟も、手を施すところがなかった。

『ご坊のご意見は判然いたしました。もっぱら宮様を守護し奉って、徳川家にはなんのかかりあいもないということでござるな』

『いかにも』

『しかと、君公を護る存意はござらぬな』

と、鉄舟は念を押す。

『愚衲《わし》の舌は、二枚はない』

『しからば、このうえなにも申すことはござらぬ。拙者は使者として、ご坊のご返答を大総督宮に申し上げるが、しかるのち、ご坊の欲するところに任せ、両宮のご一戦を試むるもよろしかろう。だが、この戦いにおいては、彰義隊およびこれに付属の諸隊は、徳川家に関係はない、というところの確証を出していただきたい』

こうやった。剣法でいうと、彼が得意の鉄砲突きだ。これには覚王院があわてだして、急に態度をかえる。

『いや、愚衲《わし》とても、みだりに戦争をしようというのじゃない。貴殿とお目にかかって、心中自ずから切迫いたしたため、意外の暴論を吐いたが、その点はどうか許さっしゃい。貴殿がそういうて大総督府へご答申にあいなれば、明日にもあれ、砲火一発、当山は戦いの巷となる。貴殿のお言葉はよく、わかった。まア、しばらく待たっしゃい。申し上げることがまだござる』

鉄舟を引き止めにかかる。この辺は、虚々実々、舌戦の妙を尽くしている。鉄舟、このとき得たりとばかり、威丈高になる。

『これは、奇怪至極。ご坊、先には剛《ごう》にして今なんぞ怯《きょう》なる。拙者に対して決心を示された以上、断然、一戦を交えなさい。拙者はただ君公の思し召しを奉じているのみで、これに背くものはあえてとどめず。諸隊みな背くといえども、拙者一人は君公にしたがって、動くものではない。命《めい》、山の如し、飽くまでも奉ぜざるべからず。……いかがでござるか』

覚王院、ここにおいて、尻尾をまくかと思うとそうでない。

『愚衲《わし》の言語もツイ過激にわたったが、これはつまり徳川家のご恩に報いようという赤心からで、他に存じ寄りがあるわけではない。ここは貴殿にもご了承を願わねばならぬが、愚衲《わし》の苦衷をお察しくだらんということなら、これはどうも是非がござらぬ。これからすぐさま山内の彰義隊および付属の諸隊をひきい、わしは宮様を奉じて、日光山に引退いたし、そこで謹慎することに取り計らいたい』

うまいもんじゃな、覚王院は、剛柔、巧みに使いわけている。

『心得た。ご坊の心底、偽りなくんば、その趣、拙者より大総督宮へ言上仕《つかまつ》る』

『偽りなどとは、とんでもない。堅くお誓い申す。ついてはご歎願の筋があるが、これだけはどうか貴殿も今までの情誼をもって、ご憐察願いたいと存ずる』

『どういうことでござるか』

『されば、ほかでもござらぬ。当山に屯集している者を日光山へ引退いたさせることにあいなると、莫大な費用がかかる。その準備金の用意ができておらぬので、二万両恩賜《おんし》をこうむりたいと存ずる。貴殿より上申願えぬものであろうか』

『その儀は、必ずしも不可と申す次第もござるまい。だが、拙者にはなんともご挨拶いたしかねるので、委細言上いたして、お許しの出るように拙者も斡旋仕る。……そのあいだ、くれぐれも諸隊のものが、乱暴などいたさぬように、ご坊からお指図をたのみいる』

『堅く申しつけておきます』

で、二人の会見は終わった。

南州翁の苦衷

ところが、この二万両の要求は、覚王院が大総督府に対して、難《かた》きを求めたのである。当時の官軍は、それどころのさわぎじゃない。上野を討伐する軍資金さえもなかったというようなしまつじゃった。

空しく数日を経過した。しかるに、彰義隊のほうでは、錦切れを肩につけた官軍の兵士が市中を巡邏していると、なにはかまわず、敵意を挟んで、抜刀騒ぎを演じた。小ぜり合いが各所において行われたので、双方の感情は、おいおいと悪化してくる。西郷参謀は、これを心配して、懇ろなる説諭を加え、隊を解散させようとした。

でまた、鉄舟をよんで、翁からの内談があった。

『どうじゃろうか』

翁は、鉄舟にいうた。

『拙者は、先生のお話によって極力、道を尽くしたが、彰義隊と申すのは、結句、烏合の衆でござる。隊長はあれどもなきが如く、規則もなく順序も立たない。ただ紛々擾々《ふんぷんじょうじょう》たるありさまで、実は拙者もてこずっております』

『しからば、覚王院を総督府へ召喚しあたじから説諭を加えますから、あなたがつれてきていただきたい』

『承知するかせぬか、その辺のところはわかりかねるが、交渉《かけあ》ってまいります』

鉄舟は、またしても上野寛永寺に赴いて、覚王院にこの旨を伝えた。

意外、覚王院は引きうけたが、いっかな出頭する模様がない。西郷は堪えきれずして、鉄舟を招致した。

『諾《よし》』

『覚王院は当府へ出頭せぬが、どうしたものか。いよいよ叛意があると覚ゆるが、貴見はどうか』

『そう仰せらるると、いかにも恐れ入る。ただ徳川家大事とのみ思いこんだ頑冥者流なので、この分ではいずれも東叡山の土にするよりほかいたしかたござるまい。心中まことに不憫至極でござるが、そうなった暁は、拙者が官軍を率いて、烏合の衆を追い散らします。地形といい、陣容といい、拙者には掌の物をさぐるが如く判然といたしているので、これを全滅せしむるには、半日もかかれば十分である。しかし拙者にしても、幕臣である。かくの如きは情において忍びざるところ、もう一度精力を尽くして解散させようと存じます。今しばらく猶予願いたい』

鉄舟は、どうかして彰義隊士の安全を計ろうと、東奔西走、官軍の参謀と覚王院とのあいだに挟まって、説破これつとめたのだ。しかし、覚王院は、のらりくらり、表に鉄舟の意に同じながら、裏では内々戦陣を固めておったのだ。

大総督府においても、西郷参謀は、使者を遣わしてさらに覚王院の出頭を促した。

そこへ、西郷から急の使者がたって、またぞろ鉄舟を呼びにきた。

『いよいよいかんかな』

鉄舟も、心配しいしい西郷をおとずれると、やはりその相談である。

『不審千万じゃ。覚王院が総督府の召喚に応ぜぬのは、怪しいと思うが、どうか』

『あれは、もともと彰義隊にかつがれているので、自分からどうしようという考えはござらぬ。ただ現在のところ彰義隊に与《くみ》しているので、恐懼しているものとみえます』

『そうであろう。だが、心中正しければ恐るるところはない道理。先生、厳重に責めていただきたい』

『心得てござる』

と引き下がったが、こうして荏苒《じんぜん》と日を過ごしているうちに、四月二十七日、長州の大村益二郎が、軍務局判事として、江戸へ乗りこんだ。

長州人の考えは、薩州人とは違っている。はじめから、徳川を叩きつぶそうというので、西郷らが、海舟、鉄舟、泥舟らに好意をよせているのが気に入らない。

『西郷は、彼らに欺かれているのだ。今のうちに一刀両断せずんば、悔いを千載に残すことになる』

こういう強硬意見で、ただちに参謀会議を開いて、上野討伐を主張した。これは、よほど薩人の反感を招いたらしく、現に海江田武次の如きは、大村と大喧嘩をした。海江田が辞表をさし出す。大村も差し出す。一時は内輪もめが起こったが、三条公が仲に入って、ともかくまるく納めた。その結果、長人の意見が通って、上野を討伐することになり、戦争の掛け引きは、一切大村の手に帰した。

だが、薩人はむろん、諸藩の隊長にしても、大村に心服しておらない。かえって西郷のところへ出かけて指図を請うような次第じゃったが、西郷翁はさすがにえらい。

これらの不平家に対していうた。

『俺《おい》どん、戦《いくさ》は下手で、上手な大村どんに任せちょるから、オハンがたア、大村どんに指図をきいてくだはれ。軍令が一途《いちず》に出《い》でんじゃア、呼吸が揃わぬ。俺どんも戦のことは、大村どんの命令どおりにしちょいます』

西郷自身が、大村の指揮命令に従うというからは、余の者は、不平があっても堪《こら》えねばならぬ。大事の前にあって、私《わたくし》の感情にとらわれるような翁ではなかったのだ。でも翁が遺憾としたのは、鉄舟を仲に立てて無事に彰義隊を解散させ、帝都に戦乱を引き起こすまいとしたのだったが、それが今は水の泡となった一事である。

五月十四日、あたかも上野討伐の前日であった。

翁は、鉄舟を招いた。

『山岡先生』

翁は、こういって、あの巨《おお》きな眼から、ホロリと一雫《しずく》。

『西郷先生、ご厚情は鉄太郎の心魂に徹しました。今日となっては、もはや何事も申し上げるところはございません』

と、鉄舟も暗然とした。

『いや、俺どんの誠意が届かなかった。この点は深く後悔しちょいます。あなたの誠忠はことごとく了解いたしておるが、軍議が討伐に決定しました。あなたの心情はお察しするが、願わくは、これがため傷心してくださるな』

『ご尊慮、ふかく感謝をいたします』

両雄は、しばらく黙然としておった。

今も、なお、薩長の争闘は、隠然として行われているが、ありていにいえば、その根ざしは、遠くこのときに始まっている。すなわち、王政維新の時から行われているのだ。

薩人は寛。長人は厳。討幕政策がまったく反しておったにかかわらず、内訌《ないこう》を表沙汰にしなかったのは、西郷翁のような一代の人物が、その鍵を握っていたからである。この時もし翁なかりせば、官軍においても醜い同士討ちがあったのではないか、思うてここにいたる。惻然《そくぜん》たらざるをえない。

最後の努力

大村が大総督府の実権を握るようになってからは、海舟もまたいの一番にねらわれたのはいうまでもない。

『きゃつは、狸爺だ。王政維新の邪魔者だ。ごたくさまぎれに片づけてしまえ』

そういう内意が下ったのかもしれぬ。一方鉄舟は、西郷と別れて、わが家にもどったが、輾転反側、どうしても眠ることができんかった。はじめて西郷と駿府に会見してこのかた、君家を安泰ならしめ、江戸を鎮静ならしめようとして、心胆を砕いての骨折りが、土壇場になって破れたのだ。

『実に残念だ』

心中悶々としていたのだ。

『主なるものは、覚王院をはじめわずか数名の頭立ったものが取るべき方向を誤った。それがために上野にいる三千余人の幕臣が、犬死にをせねばならぬ。なんとかして救い出すことができぬものか』

いろいろに考えたあげく、

『そうじゃ。もう一度、隊長に談判して、反省を促してみよう』

彼は、がばと床からはね起きた。

夜はふけて、雨雲が低く垂れた江戸の町々は、火を消して真っ暗な五月闇《さつきやみ》。彼は、勇を鼓して馬を馳せて山内に向かった。

『誰だ』

黒門を固めている隊士が誰何《すいか》した。

『山岡鉄太郎であるぞ、罷《まか》り通る』

と、大声をあげて名乗りさま、馬を山内にかけ入れ、隊長の行方をさがしたのだ。

『隊長は、いずれにおるか』

と、山岡はたずねた。

『昨夜、急に奥州へ落ちました』

『しからば、神木《しんぼく》隊長はおるか』

『おりますが、なにしろ、この騒ぎなので居所がわかりかねます』

みな、実《じつ》を吐かない。だが、山岡は、各所をさがしまわって、ようやく神木隊長酒井良祐《よしすけ》をつか

明治初年の上野寛永寺黒門

まえた。

　至誠をもって、懇々と解散を迫ったので、酒井の意もうごいた。

『ご意見は必ず隊士に伝えて、解散するようにいたさせます』

　酒井は誓ったが、もうそのときは、ボツボツと雨が降り出した。鉄舟は、濡れ仏のようになって奔走していた。が、おりから、先鋒はすでに黒門前に畳楯をきずいて、防戦の用意をしている。右を諭せば左に進み、左を鎮めていると右に出る。山内は殺気満々たるうちに、夜はまったくあけはなれてしまった。

　鉄舟の力、ついに及ばず。両軍は衝突して、砲火をまじえた。天台の浄地たちまち修羅の悪場と変じ、江戸城鎮護のための堂塔伽藍も、あわや火の手に包まれようとしている。

　いよいよ、戦争となったので、鉄舟は悄然として、本郷壱岐殿坂にさしかかる。

　ふりかえると、上野の方角からは、銃声が聞こえてくる。

突然、官軍の半小隊が、バラバラと鉄舟の馬をかこんだ。

『おう』

隊中の一士早川太郎。

『先生、どこにおいでなさるか』

と声をかけた。これは尾張の隊で、早川は鉄舟と相識であった。

『徳川邸にまいるつもりだが……』

『いけません。道が塞がっております』

『しからば、足下《そこもと》、拙者の嚮導を願えないか』

『事、急なるがため、せっかくでござりますが、お送りすることができません。先生は、お屋敷へお引き取りください』

たっていうので、徳川邸に入るをえず、彼は雨にぬれたまま茫然として帰路についた。馬の足並も思いなしか、いつもより遅い。

海舟邸へ闖入

この夜、どさくさ紛れに、二百余の官兵は、勝海舟の隣屋敷多賀外記《げき》の家へ、乱入した。勢い極まって、そのついでに海舟の屋敷へも闖入したが、幸い、海舟は不在じゃった。で、刀槍および胴乱を押収しただけで、彼は無事じゃった。これは、もとより長人の仕業であって、大村の指図といわるる。

海舟の家にあばれこんでは、事がむつかしくなるので、隣の多賀が、彰義隊に関係のあるのを口実に、これを包囲し、誤って勝邸を脅した体《てい》に見せかけたのだ。

海江田が通知をうけて、ただちに部下をつかわし、ようすを調べさせると、官兵らは、『勝はいるか』と怒鳴りこんできた。

『不在でございます』と家人が答えても、信用せず、家《や》さがしをしたと聞いて、海江田も、これが長兵であることは、うすうす承知しておったらしい。

これを要するに、当時における三舟の行動は、幕臣として、公明正大、一点の非難すべき箇所もないのだ。三舟ありしがゆえに、江戸および江戸市民の苦難を救いえたのはいうまでもなく、ひいて日本国の国難を打開しえたのだ。その苦衷は、海舟自ら『解難録』の中にかき記している。

海舟はいうている。

『徳川氏の領国、四方に散在し、その総高おおよそ四百万石、このうち蔵入りをもって養うところの旗本に、およそ二百万石を給与していた。いわゆる蔵米取《くらまいどり》である。残りの二百万石をはじめほかに諸種の税金およそ百万両ばかりあった。その領地の半分は関西にあったので、一朝戦争となると、この分は敵の有となる。そこで関東および奥州にある領分だが、これは関西のように豊饒でない。この区々たる関東の領土を提《ひっさ》げて、なにをなさんとするのであるか。その結果、窮して西洋人から金をかりねばならぬ。といっても西洋人はただでは貸しようがないので、自然、土地を抵当にせねばならぬ。そこで抵当として差し出すのは、横浜と函館と、この二港である。もし当時、策を誤って、この挙に出《い》でたならば、同胞の内輪喧嘩の隙に、空巣ねらいから、財物を奪わるるような形で、領地を掠奪《りゃくだつ》される心配がある。自分が一意念頭においたのは、この一点である』

聞けばもっとも至極。もし三舟が下手なことをしたなら、横浜も函館も、香港《ホンコン》、上海《シャンハイ》のようなものとなって、神州の領土、外人の靴の底に蹂躪されるところじゃった。危険千万な話。

『よくぞ、やってくれた』

後人は、こういって、三舟に心からの感謝をささげずばなるまい。俺《わし》は、いつもこのことに念到すると、三舟の苦心経営の労を多としているのだ。

維新以後の三巨人

最初の海軍卿

明治二年六月、五稜廓の騒動がおさまって、明治新政府もその土台がかたまった。そこで、海舟をあらためて、新政府に挙用した。

外務大丞《だいじょう》。——今日の局長だ。

いかに、なんだって、これじゃア、人を遇するの道を知らない。

『ごめんこうむります』

と、まもなくポンと断わったのは当然だ。

しかるに、その年十一月、再び召し出されて、兵部《ひょうぶ》大丞に補せられた。これも、翌三年六月までつとめたが、辞退した。越えて五年、初めて海軍省というものができたについて、これはどうしても、海舟に一骨折ってもらわねばならぬと、そういうので、三度召し出された。初めは、大輔《たいふ》——今の次官だったが、六年十一月に海軍卿に任ぜられて、八年四月にいたるまで、まる三か年のあいだご奉公した。

すなわち、海舟は、日本海軍を建設した最初の一人である。

蘭学修業の始め

彼が、なぜ海軍に志を向けたかというに、これはやはり剣師島田峴山《けんざん》の忠告があずかっている。

『剣は、将来主要なる兵器とはなるまい。ゆえに剣を学ぶは、身を修め、心を養うの方便となるにすぎまい。志、天下にあるところのものは、眼《まなこ》を開き、洋式兵術を研究して、進一進せねばならない』

愛弟子《まなでし》をそれとなく導いていた。

天保九年、海舟が十六歳のときだ。まだ旺《さか》んに、剣道の修業をしているころ、江戸城内において、ふと大砲を見物した。

『これは、どこの国の大砲か』

『和蘭《オランダ》から献納になったものだ。すばらしいものだ』

そういう説明をきいた。海舟はこれを熟覧したが、砲身に刻んである横文字がある。

『はて、これはなんと読むのか』

『そんなものはわからぬ』

と、役人はすましてござる。ところが海舟自身になると、わからぬわ、読めぬわで、通過させるわけにはまいらぬ。

『これは、人間のかいたものだろう。人間のかいたものが人間に読めぬというのは変だ』

『ばかなことをいう。そんな理屈をいうても、今さらはじまらぬ。蘭学をやらぬものに、読めるものじゃない』

と、役人はいうている。

『そうか。……じゃア、読めんでもいい。この大砲は、どういうふうに操縦するのか、教えてくれ』

『困ったね。貴公は子供の癖に、いろいろいうが、それほど知りたかったら、蘭学を勉強しなさい』

『おまえに砲の操縦もわからぬとすれば、もっともだ。……俺《おれ》も、やッつけてやろう』

まるで、仇討ちにでもゆくような決心をした。日本人でいて、外国語を学ぶ。こんな屈辱なことはない。だが、三百年、太平の夢を結んできた日本は、すっかり毛唐から置き去りにされてしまって、見るもの聞くもの、いちいち、遅れている。残念だが、横文字も学ばねばならん。鴂舌《げきぜつ》も弄さねばならん。だが、俺はひとつ和蘭《オランダ》を征服するつもりで、蘭語を覚えてやるぞ。そして、一日も早くそれを役立つようにして、ご奉公してやるぞ。――いうてみるならば、その心がまえだ。

『ごめんください』

出かけて行ったのが、有名な蘭学者箕作阮甫《みつくりげんぽ》の塾だ。箕作が会うてみると、粗衣をまとうた一青年。蘭学修業の手ほどきをしてくれというている。

『せっかくだが、おまえさんは江戸ッ子だ。とても辛抱できるものじゃない。まアやめなさい。それにわしも忙しい身だから、おまえさんの相手になってもおられない』

こういうご挨拶。

血気の麟太郎、すっかり腹をたてた。そういう師匠なら、あえて入門する必要もないと、退いて筑前藩士長井助吉《すけよし》について稽古した。

これがまた、尋常一様の苦学でない。まったく死にものぐるいであった。

おりから、蘭学勉強中のことだが、本屋へ和蘭《オランダ》の兵書が到着した。むろん舶来だ。

『いや、こいつは珍しい。ぜひ入手したいが、いかほどか』

『五十両でございます』

海舟は、五十両と聞いて、手が出なかった。五十両はさておいて、五両の金すらふところにない。

彼は悄然として、書肆の店頭を立ち去ったが、なんとしても、思い切れない。で、知人という知人、親戚《みより》という親戚、足の動くままにかけ歩いて、五十両の金を捻出した。

これを懐中して弾丸のように、本屋へかけ込むと、しまった！

『一足違いで、売れましてございます』

もう兵書は人手にわたった。彼は足ずりして残念がった。買い手は何者かと聞くと、四谷大番町与力のなにがしだということがわかった。

彼は、その足で、与力の家へ押しかけた。

『実は、私が先へ目を止めておいたので、金の工面をするうちに、あなたに買われてしまったような次第。おさしつかえなくば、あらためて私に売っていただけまいか』

こういう交渉をした。

『それは困る。拙者も珍籍と心得て買い求めたのであるから……』

『では、拝借願えませんか』

『せっかくだが、お貸しすることもできません』

『しかし、あなたは、夜昼、ぶっ通して、その本をお読みになるのでもありますまいが……』

『もちろん、夜は寝ます』

『何時《どき》におやすみでか』

『四つ時（十時）過ぎに床に入ります』

『では、四つ時過ぎから、翌《あく》る朝、あなたがお目ざめになるまでは、その本は空いておりますな』

『そうです』

『そのあいだ、私《わたくし》がお宅へ伺いますから写させていただきたい。どうですか』

熱心そのもののような海舟の言葉を聴いて、与力はびっくりした。よって彼のいうままに許してやったが、それから海舟は、本所の自宅から四谷まで、雨が降ろうが風が吹こうが、毎日毎日通いつめた。なにせ、島田の塾で、さんざん剣道できたえた身《からだ》である。根気も強いし、辛抱も強かったが、第一は、それが役立ったようである。

海舟は、これを写しながら、所有主の与力に対して、質問をした。

『自分は、ここの箇所は、こういうふうに解釈するが、あなたはどうですか』

聞かれて、所有主のほうがかえってうろたえた。

『そう、あなたに訊ねられても、拙者はまだそこまで通読しておりませぬ。……いや、驚きました。

あなたのご熱心なのには、ほとほと敬服しました。本をもっている拙者が、まだ眼を通さぬ先に、どんどん先から先へ写してゆかれる根気は大したものでございます。拙者のような者が、この兵書をもっているよりも、あなたのようなご仁がご所有になるほうがほんとうだ。今ようやくそれがわかった。ついては、このままあなたにさしあげますから、お持ち帰り願いたい』

『それは、いけません。……私は、すでに写しましたので、二部必用《ひつよう》はありません』

『ご必用ないとあれば、写した分は、あなたの筆墨代におかえください。とにかくさしあげます』

きれいさっぱりと五十両の珍籍を譲ってくれた。

海舟は、大喜びで、早速写したほうは売却した。一部八冊揃い、そのときの金で三十両になったんだそうな。

この調子で、和蘭《オランダ》辞書ズーフ・ハルマも二部写した。一部売ったんだが、俺《わし》は、いつかこの実物を見たことがあった。まったくどうも、それを見ていると、涙がこぼれる。

ことに、このときは、親父さんは腰がぬけてたたない。おふくろさんも病気で寝ている。夫人は夫人で、産をするというようなときだが、あいかわらず貧困な生活《くらし》、海舟は夜自分の着て寝るものがなかった。しかたがない机によりかかって、着のみ着のままで夜を明かした。

寒くても、炭が買えない。縁側をはがす、天井をはがす、障子襖を火にくべて暖をとりながら、コツコツと勉強をつづけて蘭学を完成したところは、まことに驚嘆に値する努力である。

嘉永三年には、西洋兵学塾を開くところまですすんだが、もし嘉永六年に黒船が浦賀に来なかったら、海舟もそのままで終わったかもしれない。

ペルリとか、ペロリとかいうのが来おって、日本の惰眠を打ち破って以来、朝野愕然として湧きたった。砲術も西洋流でないといかん、軍艦も造らねばいかんというようなことで、海舟もだんだんに取りたてられて、旧幕府の海軍に関係するようになった。それで、明治政府の海軍卿となったのもその延長じゃと思えばよろしい。

勝海軍卿と番兵

明治三年に、兵部省《ひょうぶしょう》の名をもって、海軍創立の建議をしている。この建白書は、兵部大丞《だいじょう》であった海舟の意見らしい。なぜといって当時の兵部省は、卿《きょう》が熾仁《たるひと》親王、大輔《たいふ》が前原一誠《いっせい》、少輔《しょうゆう》が久我通久《みちひさ》、大丞が勝安芳《やすよし》と山田顕義《あきよし》、少丞が川村純義《すみよし》である。このうち、海軍創立に対して、堂々たる意見と抱負とをもっているものは、海舟よりほかあるまい。――こう見てもさしつかえなかろうが……。

建議の内容はこうだ。

『わが国は、海中に独立した国家で、四面、ところとして艦船の通航できぬという場合はない。ことに数島に分断し、気脈相《あい》通ずるはただ水路あるのみ。そこでなんにしても海軍の厳備を必要とすることは、むしろ英国以上である。しかして時勢についていえば、今や世界競って海軍力を強盛にする時代となっているのみならず、先年品海《ひんかい》に米艦突入して内地の情勢を観察してこのかた、外国は概してわが国を軽視している。わが皇土は断じて寸分も失うべからず。他の兵権は決して国内に容《い》るべからず。戦端いまだ発せずといえども、機はすでに十分に伏している。いざとなって、海に備えあってこそ、はじめて雌雄を争うこともできるが、海に備えなくんば、これに抗する術《すべ》はござるまい。ゆえに海軍の厳備は今が最も急務である。皇国今日のこと、上下一心、全国協力。速やかに強大の海軍を振起し、これをもって数千歳赫々たるわが皇国を擁護し、内地はことごとく外兵を逐《お》い、北海は拓《ひら》いて尽頭に至り、さらに朝鮮を伏して属国とするにある。われ今数百艘《そう》の軍艦を用意し、数万の精兵を常備すれば、彼縮み上がって畏敬の心を生じ、いずくんぞ今日のような挙動をなすことができようぞ』

こう喝破して、海軍力を策定している。

蒸気厚鉄艦（戦艦）五十艘、木鉄両製艦（巡洋艦）七十艘、大砲艦（砲艦）六十艘、護送船（特務艦）二十艘、計二百艘、艦齢二十年と定め、毎年十艘ずつを新造して、旧艦と交代させようというのが、その案である。実に規模雄大なところが、海舟の胸寸から出発しているらしく思われる。

かくのごとき志望をもって、海舟は創設の海軍省に入ったが、当時のわが海軍は、大小の艦船あわせて十七隻、その総噸《トン》数一万三千八百余にすぎない。軍艦中、東《あずま》、龍驤《りゅうじょう》二隻の甲鉄、孟春《もうしゅん》一隻の鉄骨木皮をのぞけば、他は木製のコッパ船だ。でも、海軍卿は、海軍操練所を海軍兵学寮と改称せしめて、諸藩から学生を募って、士官の養成につとめ、また別に海兵士官学校をおいて、海兵士官を養成した。この兵学寮というのは、よほど蛮骨漢のみが揃っていたとみえ、珍談が残っている。

兵学寮は、築地にあったのだが、結髪にして洋服をまとうた勝海舟が、今し、兵学寮から海軍省へ立ちかえろうとして、門外までさしかかった。ところが、番兵はまだ海軍卿の顔を知らない。

『待て』

いきなり番兵が遮った。海舟は黙って立っていた。

『送り券を持っとるか』

番兵がやつぎ早に質問した。

『どうして』

『物品を門外へ持ち出す場合には、送り券が必要である。……その手提げ袋はなにかッ！』

『ム、……そうか。待て待て』

洒落な海軍卿は、番兵から咎められても、怒るどころか、ごもっともな次第と、そのまま玄関へ取ってかえして、送り券をかかせようとした。

『閣下が送り券をお持ちになる必要はない。番兵の奴、けしからん』

判任官某が、怒り出した。

『いやいや、そう怒るなよ。あれは職務に忠実じゃから、おいらを咎めたので、無理はない。どうか、送り券をおくれ』

『でも、閣下』

『なに、かまわぬよ』

送り券をもって、のこのことまた門外へ現われる。

『こらッ、海軍卿のお通りだ。捧《ささ》げ――ッ、銃《つつ》！』

こんどは、送りに出た上官が号令を下したので、番兵は顔を赧《あか》くして、捧げ銃の敬礼をした。

『いや、ご苦労。送り券はここへおいてくよ』

あわてもせず、驚きもせず、人を喰った態度で、スタスタと帰っていったという話である。山本権兵衛《ごんのひょうえ》伯などは、この海軍兵学寮の出身じゃげな……。

宮中奉仕

鉄舟も、江戸城明け渡しがすんで、ひとまず江戸が落ちつくと、静岡藩政輔翼《ほよく》となって、駿河へ退いた。海舟の話によると、県民はひじょうに鉄舟に敬服した。廃藩置県後、すなわち明治四年十一月、彼が茨城県参事となった際は、送別の旗でもたてて、盛大に見送りをしようということになった。

かくと聞いた鉄舟、

『そんなことをしたら、費用ばかりかかって、皆さんにあいすまぬ』

そういって、一笠一杖、コソコソと逃げ出してきたのだといわるる。

彼が、新政府に仕えるについては、西郷南洲、大久保利通、吉井友実《ともざね》ら、主として薩人の推挽《すいばん》があったためである。彼は、自らいうてる。

『世間では、かの山岡は、旧徳川の臣である。かつて徳川氏賊名を被り、官軍の追討するところとなり、ついに滅亡して、今日わずかにその残骸をとどめているのみ。いやしくも徳川の遺臣たるものは、身を野人に委ね、世事を脱し、謹んで君父《くんぷ》に謝すべきであって、彼の如く栄華を貪り、敵人薩長の輩とともに廟堂に出入し、恬《てん》として恥じず、意気揚々、得意然たるは不埒のかぎりだといって、自分を罵っている。彼らの申すのは、もとより無根の放言ではない。深くその心衷を愛するといえども、これはあたかも仏教の小乗を知って、いまだ大乗のなにものたるかを知らないものの言葉である。自分はこれに対して、あえてなんのかのと抗弁はしない。謹んで神仏の光明に任し、千載の知己を待つのみだ』

そういって、その心事を明らかにしている。

晴れてよし曇りてもよし富士の山　もとの姿は変らざりけり

これ鉄舟の吟。これによって、心胸《しんきょう》を推すことができる。

で、茨城県に赴任したのだが、翌月ただちに伊万里《いまり》県権令《ごんれい》となった。これは、勝の推薦である。

（内田良平氏所蔵）

『肥前の伊万里は、旧藩の頑固士族が多くて、尋常の者の手では治まらぬというので、俺の発意で山岡を県令にして、かの地へ往ってもらった。すると彼は県令でありながら、軽装をして、頭に深編笠を被って、始終市中やら百姓家やらを巡視し、もっぱら、民情を詳察し、そして彼は、常に人を治めんと欲せば、まず自ら修めよの流儀で、反省してかかるから、いくばくも経たざるうちに、県民はその徳に化した。そのころ、一つの疑獄があって、囚人が幾人も獄につながれていたのを、彼はみな切り放して、うまくその処置をつけたので、寛厳よろしきに適い、当時、剛明果断の山岡県令という評判をとった』

海舟が、のちになって、こう語っている。

西郷南洲は、あたかもこの前後に、宮中の粛清につとめ、明治天皇がまだお若くいらせられたので、側近に奉侍するものの人選をしておった。

『山岡の誠忠、山岡の剛直、彼こそ側近に奉侍せしむる資格がある』

西郷翁は、鉄舟を侍従に推した。

事容易ならずとあって、鉄舟はうけ引く気色がなかったが、懇嘱《こんしょく》もだしがたく、しからば十年間ご奉公申し上げることにいたそうといって、はじめて宮中に入った。明治五年六月である。

そのご奉公ぶりの真剣さには、誰人《たれびと》も感激せざるはなかった。宮中宿直の夜は、下僚や、給仕らには休息をゆるしても、彼自身は、ひとり端坐して、徹夜をした。ある夜のこと、宮内高官の一人、ひょッこりとこの宿直室へ入ると、いつものように鉄舟は、厳然としている。

『山岡さん、ご退屈でありましょうな』

お世辞のつもりで、こういった。すると、鉄舟は、屹《きっ》となって、

『退屈とは何事でござるか』

一喝したので、高官は粛然として礼を正しゅうした。

したがって、身に毛でついたほどの隙もなく、全霊をもって、全身をもって、お仕え申しあげたのだ。陛下もまた山岡の忠諫《ちゅうかん》を容れさせ給うて、ご禁酒遊ばされたくらい。

もっとも、鉄舟がお諫《いさ》め申してから一か月後に、葡萄酒一打《ダース》を献上したので、このほうはご解禁あそばされたとうけたまわっている。

また、こういう話がある。

越後の者で、鼈《すっぽん》百数尾《ひき》を鉄舟の屋敷へ持参した。どうするのかと聞くと、恐れながら聖上へご献上いたしたいという。彼は、承諾して、翌日、そっと宮城のお濠《ほり》へ放してしまった。のちまた、鶏《にわとり》を献上したいといって、鉄舟のところへ届けたものがいた。これもまた浅草観音の境内へ放してしまった。

のちになって、この趣を言上した。

『どうして、そんなことをいたすか』

明治天皇からご下問があった。

『はい、恐れながら、陛下至仁のご恩沢を、他の動物にまでこうむらしめたく存じまして、かく取り計らいましてござります』

こうお答え申しあげたので、龍顔ことのほかうるわしく、

『よいことをいたした』

と、宣《のたま》わせ給うたように拝承している。

鉄舟の刀

明治十一年、竹橋の近衛連隊に暴動が起こった際には、東京市中は一時愕然とした。これは、西南戦役後の論功行賞に不平をいだいた者の煽動にもとづいている。

なにせ、御所近くだったので、一同狼狽した。鉄舟は、この夜宿直でもなんでもない。

『御所危うし』と聞いて、咄嗟のうちに身仕度をととのえ、参内して、玉体の安らかなるを拝し奉り、ハッとその場に平伏した。時まさに夜半だ。いまだ一人の護衛も伺候しておらなかったので、陛下におかせられても、ことのほかのご満悦。

『山岡、おまえの刀を差し出せ』

鉄舟が持参した刀をささげ、恐る恐る御前《ごぜん》に差し出した。そして、お手にお取り遊ばして、お手

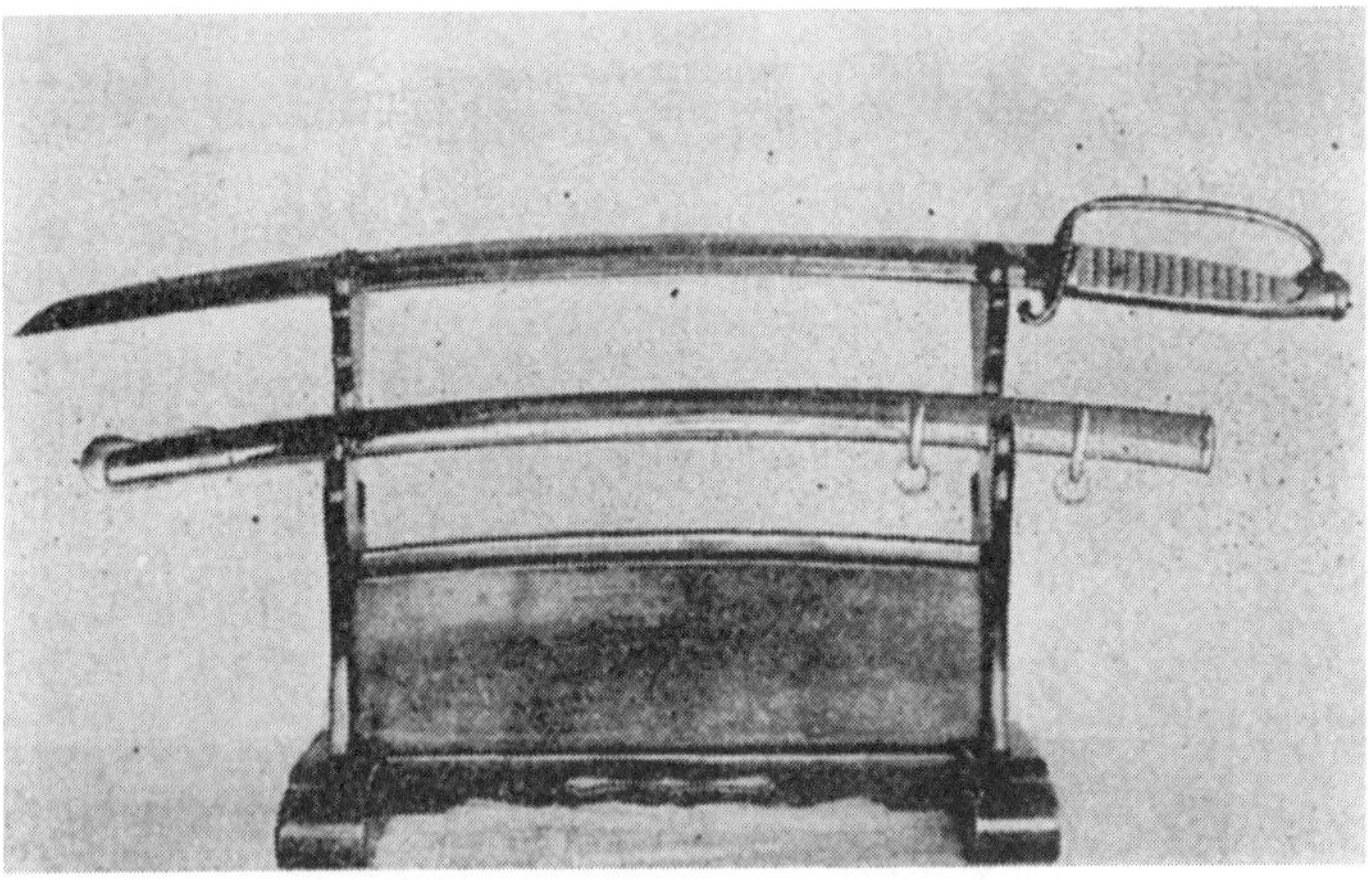

鉄舟の護　皇洋刀（東京市下谷区谷中全生庵所蔵）

ずから玉座のお側に置かせられた。非常のお備えと遊ばす叡慮であったと恐察し奉る。

事件がすんでからも、

『山岡は、ここにいる。もはや心配はない』

ありがたい優詔を賜わって、この洋刀《サーベル》はご身辺に置かせられた。

のち、嗣子にお下げ渡しになったので、今では谷中全生庵の宝物となっている。

これくらいなので、陛下が各地ご巡幸の際は、留守をうけたまわっていたが、毎日夜半になると、必ず一度ずつは、ガラリと雨戸をあけた。

『なにをするのか』

家人も、はじめは変に思った。

それが毎日つづくので、ようすを注意していると、彼は、空を仰いでいる。そして星がいっぱいにちらばっていてきらきらと輝いていると、安心して、明日も天候は良好だ。玉体に御恙《おんつつが》のないように、心に念じて床に入るのだった。

天恩無窮

南洲、海舟、鉄舟――この三人は、維新以来、鼎脚のように離るることのできぬ関係にある。したがって、明治六年十月二十三日、西郷南洲が、征韓論のいきさつから、辞表を闕下《けっか》に奉呈した際は、鉄舟は侍従職として側近におった。

南洲翁は、身体違和、療養のため帰国したいと願い出て、勅許を得ようとしたが、岩倉右大臣などは、ぜひこれを止めようとした。

『今、西郷のような有力者を不平のままに帰郷せしむるは、あたかも猛虎を曠野に放つようなものでござります』

明治天皇にかよう申し上げたところ、陛下の思し召しはそうではなかった。

『なるほど、隆盛は百獣を威服する虎にも例えられようが、彼は猛虎ではない。野に放ちたりとも他に害を加えるようなことはない。功臣を遇するうえにおいて、その好むところに任せるがよい』

まことにありがたい思し召しだった。

『ハッ』

と、岩公も平伏した。

『恐れながら、薩州出身の将校は、大半辞表を差し出して帰国するようにござりますれば、隆盛に帰国を許しまするにも、陸軍大将近衛《このえ》都督《とく》を免じまして、帰国せしむるを策の得たものと考えます。この儀ご裁可くだされまするように……』

こういうと、陛下におかせられては、少しく俯《ふ》し目に岩公を見つめ給いて、

『近衛都督は補任の官、在京にあらざればその職を行うこともなるまい。しかし陸軍大将は現役のまま帰省せしめてよかろう』

岩公、伏してなにか言上しようとすると、陛下は、これを圧《おさ》えつけるように、力をこめて再度くりかえし給うた。

『それでよろしい』

晩年の西郷隆盛

『ハッ』

岩公もやむなく退下した。

鉄舟は、向島小梅の越後屋の寮に出向いて、南洲翁にこの趣を伝えた。

すると、翁は卒然として居ずまいをただし、宮城のほうを拝して、潸然《さんぜん》と泣いた。翁の心中を察して、無骨者の鉄舟まで同じように貰い泣きをしたという。

だから、岩倉も、大久保も、よく南洲と鉄舟との関係を知っている。翌七年三月、鉄舟が内勅を奉じて、薩摩の島津家に赴いた。そして、西郷南洲にも会見し

た。これは、優渥なる聖旨を島津家並びに南洲翁に伝えるためで、岩倉、大久保両人の苦心惨怛たる策に出《い》でたのだと聞いている。鉄舟は、このとき、南洲に向かって、どういう意見を吐露したか、それはわかっておらぬが、南洲執筆の『成趣園』の額字を入手して帰京した。鉄舟自邸の園号なのである。

そのうちに、政府と私学校との感情のもつれが日に日に大きくなって、とうとう明治十年には、あの大爆発をしてしまった。

海舟の一言

岩倉は、早速、海舟をさしまねいた。

『西郷もたいへんなことをしでかしたが、三条公のいわっしゃるには、あなたにぜひ鹿児島までご足労を願って、西郷を説破していただきたいと思うがどうだろうか』

つまり、西郷を説破するものは、海舟よりほかに、人がなかった。政府はそれを承知していたのだ。

『よろしい。お引き受けはするが、それには政府で、大決断をなさる覚悟が必要だ。それができますか』

海舟が、突っ込む。

『卿の決断というのは、自分にも想像はつく』

『それはけっこうだ。では、あれたちを処分なさるか』

『卿のいうのは、大久保と木戸とを免職させろと、こういうのか』

『いかにもお察しのとおり』

『それは困る。あれは国家の柱石だから、首を切るわけにはいかない。それは卿にもよくわかっているだろう』

『だが、それができねば、鹿児島行きもお引き受けできませぬ。おことわりだ』

ピタとはねつけたので、ついに海舟の九州下りは沙汰やみとなった。あとで聞くと、鹿児島では、開戦と同時に、桐野利秋が一番先に気づいた。

『先生、勝さんが、いずれ密旨をうけてやってくるでしょうな。そうなったら、どうしますか』

桐野が、ズバと見ぬいた。

『ばかなことというな。勝が出かけてくるもんか』

南洲は、笑って他をいわず、黙々としてそのままに封じてしまったが、ここらが英雄、英雄を知るとでもいうところだろう。チャンと、両雄がおのおの意中をはかって、しかも誤らざるところに、無限の妙味がある。

『何事も知らぬふうをしていて、独り局外に超然としておりながら、しかもよく大局を制する手腕のあったのは、近代では西郷一人だよ』

海舟が、自らそう礼讃しているのも無理はあるまい。

泥舟の晩年

ここに泥舟の歌がある。

野に山によしや飢ゆとも蘆鶴《あしたず》の　むれ居る鶏《とり》の中にやは入《い》らむ

これ彼の所懐である。三舟の最後に残った泥舟は、維新後はまったく一個の野人として世を終わった。世には海舟、鉄舟の名を承知していても、泥舟とはどこの人か、さらにご存知ないような者もいるくらい。

彼は、ついに一生を轗軻《かんか》落魄《らくはく》のうちに過ごしたが、これについて、海舟は批評している。

『泥舟は、大ばかだよ。当今の君子では、あんなばかな真似をするものかい。彼は幼少のときより槍述の稽古などをしたようすをきいたことがあるが、稽古となれば、昼夜数日、寝食を忘れて、命かいかんまずのことをやった勢いだからのう。そんなばか者が今の世にあるものかい。だから彼は槍一本で伊勢守まで成り上がったので、一個の武人としては間然するところはないよ。維新の際、将軍の守護を托したのも、彼の才子でないところを見とって、これならばと思うて、まかしたのだが、幸いに無事を得たことである。また彼が旧主とともに、終身世に出《い》でざるの誓いをなして、主人を隠遁せしめ、自らもその誓いを守って、彼自身は赤貧に甘んじ、豚の真似をしているのは、とても才子じゃできない。実にばかばかしい。そこで俺《わし》は、彼をばかというのだよ』

言は、やや奇矯だが、泥舟を拉《らっ》し来たって、巧みに諷意している。彼が当世に志を絶ったのは、ここにも見えるように、旧主慶喜との誓いを守ったにすぎないのだ。

土の船由来

かくとは知らず、明治三年、朝廷においては、山岡鉄舟に内命を伝えて、あるいは茨城県令に任ぜんとし、またあるいは俺《わし》の郷国福岡県令に擬したが、なんとしても受けなかった。聞くところによると、明治十六年ごろ、門人の関口隆吉、これが元老院の議官であったが、泥舟の茅屋《ぼうおく》を叩いて、なにかいい出しにくそうにもじもじしておった。

『関口、どうかいたしたか』と、泥舟が問うた。

『はい、少し先生に折り入ってお願いがございますが……』

『なにか。いうてみなさい』

『先生は、世に出る意志はないとおっしゃっておるが、いかにも門人として、遺憾に堪えませぬ。で、山岡君とも相談をいたしましたが、ぜひ先生の出廬《しゅつろ》をお願いいたしたいと存じます。いかがなものでしょうか』

『出てもよいよ。……だが、条件がある』

関口は、喜んだ。

『どういう条件でございましょうか』

『おいらを総理大臣というものにしてもらいたいな』

つちの船由来（泥舟遺族高橋道太郎翁所蔵）

『ごもっともでございます。しかし突然、そうもまいりませんので、しばらくご辛抱願って、お勤めしていただくうちには、きっと私どもが先生を宰相の地位にすえます』

『それならごめんだよ。榎本は、あれはなんだい。主君の命に背いて、脱走して函館で戦争をしたところが、敗北して、軍門に降ったが、それでも大臣とかなんとかいわれている。どういう手柄があったのかい。おいらは主君の命を奉じて、官軍に手向いもせず恭順謹慎をしておったのが、いまだに大臣どころか、九尺二間の茅屋《あばらや》で貧乏している。いったいどういう過ちがあって、こんなことになりおったのかな。おいらにはとんとわからんよ。それなら、いっそ庄内の酒井左衛門尉の使者松平権十郎が、おいらのところへ来て、東北二十三藩の兵を合わして、箱根で官軍を喰い止めようと思うが、どうだろうという相談をうけたとき、おいらも一戦を交えたほうがよかったかもしれない。そうすると、今ごろは参議にも大臣にも、なんにでもなれたかしれない。まず世の中はそんなものだよ。ハッハハハハ』
笑って相手にしなかった。
これは、けだし当初より泥舟が世に出る意志がなかったため、かく大言壮語したのだ。こは、海舟のいうように、自ら主君に恭順をすすめて、主君を隠遁の身とならしめた以上は、自分だけ、顕要の地位を占めるわけにゆかぬ。もし、官に就いて威福を張ることになれば、見ようによって、旧主を售《う》った形ともなる。そこで、主君慶喜に義理をたてて、慶喜とともに当世に志を絶ったのだ。

狸にはあらぬ我身もつちの船　こぎ出《いだ》さぬがかち〳〵の山

こういう歌があるが、よく彼の心持ちが出ている。
『泥舟』の号も、この歌から出ているので、それまでは『忍斎』というておった。

一叢の竹

だが、牢騒鬱勃《ろうそううつぼつ》の気は、失《う》せたわけではなく、時にふれ物に感じては、内憤をもらしていた。『東照宮御遺訓住吉の神托に、「我に神体なし、慈悲をもって神体とす。我に神力なし。正直をもって神力とす。我に神通なし、慈悲をもって神通とす。我に奇特なし、無事をもって奇特とす。我に方便なし、柔和をもって方便とす」とあり。権現さまは日ごろそういうていた。また、「悪逆は私欲より出《い》で、天下の乱は奢《しゃ》より起こる」ともいうていなされた。かかる心があったので、三百年昇平の基《もとい》を開くことができた。今の朝廷の大臣たちはいかにして、天皇の大御心《おおみごころ》を安んじ奉るべきか。匹夫《ひっぷ》より身を起こし、なにほどの功勲もないのに、人臣の位を極め、私欲を恣《ほしいまま》にして、驕奢《きょうしゃ》に耽り、淫舞三昧、人の嘲りをもかえりみずして傲然たるは、皇祖在天の尊霊も、いかにおわすらんと、嘆息にたえない。だが自分は、世にそむくの賊臣だ。いかんとも訴うるにところなく、ひとり血涙をそそいでいる』

したがって、履《くつ》を穿《うが》って泥舟の胸中に入るならば、怒りもあったであろう。悶《もだ》えもあったであろう。不平もむろんあったであろう。超然高挙、節を持して、名利の世界から離脱していても、家族のものは、なんのかのと泥舟に対して、取りすがったのであろう。『挑悶《ちょうもん》』の長詩をよむと、涙ぐましくなる。

これは、明治元年、維新の騒ぎが片づいた年の晩冬の作だ。

折葦《せつい》の影は乱る斜陽の路。風潮、岸を嚙んで、呑又吐《どんまたと》。
鏡裏の流年、何ぞ瞬息なる。寒雁群飛して、歳将《としまさ》に暮れんとす。
沙塵面《おもて》を撲って、髪已《すで》に皤《しろ》く、十年の浮沈、意蹉跎《いさだ》たり。
横磨の剣は在れども、衄《ちぬら》し得ず。言わず、涙痕日に更に多きを。
食尽き、力窮《きゅう》して、猶《なお》忍ぶべく、児啼《な》き、妻悲しんで、袖争うて引く。
満腔の苦辛、また安んずべく、人世、限り有り、名尽くるなし。
昨日、偶然、故人を訪《と》えば、奴《しもべ》は粱肉に飽き、婢は縫裙《ほうくん》。

我が平素活計の拙なるを嘲る。今日猶范叔《なおはんしゅく》の貧に苦しみ、
造化の小児、禍福を弄す。関せず、窮達、遅速あるを。
帰来、晩村何の看《み》る所ぞ。蕭々《しょうしょう》として翠《みどり》は罩《こ》む、一叢の竹。

句々悽其《せいき》、その心事を察することができる。

維新以来浪人生活、三十六年一個の野人として、呼吸を封じた泥舟は、所信を押し通してしまった。かたくなかもしれない。融通が利かぬかもしれない。だが、彼も一世の人物だ。黄白のためには節を売り、地位のためには骨抜きとなる人が、ウジョウジョしている世の中には、泥舟の存在の

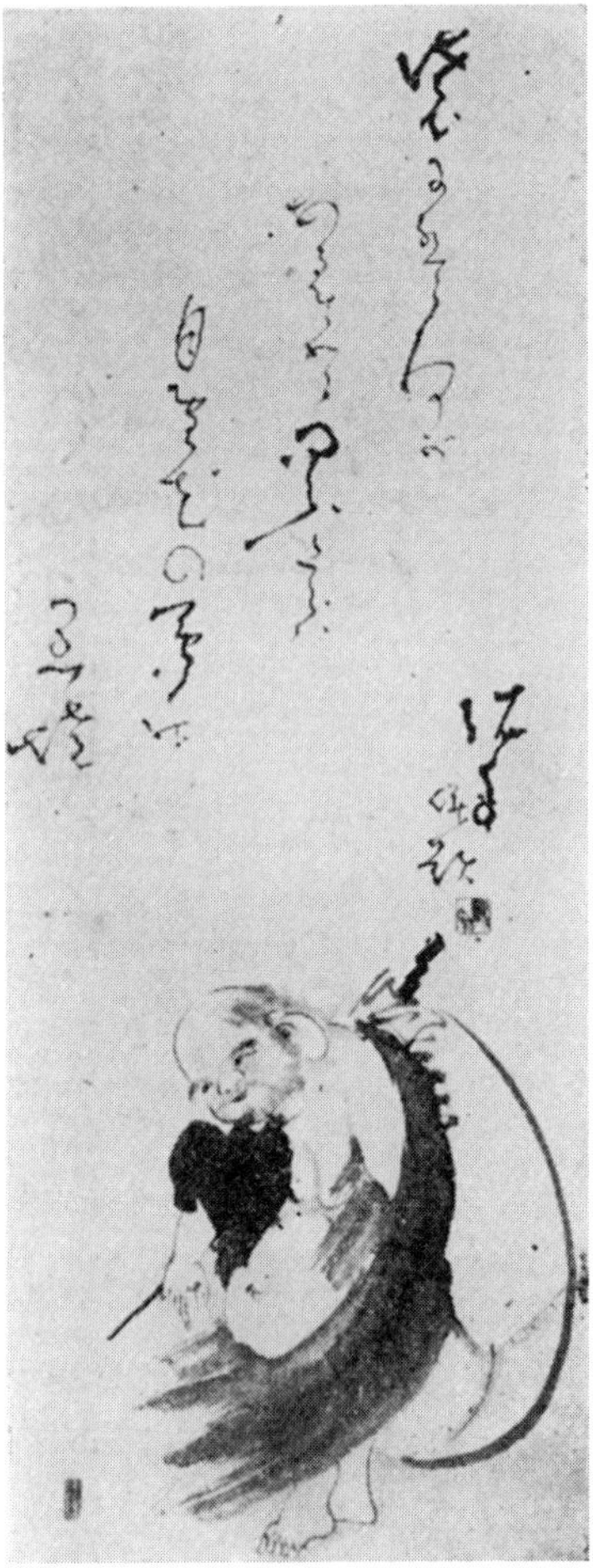
（泥舟遺族高橋道太郎翁所蔵）

如きは、一服の清涼剤である。

泥舟はついに、三舟のうち、最も長く生きのびて、市井の間《かん》に埋没しつつも、一高士として世を終わったのだ。

かく談じ来たれば、三舟それぞれに趣がある。海舟は智の人、鉄舟は情の人、泥舟にいたっては、それ意の人か。わしはそう考えている。

如今、海内人豪はなはだ少なく、天地寂莫の感に堪えざる際、俺《わし》は、とくに三舟を思慕してやまぬ一人《いちにん》である。

本書は、昭和五年五月一日、大日本雄弁会講談社から発行されたものを底本として現代表記で再編集した。再編集にあたり、和歌にのみ歴史的仮名遣いを残した。さらに、本文の一部を削除し、底本の総ルビはごく一部のみ残した。

写真・図版は同底本から影印による転載であり鮮明さを欠くが、今日となってはかえって貴重なものも少なくない。了とせられたい。

山岡鉄舟（やまおか・てっしゅう、一八三六〜一八八八）
幕末・明治の剣術家・政治家。江戸生まれ。名は高歩、通称鉄太郎。剣術を千葉周作に学び無刀流を開いた。また槍術を山岡静山に学び、一刀正伝無刀流開祖となる。静山の娘と結婚し山岡家を継いだ。戊辰戦争の際、江戸に迫る官軍の将、西郷隆盛を駿府に訪ね、勝・西郷会談への道を開いた。維新後は侍従、宮内少輔等を歴任。子爵。

勝　海舟（かつ・かいしゅう、一八二三〜一八九九）
江戸末期の幕臣。明治の政治家。江戸生まれ。名は義邦、通称は麟太郎。のちに安芳と改名した。海舟は号。蘭学を学び、砲術、航海、測量に優れる。官軍の将、西郷隆盛と会談して江戸の無血開城を実現させた。海軍大輔、参議兼海軍卿を歴任、のちに元老院議官、枢密院顧問官となる。伯爵。

高橋泥舟（たかはし・でいしゅう、一八三五〜一九〇三）
幕末の幕臣。旗本山岡生業の次男として江戸に生まれる。名は政晃、通称は精一。槍術に優れる。講武所教授。山岡家より高橋家の養子となる。鳥羽伏見の戦いの後、一貫して徳川慶喜の恭順謹慎を主張し、江戸城を出て上野寛永寺に入った慶喜の身辺の護衛にあたった。山岡鉄舟は泥舟の義弟。

頭山　満（とうやま　みつる）
一八八五〜一九四四。アジア主義の立場でナショナリズム運動をおこなった思想家・政治家・実業家・篤志家。

幕末三舟伝《ばくまつさんしゅうでん》

平成一九年一一月三〇日　初版第一刷発行
平成二九年　一月二五日　第二刷発行

著　者　頭山　満
発行者　佐藤今朝夫
発行所　株式会社　国書刊行会
〒一七四―〇〇五六
東京都板橋区志村一―一三―一五
TEL　〇三（五九七〇）七四二一
FAX　〇三（五九七〇）七四二七
http://www.kokusho.co.jp
E-mail: sales@kokusho.co.jp

組版印刷　明和印刷株式会社
製　　本　株式会社ブックアート

落丁本・乱丁本はお取替え致します。
ISBN978-4-336-04984-1 C0023

明治に花が咲いた侠客のはなし。大正に心を沸き立たせた物語。
昭和、平成に散った「義と仁」の世界。

既刊 〈義と仁〉叢書

■親分子分〔侠客〕の盛衰史　白柳秀湖 著　3700円＋税
■侠客の世界　村松梢風 編著　2700円＋税
■大岡越前 天一坊事件　国書刊行会 編　2500円＋税
■幡随院長兵衛　平井晩村 著　2100円＋税
■国定忠治　平井晩村 著　2300円＋税
■清水次郎長　一筆庵可候 著　2300円＋税
■鼠小僧次郎吉　芥川龍之介 菊池寛 鈴木金次郎 著　2300円＋税
■女侠客 小町のお染　玉田玉秀斎 著　2500円＋税